정신적 에너지

프리즘 총서 32

정신적 에너지

발행일 초판1쇄 2019년 3월 25일

지은이 앙리 베르그손 • **옮긴이** 엄태연

펴낸이 유재건 • **펴낸곳** (주)그린비출판사 • **주소** 서울시 마포구 와우산로 180, 4층

전화 02-702-2717 • **이메일** editor@greenbee.co.kr • **신고번호** 제2017-000094호

ISBN 978-89-7682-482-0 93100

이 도서의 국립중앙도서관 출판예정도서목록(CIP)은 서지정보유통지원시스템 홈페이지(http://seoji.nl.go.kr)와
국가자료공동목록시스템(http://www.nl.go.kr/kolisnet)에서 이용하실 수 있습니다.(CIP제어번호: CIP2019007972)

철학이 있는 삶 **그린비출판사** www.greenbee.co.kr

정신적 에너지

앙리 베르그손 지음 | 엄태연 옮김

프리즘총서 **032**

ㅇB
그린비

일러두기

1 이 책은 Henri Bergson, *L'énergie spirituelle. Essais et conférences*(Paris, Alcan, 1919)를 완역한 것이다. 번역 대본으로는 1959년 앙드레 로비네(André Robinet)가 편집한 베르그손 전집(100주년 기념판)과 PUF의 콰드리지(Quadrige) 총서 판본(2017)을 사용하였으며, 이 책의 여백에 표시한 원본의 쪽수는 100주년 기념판 전집의 쪽수를 따랐다.

2 본문의 주석은 모두 각주로 표시되어 있다. 옮긴이 주는 각주의 앞에 '[옮긴이]'라고 표시했으며, 표시가 없는 것은 모두 지은이 주이다. 독자들의 이해를 돕기 위해 옮긴이가 보충하는 간단한 설명은 본문 중에 대괄호([ ])로 표시했다.

3 이 책에서 베르그손의 저작이 인용되거나 참조로 언급되는 경우, 책제목과 원서의 쪽수만을 표기했으며, 국역본이 있을 경우 국역본의 쪽수도 표기하였다(예시. 『사유와 운동』, pp. 154~155/168~169쪽). 다음 원서의 쪽수는 모두 100주년 기념판(*Œuvres*, PUF, 1959)을 기준으로 표기했으며, 초판 출간연도와 국역본 서지정보는 다음과 같다.

『물질과 기억』(*Matière et mémoire*, 1896) ; 박종원 옮김, 아카넷, 2005.

『창조적 진화』(*L'Évolution créatrice*, 1907) ; 황수영 옮김, 아카넷, 2005.

『도덕과 종교의 두 원천』(*Les deux sources de la morale et de la religion*, 1932) ; 박종원 옮김, 아카넷, 2015.

『사유와 운동』(*La Pensée et le Mouvant*, 1934) ; 이광래 옮김, 문예출판사, 1993.

그 외의 언급되는 책들의 서지정보는 다음과 같다.

『잡문집』(*Mélanges*), PUF, 1972.

『서간집』(*Correspondances*), PUF, 2002.

『시간 관념의 역사 : 콜레주 드 프랑스 강의록 1902~1903』(*Histoire de l'idée de temps : Cours au Collège de France 1902~1903*), PUF, 2016.

『철학적 저술들』(*Écrits philosophiques*), PUF, 2011.

『기억 이론들의 역사 : 콜레주 드 프랑스 강의록 1903~1904』(*Histoire des théories de la mémoire : Cours au Collège de France 1903-1904*), PUF, 2018.

4 단행본·정기간행물 등은 겹낫표(『 』)로, 논문·단편 등은 낫표(「 」)로 표시했다.

5 외국 인명이나 지명, 작품명 등의 표기는 2002년에 국립국어원에서 펴낸 외래어 표기법을 따랐다.

서문

오래전부터 나의 친구들은 내가 여러 논문집에 실었던 연구들을 한 권으로 묶는 작업에 착수하기를 바랐다. 그 연구들 중 대다수는 이제 희귀본이 되어 버렸다. 친구들은 나의 다양한 연구들이 제각기 여러 나라에서 소책자의 형태로 번역, 편집되어 있음을 알려 주었다. 그 연구들 가운데 하나(「형이상학 입문」 'Introduction à la métaphysique')는 현재 7~8개의 언어로 대중들에게 공개되어 있으나, 막상 프랑스어로는 그렇지 않다. 외국에서 이루어진 몇몇 강연의 원고도 프랑스어로 출간되어 있지 않다. 영어로 된 몇몇 연구 역시 프랑스어로 출판된 적이 없다.

이들의 호의적인 권유에 힘입어 나는 출간 작업에 착수하기로 하였다. 이 논문집은 두 권으로 구성될 예정이다. 첫번째 책에는 심리학과 철학의 특정한 문제들에 관련된 작업이 수록되었다. 이 모든 문제들은 **정신적 에너지**의 문제로 환원된다. 우리는 이를 이 책의 제목으로 달았다. 두번 째 책[1]에는 방법에 관한 논의들과 함께, 이 방법의 기원과 그 적용 과정에 대한 서설이 포함될 것이다.

---

1) [옮긴이] 『사유와 운동』(*La Pensée et le Mouvant*, 1934)을 가리킨다. 이미 1919년에 계획되어 있었던 이 두번째 논문집은 15년 후에야 비로소 출간된다. 앞 단락에서 언급된 「형이상학 입문」 역시 『사유와 운동』에 수록되었다.

차례

1장 _ 의식과 생

1911년 5월 24일 버밍엄대학교에서 이루어진 헉슬리 강연[1]

어떤 학자에 대한 헌정 강의를 해야 할 경우, 그 학자가 어느 정도 관심이 있던 주제를 다루어야 한다는 의무감으로 난처할 수도 있다. 헉슬리[2]라는 이름은 나에게 그런 당혹감을 전혀 주지 않는다. 19세기 잉글랜드가 낳은 가장 훌륭한 인물들 가운데 하나인 이 위인의 관심을 끌지 않았던 문제를 찾는 것이 오히려 어려울 것이다. 그럼에도 내가 보기에는 의식, 생[3], 그리

---

1) 이 강연은 영어로 행해졌던 것이다. 이 강연 내용은 1911년 10월 『히버트 저널』(*Hibbert Journal*)에 「생과 의식」(Life and Consciousness)이라는 제목을 달고 영어로 출간된 뒤, 1914년 출간된 『헉슬리 기념 강연』(*Huxely memorial lectures*)에 재수록되었다. 우리가 여기에 수록한 원고의 일부는 영어 강연의 번역이고, 일부는 그것에 대한 부연이다.

2) [옮긴이] 토머스 헨리 헉슬리(Thomas Henry Huxley)는 19세기의 영국 자연주의자이자 동물학자이다. 소설가 올더스 헉슬리(Aldous Huxley)의 할아버지로도 잘 알려져 있다. 다윈의 친구였던 그는 다윈의 진화론을 열렬히 변호하였으며, 동물형태학, 비교해부학, 고생물학 연구를 통해 진화론을 옹호하려 애썼다. 런던대학교와 에딘버러대학교의 교수를 역임하였으며, 1880년 영국 왕립학회 회장에 취임하여 생물학뿐만 아니라 정치 제도와 과학 교육에도 두루 영향을 미쳤다. 헉슬리의 저서 『자연계에 있어서의 인간의 위치』(*La Place de l'homme dans la nature*, 1863)는 베르그손의 『창조적 진화』(1907)에 큰 영향을 미쳤다.

3) [옮긴이] 프랑스어 'vie'는 생명체를 살아 있게끔 하는 원리로서의 생명과 각각의 생명체가 이끌어 가는 살아감의 경험으로서의 삶을 동시에 지칭한다. 우리말 '생'(生)도 'vie'와 마찬가지로 이러한 이중성을 표현할 수 있으나, 일괄적으로 '생'이라고 번역하기에는 문맥상 어색한 부

고 이 양자 간의 관계라는 삼중의 문제[4]가 철학자이자 자연주의자였던 헉슬리의 성찰에 특별히 강력하게 제기되었던 것 같다. 또한 나로서도 이보다 더 중요한 문제를 알지 못하기 때문에 이 주제를 택하게 되었다.

'사실의 선들'

이 문제를 다루면서 철학 체계가 많은 도움을 주리라 기대할 수는 없다. 대부분의 사람들을 곤경에 빠뜨리고, 번민하게 하고, 열광시키는 문제가 언제나 형이상학자들의 사변에서 우선적인 자리를 차지하는 것은 아니다. 우리는 어디서 왔는가? 우리는 무엇인가? 우리는 어디로 가는가? 이 것은 삶의[vital] 물음들이며, 우리가 체계를 거치지 않고 철학했다면 즉각 이 물음들을 마주했을 것이다. 그러나 과도하게 체계적인 철학이 이 물음들과 우리 사이에 다른 문제를 개입시킨다. 그 철학은 이렇게 말한다. "해답을 찾기 전에, 해답을 어떻게 찾을 것인지를 알아야 하지 않을까? 당신의 사유 구조를 연구하라. 당신의 인식에 대해 논의하고, 당신의 비판을 비판하라. 도구의 가치를 확신하게 되었을 때라야 비로소 당신은 그것을 주의하여 사용하게 될 것이다."[5] 아아! 이러한 순간은 결코 도래하지 않는

분이 많아 여기서는 '생', '삶', '생명' 등으로 맥락에 따라 옮기려 한다. 하지만 이 모든 표현들이 동일한 개념을 지칭하고 있음을 염두에 두어야 할 것이다.

4) [옮긴이] 의식, 생, 이 양자의 관계라는 삼중의 문제는 베르그손 사유에서도 마찬가지로 결정적인 문제이다. 이 문제는 『물질과 기억』(1896)에서 『창조적 진화』(1907)로의 이행과 이 두 저서 사이의 관계를 나타낸다. 「의식과 생」을 『정신적 에너지』의 첫머리에 위치시킴으로써, 베르그손은 『정신적 에너지』를 자신의 두 주저 사이에 위치시키고 있는 것이다. 자세한 내용은 다음 5번 주석과 권말의 '옮긴이의 말'을 참조하라.

5) [옮긴이] 베르그손은 여기서 칸트(Immanuel Kant)의 비판철학을 겨냥하고 있다. 여기서 베르그손이 제기하는 세 가지 삶의 물음들은 칸트가 지적하는 이성적 심리학의 세 가지 변증적 질

다. 내가 보기에, 어디까지 갈 수 있는지를 알 수 있는 수단은 하나밖에 없다. 그것은 일단 출발하여 계속 가 보는 것이다. 우리가 추구하는 인식이 실제로 [새로운] 가르침을 주는 것이라면, 즉 인식이 우리의 사유를 확장시키는 것임에 틀림없다면, 사유의 구조에 대한 모든 사전의 분석은 단지 더 멀리 나아가는 것의 불가능성을 보여 줄 수밖에 없을 것이다. 관건은 사유를 확장시키는 것인데, 확장 이전의 사유를 연구했기 때문이다. 정신이 스스로에 대해 행하는 성급한 반성은 전진하려는 정신의 의욕을 꺾어 버릴 것이다. 반대로 주저없이 전진했다면 정신은 목표에 접촉했을 것이고, 게다가 소위 장애물이라고 불렸던 것들이 대부분 신기루였음을 알아챘을 것이다. 그러나 형이상학자가 이런 식으로 비판을 잡으려다 철학을, 수단을 잡으려다 목적을, 그림자를 잡으려다 사냥감을 놓치는 일이 일어나지 않는다고 가정해 보자. [그럼에도] 인간의 기원, 본성, 운명에 대한 문제를 마주하였을 때, 형이상학자는 너무나도 자주 이 문제를 방기하고 자신이 더 고차적이라고 여기는 다른 물음들, 이 문제의 해답이 의존할지도 모르는 물음들로 이행한다. 그는 실존 일반, 가능과 실재, 시간과 공간, [3]

문들에 상응한다("①영혼과 유기적 신체의 상호작용의 가능성[…]에 대한 물음, ②이 상호작용의 시작[…]에 대한 물음, ③이 상호작용의 끝[…]에 대한 물음", 『순수이성비판』, A384). 칸트의 입장에서 이 물음들이 초월론적 가상에 기초하여 경험적 내용을 걸여한 물음들이라면, 베르그손의 입장에서 경험의 확장이라는 기획은 이러한 질문들이 시간 속에서 경험 내적으로 다루어질 수 있음을 보여 주는 것이다. 1893~1894년 앙리 4세 고등학교에서 이루어진 베르그손의 『순수이성비판』 강의는 베르그손이 칸트의 비판철학을 넘어서는 '철저하고 완전한 경험론'을 구상하고 있음을 엿보게 해준다. 이 질문들은 '심신 관계'의 문세(이는 『물질과 기억』의 부제이기도 하다)를 경유하여 '인간적인 경험의 전환점'으로 행했던 『물질과 기억』에서는 의식의 관점에서 검토되었으나 『창조적 진화』를 거쳐 여기에서는 이제 생의 관점에서, '삶'의 물음들로 규정되기에 이른다. 이러한 삶의 물음들이 각기 우리의 과거, 현재, 미래에 대한 질문임에 주목하자. 베르그손에게 인식능력의 상대성과 경험의 조건들을 넘어서는 것은 언제나 지속, 즉 시간의 견지에서 다루어져야 할 주제로, 어떤 절대적인 기원, 본성, 운명을 발견하는 것이 아니라 시간 속에서 우리를 이루는 시간의 세 층위를 규명하는 일이다.

정신성과 물질성에 대해 사변한다. 그런 후에 그는 의식과 생을 향해 조금씩 내려와, 이것들의 본질을 꿰뚫어 보려 한다. 그러나 그때 그의 사변이 순전히 추상적이라는 것을, 이 사변은 사태 자체와 관계하는 것이 아니라 사태에 대한 경험적 연구 이전에 만들어진 너무나도 단순한 관념과 관계한다는 것을 알지 못할 사람이 누가 있겠는가?[6] 이 방법이 그의 자만감을 부추기고, 작업을 용이하게 하며, 확정적인definitive 인식의 환상을 제시한다는 삼중의 이점을 갖는 것이 아니었더라면, 몇몇 철학자들이 이토록 기이한 방법에 집착하고 있다는 사실은 설명할 수 없었을 것이다. 철학자는 이 방법을 통해 아주 일반적인 이론, 거의 공허한 관념에 도달하기에, 차후에 경험을 통해 알게 된 사태의 내용을 언제나 회고적으로 그 관념 속에 위치시킬 수 있을 것이다. 그러고 나면 그는 자신이 추론만으로 경험을 예견했다고, 사람들이 사실을 더 깊이 탐구함으로써 도달하게 된 더 한정된 개념들을——그러나 만들어 내기는 어렵고 보존하기는 쉬운 개념들만을—— 자신은 하나의 넓은 개념 속에 미리 포함시켜 두었다고 우길 것이다. 다른 한편, 추상적 관념 위에서 기하학적으로 추론하는 것보다 쉬운 일은 없기 때문에, 철학자는 어렵지 않게 모든 것이 맞아 떨어지는 학설, 그 엄밀함으로 인해 받아들여야 하는 것처럼 보이는 학설을 구성해 낸다. 그

---

6) [옮긴이] 베르그손이 칸트의 비판철학을 거부한다는 사실이 비판 이전의 전통 형이상학으로의 회귀를 뜻하는 것은 아니다. 베르그손은 칸트의 전통 형이상학 비판이 일반 관념들이 아니라 구체적 직관에 의존하는 새로운 형이상학의 조건을 놓았다고 해석한다. 『순수이성비판』의 가장 중요하고 심층적인 생각들 가운데 하나는 다음과 같다. 만일 형이상학이 가능하다면, 그것은 봄(vision)을 통해서이지 변증을 통해서가 아니다. [⋯] 칸트는 만일 형이상학이 가능하다면 그것은 직관의 노력을 통해서만 가능하다는 것을 결정적으로 확립하였다"(『사유와 운동』, pp.154~155/168~169쪽). 베르그손은 칸트의 작업을 통해 쓰러진 고전 형이상학을 다시 한 번 거부하면서 비판 이후 새로운 형이상학의 가능성을 타진한다. 전통 형이상학의 추상성에 대한 베르그손의 비판은 『사유와 운동』 2장(pp.47~51/56~60쪽)을 참조하라.

러나 이 엄밀함은 그가 실재의 굽이치고 유동적인 윤곽을 따르는 대신 도식적이고 뻣뻣한 관념 위에서 작업했다는 사실에 기인하는 것이다. 보다 겸허한 철학, 대상이 의존하는 것처럼 보이는 원리들을 고려하는 대신 대상으로 곧바로 향하는 철학이 얼마나 더 바람직할 것인가! 그러한 철학은 덧없는 것일 수밖에 없는 무매개적 확실성을 더 이상 열망하지 않을 것이다. 그것은 충분한 시간을 들여 빛을 향해 점진적으로 상승할 것이다. 점점 더 높은 개연성을 갖는 점점 더 광대한 경험을 토대로 하여, 우리는 극한으로서의 결정적 확실성을 향하게 될 것이다.

내가 생각하기로는, 거대한 문제들의 해결책을 수학적으로 연역할 수 있는 원리는 존재하지 않는다. 더욱이 나는 물리학이나 화학에서처럼 단번에 물음에 종지부를 찍는 결정적인 사실도 알지 못한다. 단지 나는 다양한 경험 영역들 속에서 서로 다른 군groupe의 사실들이 포착된다고 믿는다. 이 각각의 군들은 우리가 원하던 인식이 아니라, 그 인식을 찾을 수 있는 방향을 보여 준다. 그런데 방향을 갖는다는 것은 이미 의미 있는 일이다. 다수의 방향을 갖는다면 한층 더 의미 있을 것이다. 이 방향들은 틀림없이 하나의 동일한 점으로 수렴할 것이고, 이 점이 바로 우리가 찾던 지점일 것이기 때문이다. 요컨대 우리는 이제 일정 수의 **사실의 선들**[7]을 소유하게 된다. 이 사실의 선들은 필요한 만큼 멀리까지 나아가지는 않지만, 우리는 이 선들을 가설적으로 연장시킬 수 있다. 나는 여러분과 함께 이 선들 가

---

7) [옮긴이] 이미 이전의 강연들에서 종종 등장하기는 하나(특히 '정신물리학적 평행론과 실증적 형이상학'에 대한 베르그손의 발표[1901]를 참고하라), 베르그손의 출간된 저작을 통틀어 '사실의 선'이라는 개념은 여기서 처음 사용된다. 후에 『도덕과 종교의 두 원천』(Les deux sources de la morale et de la religion, 1932)에서 베르그손은 측량술의 비유를 들어 '사실의 선들의 수렴'을 하나의 방법론으로 명확히 규정하게 된다.

운데 몇몇을 따라가 보려 한다. 각각의 선들이 따로 고찰되었을 경우 우리
는 단순히 개연적인probable 결론에 다다를 것이다. 그러나 이 선들이 한꺼
번에 고찰될 경우, 이 선들의 수렴은 확실성으로의 노정 위에서 느껴질 법
한 개연성의 축적을 나타낼 것이다. 게다가 서로 협력하는 열의에 찬 사람
들이 기울이는 공동의 노력은 우리를 무한히 확실성에 접근시켜 줄 것이
다. 실제로 철학은 이제 더 이상 하나의 건축물, 즉 한 명의 사상가가 이룩
한 체계적 작업이 아닐 것이다. 철학은 첨가와 교정, 수정을 포함할 것이
고, 그것들을 끊임없이 요청할 것이다. 철학은 실증 과학처럼 전진할 것이
다. 실증 과학처럼 철학도 협력을 통해 이루어질 것이다.

의식, 기억, 예견

우리가 취할 첫번째 방향은 다음과 같다. 정신은 무엇보다도 의식을 의미

5 한다. 그러나 의식이란 무엇인가? 물론 이렇게나 구체적이고, 이렇게나
한결같이 각자의 경험에 현전하는 것을 정의하려 들지는 않을 것이다. 그
러나 의식보다 불명료한 정의를 의식에 부여하지 않고서, 의식이 갖는 가
장 뚜렷한 특성으로 의식을 특징지을 수는 있다. 먼저 의식은 기억을 의
미한다. 기억이 폭을 결여할 수도 있다. 기억이 과거의 미미한 부분밖에
끌어안지 못할 수도 있다. 기억이 방금 일어났던 것밖에 붙잡지 못할 수
도 있다. 그러나 그 경우에도 기억은 존재하며, 그렇지 않으면 의식도 존
재하지 않는다. 어떤 과거도 보존하지 않는 의식, 끊임없이 스스로를 망
각하는 의식은 매 순간 소멸하고 다시 태어날 것이다. 이것이 무의식이
아니면 무엇인가? 라이프니츠Gottfried Wilhelm Leibniz가 물질을 '순간적 정신'
이라고 칭했을 때, 그는 의도적으로건 아니건 물질이 무감각하다insensible

고 선언한 것이 아닌가? 따라서 모든 의식은 기억——현재 속에 과거를 보존하고 축적하는 것——이다.

그러나 모든 의식은 미래에 대한 예견^{anticipation}이기도 하다. 임의의 순간에 여러분의 정신이 어떤 방향으로 향하고 있는지를 고찰해 보라. 여러분은 정신이 현재 있는 것에 전념하고 있음을, 그러나 무엇보다도 앞으로 있게 될 것을 목적으로 현재에 전념함을 발견할 것이다. 주의^{attention}는 기대^{attente}이며, 삶을 향한 특정한 주의[8]가 없다면 의식도 없다. 미래가 거기에 존재하며 우리를 부른다. 더 정확히 말하면 미래는 우리를 자신에게로 끌어당긴다. 우리가 시간의 길 위를 전진하게 만드는 이 부단한 끌어당김은 또한 우리가 계속적으로 행동하는 원인이기도 하다. 모든 행동은 미래에 대한 잠식이다.

따라서 더 이상 있지 않은 것을 붙잡는 것, 아직 있지 않은 것을 예견하는 것, 이것이 의식의 첫번째 기능이다. 만약 현재가 수학적 순간으로 환원된다면, 의식에는 현재가 없을 것이다. 그러한 순간은 과거와 미래를 나누는 순전히 이론적인 한계에 불과하다. 엄밀히 보면, 그것은 생각될 수 있을 뿐 결코 지각되지 않는다. 우리가 순간을 붙잡았다고 생각할 때, 그것은 이미 우리로부터 멀어져 있다. 실상 우리가 지각하는 것은 특정한 두께를 가진 지속으로, 이 지속은 직접적 과거와 임박한 미래라는 두 부분으로 구성되어 있다. 우리는 이 과거에 기대어 이 미래로 기울어진다. 그렇기 때문에 기댐^{s'appuyer}과 기울어짐^{se pencher}은 의식적 존재에 고유한 것이

8) [옮긴이] '삶에 대한 주의'(attention à la vie)는 베르그손의 의식 이론에서 가장 핵심적인 개념 중 하나이다. 베르그손의 기억이 과거 전체를 보존하고 축적한다면, 삶에 대한 주의는 축적된 기억을 선별하고 구체화하여 현재의 평면 속에서 적절한 기억의 상기를 보장하는 역할을 한다. 베르그손은 이 책에서 삶에 대한 주의가 갖는 다양한 함축들을 검토할 것이다.

다. 그러니까 의식이란 있었던 것과 있을 것 사이의 연결부호, 과거와 미래 사이에 놓인 다리라고 말하도록 하자. 그런데 이 다리는 무슨 역할을 하는가? 의식은 무엇을 하기 위해 요청되는가?

이 물음에 답하기 위해, 의식적 존재자들이 어떤 것들이며 자연 속에서 의식의 영역이 어디까지 뻗어 있는지를 자문해 보자. 그러나 여기서 완전하고, 엄밀하고, 수학적인 증거를 요구하지는 말자. 그러면 아무것도 얻지 못할 것이다. 어떤 존재자가 의식적이라는 사실을 확실하게 알기 위해서는 그 존재자 속으로 침투하고 그 존재자와 일치해 그 존재자가 되어야 할 것이다. 지금 이 순간 여러분에게 말하고 있는 내가 의식적 존재자라는 것을 여러분은 경험을 통해서도, 추론을 통해서도 증명할 수 없을 것이다. 나는 자연에 의해 정교하게 만들어져 오가며 이야기하는 자동인형일 수 있고, 나 자신이 의식적임을 선언하는 말들은 무의식적으로 발언된 것일 수 있다. 그러나 여러분은 이런 사태가 불가능한 것은 아니라 해도 그다지 개연적이지 않다는 사실을 인정할 것이다. 여러분과 나 사이에는 명백한 외적 닮음이 있다. 그리고 여러분은 유비를 통해 이러한 외적 닮음으로부터 내적 유사성을 결론으로 끌어낼 것이다. 물론 유비에 의한 추론이 보여주는 것은 개연성일 뿐이다. 그러나 이러한 개연성이 충분히 높아져서 확실성과 사실상pratiquement[9] 동등할 정도가 되는 일군의 사례들이 있다. 그러니까 유비의 선을 따라 의식이 어디까지 뻗어 가는지, 어떤 지점에서 멈추는지를 살펴보도록 하자.

7

---

9) [옮긴이] '실천적으로'라는 뜻으로 읽을 수도 있다. 2장의 17번 주석을 참조하라.

의식과 선택

사람들은 종종 다음과 같이 말한다. "우리에게 있어 의식은 뇌와 연결되어 있다. 따라서 뇌를 가진 생명체들에게는 의식을 부여하고, 그렇지 않은 것들에게는 의식을 부여하지 말아야 한다." 그러나 여러분은 이 논변의 해악을 곧바로 알아챌 것이다. 동일한 방식으로 추론하면 다음과 같이 말할 수 있을지도 모른다. "우리에게서 소화는 위와 연결되어 있다. 따라서 위를 가진 생명체들은 소화를 하지만, 위가 없는 것들은 소화를 할 수 없다." 그런데 이것은 중대한 오류이다. 소화를 위해 꼭 위를 가질 필요는 없기 때문이다. 심지어는 기관을 가질 필요도 없다. 아메바는 거의 분화되지 않은 원형질 덩어리이지만 소화를 행한다. 단지 생명체가 복잡화되고 완성됨에 따라 작업이 분리되는 것이다. 그러면 서로 다른 기능에 서로 다른 기관이 할당된다. 소화 기능은 위에, 더 일반적으로 말하자면 소화만을 전담함으로써 그 일을 더 잘 수행하게 되는 소화 기관에 국재화된다. 마찬가지로, 인간에게 있어 의식은 이론의 여지없이 뇌에 연결되어 있다. 그러나 그로부터 뇌가 의식에 필수적이라는 결론이 따라 나오지는 않는다. 동물의 계열을 따라 더 아래로 내려갈수록 신경 중추는 더 단순화되고 분산되어, 최종적으로는 신경 요소가 덜 분화된 유기체 덩어리 속으로 잠겨 사라지게 된다. 그렇다면 의식은 생명체의 사다리 꼭대기에서는 복잡한 신경 중추에 집중되어 있었다 해도 이렇게 그 사다리를 내려가는 동안 내내 신경 체계에 수반된다고, 그리고 신경물질이 결국 미분화된 생명 물질 속에 뒤섞여 버릴 때에도 의식은 무로 전락하기보다는 사소한 것으로 환원되어 희미하고 막연하게 흩어져 있다고 생각해야 하지 않을까? 따라서 엄밀히 말해 살아 있는 것은 모두 의식적일 수 있다. 원리적으로 의식은 생명

8

과 동외연적이다. 그러나 의식이 사실적으로도 생명과 동외연적인 것일까? 의식이 잠들거나 사라지는 일이 일어나지 않는가? 그럴 법하다. 우리는 다음의 두번째 사실의 선을 통해 이러한 결론으로 향하게 될 것이다.

우리가 가장 잘 아는 의식적 존재자에서 의식은 뇌를 매개로 작동한다. 그러니 인간의 뇌를 살펴보고 그것이 어떻게 기능하는지를 알아보자. 뇌는 뇌 말고도 척수, 신경 등을 포함하는 신경계의 일부이다. 척수 안에는 여러 운동기제mécanisme가 수립되어 있는데, 이 운동기제들은 각기 시동을 기다리는 여러 복잡한 행동을 담고 있다. 신체는 원할 때 그것들을 작동시킬 것이다. 이것은 마치 자동 피아노에 끼워 넣는 구멍 뚫린 종이 원통이 피아노가 연주할 곡을 미리 그리고 있는 것과 마찬가지이다. 이 운동기제들 각각은 외적 원인에 의해 직접적으로 시동될 수 있다. 그러면 신체는 곧바로 수용된 자극에 대한 반응으로서 서로 연계된 일련의 운동을 실행한다. 그러나 자극이 척수로 보내져 신체의 다소간 복잡한 반응을 즉각적으로 획득하는 대신, 우선 뇌로 올라간 뒤 다시 내려와 뇌를 매개로 한 뒤에야 척수의 운동기제를 작동시키는 경우들이 있다. 이런 우회는 왜 일어나는가? 뇌의 개입은 어떤 역할을 하는가? 신경계의 일반적 구조를 고려한다면, 우리는 그 이유를 어렵지 않게 추측할 수 있다. 뇌는 척수의 운동기제 중 단지 특정한 몇몇 운동기제와만 관계하는 것이 아니라, 척수의 운동기제 일반과 관계하고 있다. 또한 뇌는 특정한 종류의 자극만을 수용하는 것이 아니라, 모든 종류의 자극을 수용한다. 따라서 뇌는 어떤 감각 수단을 통해 들어온 진동이건 어떤 운동 수단과도 연관될 수 있도록 해주는 교차로이다. 그것은 유기체의 한 지점에서 수용된 흐름을 마음대로 지정된 운동 기구를 향해 보낼 수 있도록 해주는 전화 교환수이다. 따라서 자극이 [뇌를 거쳐] 우회함으로써 뇌에서 얻고자 하는 것은 명백하다. 그것은 자극받은sube 운동기제가 아니라 선택된choisi 운동기제를 작동시키려는 것이다. 척수는 상황이 제기할 수 있는 물음에 대한 수많은 기성의 응답을 내포하고 있었다. 뇌의 개입은 그것들 가운데 가장 적절한 것을 작동하게 만든다. 뇌는 **선택의 기관**이다.

그런데 동물의 계열을 따라 내려올수록 우리는 척수의 기능과 뇌의 기능 사이의 구분이 점점 덜 명료해진다는 것을 발견하게 된다. 처음에는 뇌 속에 국재화되어 있던 선택의 능력이 점진적으로 척수로 확장된다. 게다가 그때 척수는 더 적은 수의 운동기제를, 그것도 아마 덜 정교하게 구성할 것이다. 마침내 신경계가 초보적인 것이 되는 지점에서는, 하물며 더이상 별개의 신경 요소가 존재하지 않는 지점에서는, 자동성과 선택이 서로 뒤섞인다. 반응은 충분히 단순화되어 거의 기계적인 것으로 보이게 된다. 그러나 그것은 아직 의지적인 것인 양 여전히 주저하고 모색한다. 조금 전에 말했던 아메바를 떠올려 보라. 아메바는 영양분으로 삼을 수 있는 물질과 마주치면 외부 물체를 붙잡아 둘러쌀 수 있는 가는 실들을 밖으로 내보낸다. 이 위족들은 실제적인 기관이며, 따라서 운동기제라 할 수 있다. 그러나 이것들은 그 상황을 위해 만들어진 임시 기관이다. 이는 이미 선택의 조짐을 보여 주는 것처럼 보인다. 요컨대, 동물적 생의 꼭대기부터 바닥까지, 비록 바닥 쪽으로 내려감에 따라 더 모호한 형태로 나타나기는 하지만, 우리는 선택의 능력, 즉 특정한 자극에 다소간 예측되지 않은 운동으로 반응하는 능력이 작동하고 있음을 발견한다. 이것이 두번째 사실의 선 위에서 발견되는 것이다. 우리가 앞서 도달했던 결론은 이렇게 보완된다. 우리가 말했던 것처럼 의식이 과거를 붙잡고 미래를 예견한다면, 그것은 분명히 의식이 선택을 위해 요청되었기 때문이다. 선택을 하기 위해서는 무엇을 할 수 있는지를 생각해야 하고, 이전의 행동이 가져온 이로

10

운, 혹은 해로운 결과를 떠올려야 한다. 즉, 예상하고 기억해야 한다. 그런데 다른 한편으로, 보완된 우리의 결론은 우리가 앞서 제기했던 다음과 같은 문제에 그럴듯한 답변을 제공한다. 모든 생명체는 의식적 존재자인가? 아니면 의식은 생명 영역의 일부에만 해당되는가?

깨어 있는 의식과 잠든 의식

실제로 의식이 선택을 의미하고 의식의 역할이 결단하는 것이라면, 자발적으로 움직이지도 않고 결단을 내릴 필요도 없는 유기체에서도 의식이 발견될 것인지는 의심스럽다. 사실을 말하자면, 자발적인 운동이 완전히 불가능해 보이는 생명체는 없다. 유기체가 일반적으로 땅에 고정되어 있는 식물계에서조차, 움직이는 능력은 부재한다기보다는 잠들어 있다. 그것은 유용해질 수 있을 때 다시 깨어난다. 나는 식물이건 동물이건 모든 생명체가 그 능력을 권리적으로 소유한다고 믿는다. 그러나 사실적으로는 그것들 중 대다수가 그 능력을 포기한다. 우선 많은 동물이, 동물 중에서도 다른 유기체에 기생하며 살기에 영양분을 찾기 위해 이동할 필요가 없는 동물이 그러며, 그리고 또한 대다수의 식물이 그러하다. 흔히 일컬어지듯이, 식물은 땅에 기생하고 있는 것이 아닐까? 그러므로 의식은 본래 살아 있는 모든 것에 내재적이지만, 더 이상 자발적인 운동이 없는 곳에서는 잠들어 버리고 생명이 자유로운 활동성을 향해 나아갈 때에는 고양되는 것처럼 보인다. 우리는 각기 스스로에 대해 이 법칙을 검증할 수 있다. 우리의 행동 중 어느 하나가 자발적이기를 그치고 자동적인 것이 되었을 때 무슨 일이 일어나는가? 의식이 후퇴한다. 예컨대 어떤 동작을 배울 때, 처음에 우리는 우리가 행사하는 각각의 운동을 의식한다. 그 운동은 우리로부터 나오는 것으로, 결단의 결과이며 선택을 함축하기 때문이다. 그런 후에 이 운동들이 한층 더 서로 연관되고 서로를 더 기계적으로 결정함에 따라, 우리는 결단과 선택을 면제받게 되고 우리가 그에 대해 갖는 의식은 감소하고 사라진다. 다른 한편으로, 우리의 의식은 어떤 순간에 가장 커다란 생생함을 획득하는가? 우리가 둘 혹은 여러 선택지 사이에서 주저하고, 우리의 미래가 우리가 행한 대로 될 것임을 느끼는 내적 동요의 순간이 아닌가? 그러므로 우리 의식의 강도 변화는 우리가 우리의 행위에 할당하는 더 많거나 적은 선택의 총계, 혹은 말하자면 창조의 총계에 상응하는 것처럼 보인다. 모든 점에 비추어 볼 때, 의식 일반에 대해서도 사정은 마찬가지이다. 만일 의식이 기억과 예견을 의미한다면, 그것은 의식이 선택과 동의어이기 때문이다.

처음에 생겨날 수 있었던 바와 같은 가장 초보적인 형태의 생명물질을 떠올려 보자. 그것은 아메바와 같은 단순한 원형질 젤리 덩어리이다. 그것은 마음대로 변형될 수 있다. 따라서 그것은 모호하게 의식적이다. 이제 그것이 성장하고 진화하기 위해 취할 수 있는 방법에는 두 가지가 있다. [한편으로] 그것은 운동과 행동——점점 더 효율적인 운동, 점점 더 자유로운 행동——의 방향으로 향할 수 있다. 그것은 위험과 모험의 길이지만, 또한 깊이와 강도가 증가하는 의식의 길이기도 하다. 다른 한편, 그것은 초벌 상태로 지니고 있던 행동과 선택의 능력을 포기하고, 필요한 것을 찾으러 가는 대신 모든 것을 제자리에서 얻을 수 있도록 자신을 조정할 수 있다. 이 경우 그것은 보장되고, 평온하며, 소시민적인bourgeoise 실존의 길이지만, 또한 부동성의 첫번째 결과인 마비상태의 길이기도 하다. 그것은 곧바로 결정적인 졸음에 빠져들게 된다. 그것은 무의식이다. 생명의 진화에 제시되었던 두 가지 길은 이와 같다. 생명물질은 부분적으로는 전자의 길로, 부분적으로는 후자의 길로 접어들었다. 전자는 대체로 동물계의 방향을 가리킨다("대체로"라고 말하는 이유는 운동을, 따라서 아마도 의식을 포기한 동물종이 많기 때문이다). 후자는 대체로 식물의 방향을 표현한다(한 번 더 "대체로"라고 말하는 이유는, 식물에서 운동성이, 그리고 어쩌면 의식조차도 기회가 닿으면 다시 깨어날 수 있기 때문이다).

의식과 예측 불가능성

이제 이런 측면에서 세계 속에 진입하는 생명을 고찰한다면, 우리는 생명이 타성적 물질과는 명확히 구분되는 무언가를 가져다준다는 것을 알게 된다. 세계는 그 자체로 두면 숙명적 법칙을 따른다. 물질은 정해진 조건 속에서 정해진 방식으로 움직이며, 물질이 행하는 것 중에서는 예측 불가능한 것이 아무것도 없다. 만일 우리의 과학이 완전하고 우리의 계산 능력이 무한하다면, 우리는 마치 일식과 월식을 예측하는 것처럼 비유기적인 물질적 우주 속에서, 곧 우주 전체와 우주의 요소들 속에서 일어날 모든 일을 사전에 알게 될 것이다. 요컨대, 물질은 타성, 기하학, 필연성이다. 그러나 생명과 함께 예측 불가능하고 자유로운 운동이 나타난다. 생명체는 13 선택한다. 혹은 선택하려는 경향이 있다. 생명체의 역할은 창조하는 것이다. 나머지 모든 것이 결정된 세계 속에서도 비결정성의 지대가 생명체를 에워싸고 있다. 미래를 창조하기 위해서는 현재 속에서 무언가를 준비해야 하기 때문에, 있게 될 것은 있었던 것의 활용을 통해서만 준비될 수 있기 때문에, 처음부터 생명은 과거, 현재, 미래가 서로를 잠식하여 하나의 나누어지지 않는 연속성을 형성하는 지속 속에서 과거를 보존하고 미래를 예견하는 데 전념한다. 우리가 살펴본 것처럼, 이 기억과 예견이 의식 자체이다. 그리고 이런 이유로 의식은, 사실적으로 그런 것은 아닐지라도, 권리적으로 생명과 동외연적이다.

그러므로 의식과 물질성은 근본적으로 다른, 심지어는 대립적인 실존 형태로 보인다. [그럼에도] 이것들은 **타협안** modus vivendi[10]을 채택하고 그럭 저럭 서로 조정된다. 물질은 필연성이고, 의식은 자유이다. 그러나 이것들 이 아무리 서로 대립해도 생은 이것들을 다시 화해시킬 수단을 발견한다. 그것은 바로 생이 필연성 속에 삽입되어 필연을 자신에게 유리하게 전환 시키는 자유이기 때문이다. 만일 물질이 따르는 결정론이 그 엄밀성을 이 완시키지 않았더라면, 생명은 불가능했을 것이다. 그러나 특정한 순간에, 특정한 지점에서 물질이 특정한 유연성을 내보인다고 가정해 보라. 의식 은 거기에 자리잡을 것이다. [처음에] 의식은 완전히 움츠러듦으로써 거기 에 정착할 것이다. 그리고 일단 자리잡고 나면 의식은 팽창하여 그 부분을 늘리고, 마침내 전체를 획득할 것이다. 의식은 시간을 사용하며, 가장 미 미한 양의 비결정성도 스스로 무한정 더해짐으로써 결국 원하는 만큼의 자유를 만들어 낼 것이기 때문이다. 그런데 이와 동일한 결론을 새로운 사 실의 선들 위에서 한층 더 엄밀하게 재발견할 수 있을 것이다.

기실 어떤 생명체가 운동을 행사하기 위해 어떻게 처신하는지를 탐 구한다면, 우리는 그 방법이 언제나 동일하다는 것을 발견한다. 그것은 마 치 화약처럼 단 하나의 불씨만으로도 폭발하는 특정한 폭발성 물질을 사 용하는 것이다. 폭발물이란 곧 양분, 더 구체적으로 말하자면 삼원소 물질

---

10) [옮긴이] 'modus vivendi'라는 라틴어 표현은 '삶의 방식'으로 직역될 수 있다. 외교적인 관점 에서 이 표현은 갈등적인 정치상황에서 이루어지는 잠정적인 타협안을 가리키기 위해 사용 된다. 베르그손은 구체적인 생명체의 구성을 'modus vivendi'라는 표현으로 묘사함으로써 유기화를 생과 물질이 함께 살아가기 위해 빚어내는 타협의 과정으로 파악하려는 것이다.

substances ternaires[11] ——탄수화물과 지방——을 가리킨다. 거기에는 상당한 양의 퍼텐셜 에너지[12]가 축적되어 운동으로 전환되기를 기다리고 있다. 이 에너지는 식물이 태양으로부터 천천히, 점차적으로 이끌어 낸 것이다. 그리고 식물을 먹는 동물이나, 식물을 먹은 동물을 먹는 동물, 아니면 식물을 먹은 동물을 먹은 동물을 먹는 동물 등은 단지 생명이 태양 에너지를 축적시킴으로써 만들어 낸 폭발물을 자신의 신체 속으로 이전시키는 것이다. 운동을 수행할 때 동물은 이렇게 갇힌 에너지를 해방시킨다. 이를 위해 필요한 것은 단지 시동 장치에 손을 대는 것, 권총의 방아쇠를 가볍게 당기는 것, 불씨를 일으키는 것이다. 폭발물은 폭발하고, 운동은 선택된 방향으로 수행된다. 만일 최초의 생명체들이 식물적 삶과 동물적 삶 사이에서 망설였다면, 그 이유는 생명이 처음부터 폭발물을 만드는 일과 운동을 위해 그것을 사용하는 일을 동시에 맡고 있었기 때문이다. 식물과 동물이 분화됨에 따라, 생명은 두 왕국으로 나누어지면서 처음에는 통합되어 있던 두 기능을 서로 분리시켰다. 한편에서 생명은 폭발물을 만드는 데 전념했으며, 다른 한편에서는 그것을 폭발시키는 데 전념했다. 그러나 생명을 생명 진화의 시작에서 고찰하건 끝에서 고찰하건 간에, 생명 전체는 언제나 점진적인 축적과 갑작스런 소비라는 이중적 작업이다. 생명은 물질로 하여금 느리고도 어려운 작업을 통해 단번에 운동 에너지로 변하게 될 잠재 에너지를 저장하도록 만들어야 한다. 그런데 물질이 종속되어 있

11) [옮긴이] 탄소, 수소, 산소로 이루어진 화합물.
12) [옮긴이] 물체의 상태에 따라 규정되는 에너지값. 다른 상태와의 차이에 따라 운동에 영향을 미치는 값이다. 질베르 시몽동(Gilbert Simondon)은 개체를 자신의 내부에 전-개체적인 퍼텐셜 에너지를 유지하고 있는 준안정적 체계로 규정하고, 이러한 준안정성(métastabilité)을 체계가 변형될 잠재성으로 여긴다.

는 필연성을 무력화할 수는 없지만 그럼에도 그것을 굴절시킬 수 있는 자유로운 원인[13], 물질에 대해 갖는 미미한 영향력을 가지고 물질로부터 점점 더 선택된 방향으로 점점 더 강렬한 운동을 얻어 내려는 자유로운 원인이 어떻게 이와 다른 방식으로 행할 수 있겠는가? 그것은 거기서 정확히 이런 방식으로 처신할 것이다. 그것은 시동장치를 작동시키기만 하면 되게끔, 불씨를 제공하기만 하면 되게끔, 물질을 통해 필요한 만큼 오랫동안 축적된 에너지를 즉각적으로 이용하기만 하면 되게끔 애쓸 것이다.

자유로운 행동의 기작

세번째 사실의 선을 따라 생명체에서 더 이상 행동 자체가 아니라 행위에 선행하는 표상을 고려하는 경우에도 동일한 결론에 도달할 것이다. 통상적으로 우리는 어떤 표지를 통해 행동가^{homme de l'action}, 즉 운명에 의해 말려든 사건들에 자신의 흔적을 남기는 사람을 식별하는가? 그 사람이 다소간 긴 잇따름^{succession}을 하나의 순간적인 시야 속에서 파악한다는 사실이 아닐까? 그의 현재 속에서 과거가 차지하는 몫이 더 클수록, 그가 미래로 밀어내 준비되고 있는 상황들에 밀착시키는 덩어리는 더 무거워진다. 그의 행위는 마치 화살과도 같은 것이어서, 행위의 표상이 뒤로 당겨질수

---

13) [옮긴이] 일반적으로 자유와 인과가 서로 대립되는 개념으로 여겨지곤 한다는 점을 떠올려 본다면 아주 흥미로운 표현이다. 베르그손에게 자유는 인과와 대립하여 그와는 구분되는 별도의 질서를 따르는 것이 아니라 물질적 인과 속에 삽입되어 인과성 자체를 굴절시켜 이용하는 경우에만 가능한 것이다. 이런 의미에서 베르그손에게는 다양한 인과관계의 양태'들'이 존재할 수 있다. 브룅슈빅(Léon Brunschvicg)에게 보내는 편지에서 베르그손은 물리적 인과를 모든 인과의 유일한 모델로 여기는 관점들을 비판하고 물리적 인과와는 구분되는 심리적 인과의 존재 가능성을 묻는다. "자유는, 그것이 헛된 말이 아니라면, 심리적 인과성 자체일 것이다"(1903년 2월 26일 레옹 브룅슈빅에게 보내는 편지).

록 더 강하게 앞으로 쏘아져 나간다. 이제 우리의 의식이 지각되는 물질과 대면하여 어떻게 작동하는지에 주목해 보라. 분명히 그 순간들 중 단지 한 순간에도 의식은 수많은 진동들을 파악할 것이다. 타성적 물질의 관점에서 볼 때 이 진동들은 [순간적인 것이 아니라] 잇따라 나타나는 것이며, 만일 물질이 기억할 수 있다면 첫번째 진동은 마지막 진동에게 마치 무한히 먼 과거처럼 보였을 것이다. 내가 눈을 뜨자마자 감을 때 경험하는 빛 감각, 나의 순간들 중 하나를 점하는 빛 감각은 외부 세계 속에서 펼쳐지는 기나긴 역사의 응축이다. 거기에는 서로 잇따르는 수조의 진동들, 즉 그것들을 세고자 한다면 아무리 빨리 세더라도 수천 년이 걸릴 만한 일련의 사건들이 있다. 그러나 자기의식을 갖게 된 물질이 보기에는 30세기를 채울 수 있을지도 모를 이 단조롭고 무미건조한 사건들은, 그것들을 하나의 그림 같은 빛 감각으로 수축시킬 수 있는 내 의식이 보기에는 단지 한 순간을 점유할 뿐이다. 다른 모든 감각에 대해서도 동일하게 말할 수 있을 것이다. 의식과 물질의 합류점에 위치해 있는 감각은, 넓은 의미에서 사물의 지속이라고 불릴 수 있을 만한 것의 막대한 기간을 우리 의식을 특징짓는 우리의 고유한 지속 속에 응축시킨다. 우리의 지각이 이렇게 물질의 사건들을 수축시킨다면, 그것은 우리의 행동이 그 사건들을 제어하기 위한 것이라고 생각해야 하지 않을까? 예컨대 물질에 내속하는 필연성이 각 순간에 극도로 제한된 한계 속에서만 돌파될 수 있다고 가정해 보자. 이 경우, 단지 시동장치를 작동시키거나 운동의 방향을 잡기 위해 필요한 행동에 불과하다고 해도, 어떤 자유로운 행동을 물질적 세계 속에 끼워 넣으려 하는 의식은 어떻게 처신할 것인가? 의식은 자기 자신을 정확히 이런 방식으로 조정하지 않을까? 어느 한 순간에 의식이 수행하는 의지적 행동이 막대한 수의 물질의 순간들로 나누어지고, 이런 방식으로 물질의 순간들 각각이 포함하는 거의 무한소적인 비결정성들을 총합할^{sommer} 수 있도록, 의식의 지속과 사물의 지속 사이에서 물질적 세계의 무수한 순간들이 의식적 삶의 단일한 순간 속에 붙잡힐 수 있게 만드는 긴장의 차이가 발견되기를 기대해야 하지 않을까? 다른 말로 하자면, 의식적 존재가 지닌 지속의 긴장^{tension}은 정확히 그의 행위 역량, 즉 그가 세계 속에 도입할 수 있는 자유롭고 창조적인 활동성의 양을 측정하는 것이 아닐까? 나는 그렇게 믿는다. 그러나 지금으로서는 그 점을 강조하지 않겠다. 나는 단지 이 새로운 사실의 선이 이전의 선들과 동일한 지점으로 우리를 이끌어 간다는 점을 지적하려 할 뿐이다. 의식에 의해 결정된 행위를 고려하건, 그 행위를 준비하는 지각을 고려하건 간에, 두 경우 모두에서 의식은 물질 안에 삽입되어 물질을 사로잡고 자신의 이익에 따라 물질을 전환시키는 힘으로 보인다. 의식은 서로 상보적인 두 방법을 통해 작동한다. 한편으로는 물질이 오랫동안 축적시킨 에너지를 한 순간에 선택된 방향으로 해방시키는 폭발적인 행위가 있고, 다른 한편으로는 물질이 수행하는 헤아릴 수 없는 미소 사건들을 이 단일한 순간 속에 모아들이고 역사의 막대함을 한 단어로 요약하는 수축의 작업이 있다.

생명의 진화

이 다양한 사실의 선이 수렴하는 지점에 자리해 보자. 한편에서 우리는 필연성에 종속된 물질을 발견한다. 물질은 기억을 결여하고 있거나 단지 두 순간 사이에 가교를 놓기 위해 필요한 기억만을 가지고 있기에, 각 순간은 이전 순간으로부터 연역될 수 있고 세계 속에 이미 존재하던 것에 아무것도 덧붙이지 않는다. 다른 한편에는 의식, 즉 자유를 가진 기억, 결국 진정으로 성장이 이루어지는 지속──뻗어 나가는 지속, 하나의 식물처럼, 즉 매 순간 자신의 잎과 꽃의 형태들을 재발명하는 마법의 식물처럼 과거를 불가분적으로 보존하며 부풀리는 지속── 속에서의 연속적 창조가 있다. 더욱이 이 두 실존──물질과 의식──이 하나의 공통 원천에서 파생되었 다는 것은 확실해 보인다. 이전 저작에서[14) 나는 물질이 의식의 역전이라 면, 즉 의식이 끊임없이 자기창조하고 자기를 풍부하게 만드는 작용인 반 면 물질은 해체되거나 소모되는 작용이라면, 물질도 의식도 홀로는 설명 될 수 없다는 것을 보이고자 했다. 그 논점을 다시 다루지는 않을 것이다. 단지 우리 행성에서 일어난 생명의 진화 전체에서 창조적 의식에 의한 물 질의 횡단이 발견된다는 점을 언급하는 것으로 그치려 한다. 그것은 동물 에서는 여전히 갇혀 있고 인간에 이르러서만 결정적으로 풀려나는 무언 가를 기발함과 발명의 힘으로 해방시키기 위한 노력이다.

라마르크와 다윈 이래로 종의 진화라는 관념을, 즉 가장 단순한 유기 적 형태에서 시작된 종에 의한 종의 발생이라는 관념을 점점 더 확증해 온 관찰들을 세부적으로 살펴보는 것은 불필요한 일이다. 비교해부학, 발 생학, 고생물학이라는 삼중의 증거를 가진 가설을 지지하지 않을 수는 없 다. 게다가 과학은 주어진 조건들에 적응해야 한다는 생명체의 필요가 생 명의 진화를 따라 어떤 결과로 나타나는지를 보여 주었다. 그러나 적응의 필요를 통해 설명되는 것은 더 높은 유기적 조직화로 향하게 만드는 운동 이 아니라, 이러저러하게 결정된 형태에 멈춰 선 생명의 정지점들인 것으 로 보인다. 초보적인 유기체도 우리만큼이나 그것의 실존적 조건에 잘 적 응해 있다. 거기서 성공적으로 생존해 있기 때문이다. 그렇다면 생명은 왜

---

14) [옮긴이] 『창조적 진화』 3장의 내용을 가리킨다.

자신을 복잡화함으로써, 게다가 점점 더 위험한 방식으로 복잡화함으로써 전진해 갔을까? 오늘날 우리가 관찰하는 그러한 [초보적인] 생명 형태는 아주 오래전의 고생대 시대부터 발견된다. 그것은 여러 시대를 변함없이 존속해 왔다. 따라서 생명이 하나의 결정적인 형태에 멈추는 것은 불가능하지 않았다. 그렇다면 왜 생명은 가능한 모든 곳에서 그러지 않았을까? 왜 생명은 전진했을까? 왜 그럴까——생명이 점점 더 격렬해지는 위험을 가로질러 점점 더 높은 효력을 향하는 어떤 약동에 의해 이끌린 것이 아니라면 말이다.

생명의 진화를 살펴보면서 이 내적 추동력이 하나의 실재임을 느끼지 않기란 어렵다. 그러나 진화가 생명물질을 단일한 방향으로 촉발한다거나, 다양한 종이 하나의 길을 따라 놓인 그만큼의 단계들을 표현한다거나, 그 노정이 장애 없이 이루어졌다고 생각해서는 안 된다. 이 노력이 자신이 사용했던 물질 속에서 저항을 맞닥뜨렸음은 명백하다. 그것은 도중에 나누어져서 자신이 품고 있던 경향들을 서로 다른 진화의 선들로 갈라지게 만들어야 했다. 그것은 우회하고 역행했다. 이따금 그것은 불시에 정지했다. 이 노력은 단지 두 가지 진화의 선 위에서만 명백한 성공을 거두었는데, 그 중 하나는 부분적인 성공이고, 다른 하나는 상대적으로 완전한 성공이다. 이것은 절지동물과 척추동물의 선이다. 첫번째 선의 끝에서 우리는 곤충의 본능을 발견한다. 두번째 선의 끝에서 우리는 인간적 지성을 발견한다. 따라서 우리는 진화하는 힘이 처음에는 자신 안에, 그러나 서로 뒤섞이거나 더 정확히 말하면 서로 함축된 형태로, 본능과 지성을 담고 있었다고 생각할 수 있다.

1장_의식과 생 29

인간

요컨대 사태는 다음과 같은 방식으로 일어난다. 마치 모든 종류의 잠재성이 상호 침투해 있는 막대한 의식의 흐름이 물질을 가로지름으로써, 물질을 유기적으로 조직하고 필연성 자체인 물질을 자유의 도구로 만들었던 것 같다. 그러나 의식은 함정에 빠질 뻔했다. 물질은 의식을 휘감아 물질의 고유한 자동성에 굴복시키고, 물질의 고유한 무의식 속으로 의식을 잠재웠다. 진화의 특정한 선, 특히 식물계의 선 위에서는 자동성과 무의식이 군림한다. 물론 진화의 힘에 내재적인 자유는 예측되지 않은 형태의 창조를 통해 여전히 드러난다. 이 형태들은 진정한 예술작품들이다. 그러나 이 예측 불가능한 형태들은 일단 창조되고 나면 기계적으로 반복된다. 개체는 선택하지 않는다. 다른 선[동물의 선] 위에서 의식은 충분히 해방되어 개체가 특정한 감정을, 결과적으로 특정한 선택의 폭을 재발견하기에 이른다. 그러나 실존의 필요성이 선택의 역량을 단순히 삶의 필요에 보조적인 것으로 만든다. 이렇게 생명의 단계의 밑바닥에서부터 꼭대기까지 자유는 사슬에 묶여 있고, 기껏해야 이 사슬을 연장하는 데 성공했을 뿐이다. 단지 인간을 통해서만 갑작스런 도약이 이루어진다. 사슬은 산산조각난다. 실로 인간의 뇌가 동물의 뇌와 아무리 유사하더라도, 인간의 뇌는 각각의 습관에 다른 습관을 대립시키고 모든 자동성에 그에 반대되는 자동성을 대립시킬 수단을 제공한다는 특별한 점을 지니고 있다. 자기 자신에게 붙들려 있는 필연성과는 달리 자기 자신을 되찾은 자유는 물질을 도구의 상태로 돌려보낸다. 마치 자유가 군림하기 위해 [물질을] 분열시켰던 것처럼 말이다.

물리학과 화학의 협동적 노력을 통해 어느 날 생명물질과 유사한 물질이 제작되기에 이를 수도 있을 것이다. 생명은 침투^{insinuation}를 통해 작용한다. 따라서 물질을 순수한 기계장치^{mécanisme} 밖으로 이끈 [생명의] 힘이 물질에 영향력을 가지려면 먼저 이 기계장치를 따라야 했을 것이다. 마치 선로변경장치가 열차를 레일에서 떼어 내기 위해 우선은 레일에 달라붙어 진행하는 것처럼 말이다. 다른 말로 하면, 처음에 생명은 생명 없이도 만들어지고 있었던, 혹은 생명 없이 만들어질 수 있었을지도 모르는 특정한 종류의 물질 속에 정착한다. 그러나 홀로 남겨졌더라면 물질은 거기에 멈추었을 것이다. 그리고 우리가 실험실에서 행하는 제작 작업도 아마 거기서 멈춰 설 것이다. 생명물질의 몇몇 특성을 모방할 수는 있을 것이다. 그러나 생식을 가능케 하고 형태변화라는 의미에서의 진화를 가능케 하는 약동^{élan}을 거기에 새겨 넣지는 못할 것이다. 그런데 이 생식과 진화가 바로 생명 자체이다. 생식과 진화가 보여 주는 내적인 추동력은 각기 공간 속에서의 증식을 통한 수의 증가와 시간 속에서의 복잡화를 통한 풍부함의 증가라는 이중의 필요이며, 생명과 함께 나타나고 차후에는 인간 활동의 두 가지 주요 동인이 될 사랑^{amour}과 야망^{ambition}이라는 두 가지 본능이다. 분명히 하나의 힘이 우리 앞에서 작동하고 있다. 이 힘은 자신의 굴레에서 벗어나려 하고 또한 자기 자신을 넘어서고자 하며, 우선은 자신이 가진 모든 것을, 다음으로는 자신이 가진 것 이상을 쏟아낸다. 정신을 달리 어떻게 정의할 것인가? 그리고 정신적 힘이 존재한다면, 그것은 자신이 포함하고 있는 것 이상을 자신 안에서 끌어내는 능력 말고는 어떤 점에서 다른 힘들과 구분될 수 있단 말인가? 물론 이 힘이 그 노정에서 맞닥뜨린 모든 종류의 장애물을 고려해야 할 것이다. 그 기원에서부터 인간에 이르기까지 생의 진화는 지하로를 개척하기 위해서인 양 물질 속에 접어드는 의식의 흐름이라는 이미지를 떠올리게끔 한다. 이 흐름은 사방팔방으로 여러 시험적인 길을 만들어 내고 다소간 앞으로 나아가지만, 거의 언제나 [막다른] 바위를 맞닥뜨릴 것이다. 그러나 이것은 적어도 한 방향에서는 통로를 내는 데 성공해 다시 밝은 곳으로 나오게 될 것이다. 이 방향이 바로 인간에 이르는 진화의 선이다.

창조와 선택

22 그런데 정신은 왜 이러한 작업 속에 뛰어들었는가? 지하로를 뚫는 것이 정신에 어떤 이득이 되었는가? 우리는 여기서 다시 한 번 새로운 여러 사실의 선을 따라 그것들이 한 점에 수렴되는 것을 보게 될 것이다. 그러나 이를 위해서는 심리적 삶, 정신생리학적 관계, 도덕적 이상과 사회적 진보에 대한 세부적인 논의를 전개해야 하므로, 결론으로 곧장 나아가려 한다. 물질과 의식을 서로 대면시켜 보자. 우리는 물질이 우선 나눔을 행하고 정확하게 만드는 것임을 발견한다. 홀로 내버려 둘 경우 사유는 하나라고도 여럿이라고도 말할 수 없는 요소들의 상호적 함축을 드러낸다. 사유는 연속성이며, 모든 연속성에는 뒤섞임^{confusion}이 존재한다. 사유가 판명하게 되려면 단어들로 흩어져야 한다. 우리는 종이를 집어들고 상호침투하는 항들을 따로따로 정렬시킬 때에만 우리가 생각하고 있는 것을 잘 이해하게 된다. 이런 식으로 물질은 이전에 생명의 본원적 약동 속에 뒤섞여 있던 경향들을 개체성으로, 그리고 결국엔 인격성으로 구분하고, 분리하고, 풀어낸다. 다른 한편, 물질은 노력을 유발하고 노력을 가능케 한다. 사유되었을 뿐인 사유, 단지 구상되었을 뿐인 예술 작품, 꿈꾸어졌을 뿐인 시는 아직 힘이 들지 않는다. 노력을 요구하는 것은 시를 단어들로, 예술적 구상을 조각상이나 그림으로 바꾸는 물질적 실현이다. 노력은 고통스

럽지만 또한 값진 것이며, 달성한 성과보다 더 값진 것이기도 하다. 노력 덕분에 자신 안에 가지고 있는 것 이상을 끌어낼 수 있고, 자기 자신을 넘어 고양될 수 있기 때문이다. 그런데 물질이 없었더라면 이 노력은 가능하지 않았을 것이다. 물질은 저항을 내세우면서도 우리에 의해 유순해짐으로써, 장애물인 동시에 도구이자 자극이 된다. 물질은 우리의 힘을 감내하고, 그 자취를 붙잡아 두며, 그 힘의 강화를 요청한다.

생의 의미와 인간의 운명에 대해 사변했던 철학자들은 자연이 위와 같은 내용을 우리에게 알려 주는 수고를 기울였다는 사실에 충분히 주목하지 않았다. 자연은 우리의 목적이 달성되었음을 정확한 표지를 통해 알려 준다. 이 표지는 환희다. 내가 말하는 것은 환희joie지, 쾌락plaisir이 아니다. 쾌락은 자연이 생명체를 통해 생을 보존하기 위해 고안한 기법에 불과하다. 그것은 생이 던져진 방향을 가리키는 것이 아니다. 그러나 환희는 언제나 생이 성공했음을, 생이 확산되었음을, 생이 승리를 거두었음을 고지한다. 모든 커다란 환희는 승리의 음색을 지니고 있다. 그런데 이러한 표지를 고려에 넣어 이 새로운 사실의 선을 따른다면, 우리는 환희가 있는 곳에는 언제나 창조가 있음을 발견할 것이다. 창조가 더 풍요로울수록 환희는 더 깊어진다. 자신의 아이를 바라보는 어머니는 환희에 차 있다. 그녀는 자신이 이 아이를 물리적·정신적으로 창조했음을 의식하고 있기 때문이다. 자신의 사업을 발전시키는 상인, 자신의 산업이 번영하는 것을 본 공장주는 자신이 번 돈과 획득한 명성 때문에 환희를 누리는 것일까? 부와 존경은 분명 그가 느끼는 만족에 있어 중요한 것이나, 그것들은 그에게 환희라기보다는 쾌락을 준다. 그가 진정한 환희로부터 맛보는 것은 건실한 기업을 세웠으며 무언가를 태어나게 했다는 감정이다. 예외적인 환희들, 자신의 사유를 실현시킨 예술가나 발견이나 발명을 행한 학자의 환희를 생각해 보자. 사람들은 이들이 영광을 위해 작업했으며, 자신들이 불러일으키는 존경으로부터 가장 생기 있는 환희를 얻는다고들 한다. 이는 커다란 오류이다! 우리는 성공을 확신하지 못할 때에나 찬사와 영예에 집착한다. 허영의 바탕에는 빈약함이 있다. 우리가 찬양을 추구하는 이유는 안심하기 위해서이며, 우리의 작품이 사람들의 열렬한 감탄에 둘러싸이기를 바라는 이유는 마치 조산아를 면포에 싸듯 작품의 불충분한 생명력을 뒷받침하기 위해서이다. 그러나 살아 있고 지속하는 작품을 만들었음을 절대적으로 확신하는 사람은 더 이상 찬사에 관심이 없고 영광 이상의 것을 느낀다. 그는 창조자이고, 자신이 창조자라는 것을 알고 있으며, 그가 느끼는 환희는 신적인 환희이기 때문이다. 그런데 모든 영역에서 생의 승리가 창조라면, 우리는 인간의 생이 창조를 그 존재 이유로 한다고, 그러나 이 창조는 예술가나 학자의 창조와는 달리 매 순간 모든 인간에게서 계속될 수 있다고 가정해야 하지 않을까? 자기에 의한 자기의 창조. 적은 것에서 많은 것을, 무로부터 무언가를 끌어내고 세계 속에 존재했던 풍부함에 끊임없이 무언가를 덧붙이는 노력에 의한 인격성의 증대 말이다.

밖에서 보았을 때, 자연은 예측 불가능한 새로움의 거대한 개화efflorescence처럼 보인다. 자연을 살아 움직이게 하는 힘은 사랑으로, 이유 없이, 즐겁고자 끝없이 다양한 식물종과 동물종을 창조하는 것으로 보인다. 이 힘은 이 종들 각각에 위대한 예술 작품이 갖는 절대적 가치를 부여한다. 이 힘은 마치 그 어떤 종에게도 다른 종들에게만큼이나, 인간에게만큼이나 애착을 가지고 있는 것처럼 보인다. 그러나 생명체의 형태는 한번 그려진 뒤에는 무한정 반복된다. 이 생명체의 행위는 한 번 수행된 뒤에는 스스로를 모방하여 자동적으로 되풀이되는 경향이 있다. 인간의 영역을 제외하고 다른 모든 곳을 지배하는 자동성과 반복은, 우리가 여기서 단지 중

단들^{haltes}을 대면하고 있을 뿐이고 우리가 다루는 제자리걸음이 생의 운동 자체는 아니라는 것을 틀림없이 알려 줄 것이다. 따라서 예술가의 관점은 중요하지만, 결정적이지는 않다. 형태의 풍부함과 독창성은 생의 만개를 잘 나타낸다. 그러나 아름다움이 곧 역량을 의미하는 이 만개 속에서, 생은 또한 마치 미끄럼틀의 끝에서 우아한 곡선으로 착지하는 아이처럼 그 약동의 중단과 더 멀리 나아갈 수 없는 일시적인 무력함도 잘 보여 준다.

도덕가의 관점은 이보다 더 우월하다.[15] 인간에게서만, 특히 인간 중 가장 선량한 사람들에서만 생의 운동은 지장 없이 계속된다. 이 운동은 자신이 도중에 창조했던 인간의 몸이라는 이 예술 작품을 통해 도덕적 생의 무한히 창조적인 흐름을 분출한다. 끊임없이 과거의 총체에 기대어 미래를 그만큼 더 힘차게 밀어내도록 운명지어진 인간은 [이미] 생의 위대한 성공이다. 그러나 가장 탁월한 창조자는, 강렬한 행동을 통해 다른 사람들의 행동을 강렬하게 만들 수 있고 관대한 행동을 통해 관대함의 심장에 불을 붙일 수 있는 사람이다. 위대한 선인들^{hommes de bien}, 더 구체적으로는 단순하면서도 발명적인 위업을 통해 덕으로 향하는 새로운 길을 개척한 이들은 형이상학적 진리의 계시자들이다. 그들은 진화의 정점에 위치하면서도 기원에 가장 가까이 있으며, 바닥으로부터 온 추동력을 우리의 눈에

---

15) [옮긴이] 조제프 로트(Joseph Lotte)의 편지(1911년 4월 21일)에 의하면, 『창조적 진화』의 출간 이후 베르그손은 인간 생의 한계를 뛰어넘는 창조적 경험에 대한 탐구를 진행하며 미학과 윤리학 가운데 어느 쪽으로 향해야 할 것인가를 주저하고 있었던 것으로 보인다. 한 달 뒤 이루어진 이 강연의 본래 원고에서도 베르그손은 "도덕적 본성의 열망이 실증 과학과 전혀 모순적이지 않음"을 강조할 뿐, 미학과 윤리학 사이에 특별한 우위를 두지는 않는다. 하지만 1919년에 『정신적 에너지』에 수록되면서 수정된 이 구절은 베르그손이 이제 명백히 미학보다 윤리학에 중점을 두고 있음을 보여 준다. 아마도 1차 세계대전의 경험이 베르그손에게 윤리적 문제를 보다 시급한 것으로 만들었을 것이다. 1919년의 이 구절은 1932년의 『도덕과 종교의 두 원천』을 향한 여정이 시작되었음을 시사하고 있다.

보이게끔 만들어 준다. 직관의 행위를 통해 생의 원리 자체에까지 파고들기를 바란다면, 이들을 주의깊게 관찰하고 공감을 통해 그들이 경험한 것을 경험하도록 노력해 보자. 깊이의 신비를 간파하기 위해서는 때때로 높이를 겨냥해야 한다. 지구의 중심에 있는 화염은 화산의 정상에서만 드러난다.

생의 약동 앞에 열려 있었던 두 거대한 길 위에서, 즉 절지동물의 계열과 척추동물의 계열을 따라, 본래 서로를 혼란스럽게 포함하던 본능과 지성이 분기하는 두 방향으로 전개되었다. 첫번째 진화의 정점에는 막시류 곤충이 있고, 두번째 진화의 극단에는 인간이 있다. 획득된 형태의 근본적 차이와 주파된 길 사이의 증대하는 간극에도 불구하고, 양쪽 모두에서 진화는 사회적 삶에 도달한다. 마치 사회적 삶의 필요가 처음부터 느껴졌던 것처럼, 혹은 더 정확히 말하면 생명의 본원적이고 본질적인 열망aspiration이 사회 속에서만 충족될 수 있는 것처럼 말이다. 개체적 에너지들을 한 곳에 결집시키는 사회는 만인의 노력으로부터 이득을 얻고, 만인의 노력을 더 용이하게 만든다. 개체를 종속시킬 때에만 사회는 존속하며, 개체를 방임할 때에만 사회는 진보한다. 사회는 이 두 대립된 요구를 화해시켜야 할 것이다. 곤충에서는 전자의 조건만이 충족된다. 개미와 벌의 사회는 놀라울 정도로 규율화되고 통합되어 있지만, 불변하는 타성 속에 응고되어 있다. 이 사회에서 개체가 스스로를 잊는다면 사회도 그 목적을 잃게 된다. 개체와 사회는 더 큰 사회적 효율성과 더 완전한 개체적 자유를 향해 앞으로 똑바로 전진하는 대신, 몽유병적 상태 속에서 동일한 원환 주위를 무한히 돌 것이다. 단지 인간의 사회만이 획득해야 할 두 목표를 눈앞에 응시하고 있다. 사회들은 서로 투쟁하고 갈등하면서도 분명히 불화와 충격을 통해 모난 부분을 완화시키고, 반목을 마멸시키고, 모순들을 제거하고, 개인들의 의지가 왜곡 없이 사회적 의지에 삽입되게끔, 또한 다양한 사회들이 그들의 독창성이나 독립성을 잃지 않고도 더 넓은 사회에 합류되게끔 노력하고 있다.[16] 이는 염려스러우면서도 안심이 되는 광경이다. 이 광경을 주시할 때 다음과 같이 말하지 않을 수 없기 때문이다. 여기에서도 생은 무수한 장애물을 가로질러 가장 많은, 가장 다양한, 가장 월등한 발명과 노력을 만들어 내기 위해 개체화하는 작업과 통합하는 작업을 수행하고 있다.

그 너머

이제 우리가 이 마지막 사실의 선을 버리고 이전의 선들로 돌아간다면, 즉, 인간의 정신적 활동이 뇌의 활동을 초과한다는 것을, 뇌는 기억이 아니라 운동적 습관만을 축적한다는 것을, 그리고 사유의 다른 기능들은 기억보다도 더 뇌에 독립적이라는 것을, 따라서 신체의 파괴 이후에도 인격이 보존되고 강렬해지기까지 하는 것이 가능하고 더욱이 있음직하다는 것을 염두에 둔다면, 의식은 이 세상에서 만나는 물질을 가로지르며 그 여정 속에서 마치 강철처럼 자신을 단련하고 더 강렬한 생을 위한 더 효율적인 행동을 준비한다고 추측할 수 있지 않을까? 나는 [더 강렬한] 이 생이 여전히 투쟁의 생이자 발명에의 요구일 것이라고, 즉 창조적 진화일 것이

---

16) [옮긴이] 1차 세계대전 이후 세계 정세에 대한 베르그손의 비교적 낙관적인 전망은 이 글을 수정할 당시 베르그손이 미국의 28대 대통령 우드로 윌슨의 제안으로 1920년 수립된 '국제 연맹'(League of Nations/프랑스어로는 Société des Nations)의 창설 준비 과정을 목격하고 있었던 데 기인할 것이다. 1차 세계대전 중 프랑스 사절로 우드로 윌슨을 방문했던 베르그손은 윌슨의 부탁으로 1922년에서 1925년까지 국제 연맹 산하 '국제 지식인 협력 위원회'(유네스코의 전신)의 회장을 역임한다.

라고 생각한다. 그러나 이 생 속에서 우리 각자는 본성적 힘의 작용만으로 현생에서 우리 노력의 질과 양이 이미 잠재적으로 우리를 들어올렸던 도덕적 평면에 자리잡게 될지도 모른다. 마치 땅에서 풀려난 풍선이 그 밀도에 따라 할당된 높이를 채택하는 것처럼 말이다. 물론 이것은 가설에 불과하다. 조금 전에 우리는 개연성의 영역에 있었지만, 이것은 단순한 가능성의 영역일 뿐이다. 우리의 무지를 고백하자. 하지만 그 무지가 결정적이라고 믿지는 말자. 만일 의식 너머가 존재한다면, 우리가 그 너머를 탐험할 수단을 발견하지 못할 이유는 없다. 인간에 관련된 것들 중 인간에게 단적으로 숨겨질 수 있는 것은 아무것도 없다. 게다가 때때로 우리가 너무 멀다고, 무한히 멀다고 생각했던 정보는 바로 옆에서 우리의 포착을 기다리고 있기도 하다. 또 다른 그 너머, 즉 행성계 밖의 우주 너머에 대해 어떤 일이 일어났는지를 상기해 보라. 오귀스트 콩트Auguste Comte는 천체들의 화학적 구성을 영원히 알 수 없으리라 선언했다. 몇 년 뒤 스펙트럼 분광기가 개발되었고, 오늘날 우리는 별들이 무엇으로 이루어져 있는지를 실제로 가서 관찰한 것보다 더 잘 알고 있다.

2장 _ 영혼과 신체

1912년 4월 28일 '신앙과 삶'(Foi et Vie)에서 이루어진 강연[1]

이 강연의 제목은 '영혼과 신체'이다. 다시 말하면 이 강연은 물질과 정신, 즉 실존^{exister}하는 모든 것을, 심지어는 우리가 잠시 후에 논의할 철학적 입장[2]을 믿어야 한다면 실존하지는 않을지도 모르는 것까지도 주제로 삼고 있다. 하지만 안심하라. 우리는 물질의 본성을 깊이 탐구하려는 것도 아니고, 하물며 정신의 본성을 깊이 탐구하려는 것도 아니다. 어떤 두 사물을 구분하고 그것들의 관계를 특정한 지점까지 규정하는 것은 그것들 각각의 본성을 알지 못하더라도 가능하다. 이 순간 내가 나를 둘러싸고 있는 모든 사람을 아는 것은 불가능하지만, 그럼에도 나는 그들과 나를 구분할 수 있고 그들이 나에 대해 어떤 위치를 점유하는지도 알고 있다. 신체와 정신에 대해서도 마찬가지이다. 양자의 본질을 정의하는 것은 오랜 논의를 요하는 작업이지만, 무엇이 그것들을 통일하고 분리하는지에 대해 아

---

1) 이 강연은 다양한 저자들이 작성한 다른 연구들과 함께 귀스타프 르 봉(Gustave Le Bon) 박사가 편집한 과학 철학 선집의 『오늘날의 유물론』(*Le matérialisme actuel*, Flammarion, 1913)에 수록되었다.

2) [옮긴이] 모든 정신적 기능을 뇌의 작용들로 환원하는 유물론적 입장을 가리킨다.

는 것은 더 쉽다. 이 통일과 분리는 경험의 사실이기 때문이다.[3]

의식이 말해 주는 것

먼저 상식의 직접적이고 소박한 경험이 이 점에 대해 무엇을 말해 주는가? 우리는 각기 하나의 신체corps이며, 물질의 다른 부분과 동일한 법칙에 종속되어 있다. 그것은 밀면 나아가고, 당기면 후퇴한다. 들어올린 다음에 놓으면 떨어진다. 그러나 외부 원인에 의해 기계적으로 유발되는 이러한 운동 옆에는, 내부로부터 나오는 것처럼 보이는 다른 운동이 있다. 이 다른 운동은 그 예측불가능한 성격으로 인해 앞에서 말한 운동과 구분된다. 이것은 '의지적'이라고 불린다. 이 운동의 원인은 무엇인가? 그것은 우리가 각자 '나' 혹은 '자아'라는 말로 지칭하는 것이다. 그러면 **자아**는 무엇인가? 옳건 그르건 간에, 그것은 거기에 결부된 신체를 모든 부분에서 넘어서는 것처럼 보이는 무언가, 즉 공간 속에서도 시간 속에서도 신체를 초과하는 무언가이다. 먼저 자아는 공간 속에서 신체를 초과하는데, 그 이유는 우리들 각자의 신체가 그것을 한계짓는 정확한 윤곽에서 끝나는 데 반해, 우리는 지각 능력, 더 구체적으로는 시각을 통해 신체 너머로 뻗어가기 때문이다. 우리는 별까지 나아간다. 다음으로 자아는 시간 속에서 신체를 초

---

3) [옮긴이] 정신과 물질의 본성을 탐구하기에 앞서 양자의 사이에 위치하여 경험에 주어진 양자의 통일과 분리를 탐구해야 한다는 이 지적은 '정신물리학적 평행론과 실증적 형이상학'에 대한 발표(1901)에서도 마찬가지로 드러난다. 이 글이 알프레드 비네(Alfred Binet)의 책 『영혼과 신체』(L'Âme et le Corps, 1905)와 같은 제목을 달고 있다는 점에 주목하자(베르그손은 1905년 11월 25일 정신과학과 정치학 학회에서 비네의 이 책에 대한 비판적인 서평을 발표한 바 있다). 비네의 책이 ①물질의 정의 ②정신의 정의 ③심신결합의 순서로 구성되어 있는 데 반해, 베르그손의 이 구절은 탐구의 순서를 역전시킴으로써 경험에 주어진 심신결합의 사실에 앞서 정신과 신체를 따로 떼어 탐구하는 학자들의 방법론을 비판하고 있는 것이다.

과하는데, 그 이유는 신체가 물질이고, 물질은 현재 속에 있기 때문이다. 과거가 현재 속에 흔적을 남긴다는 것이 사실이라 해도, 이 흔적은 그것을 지각하면서 지각한 바를 상기한 바에 비추어 해석하는 의식에게만 과거의 흔적이 될 것이다. 의식은 이 과거를 붙들어, 시간이 흘러감^{déroule}에 따라 과거를 자신 위에 되감으며^{enroule}, 과거를 가지고 자신이 창조해 낼 미래를 준비한다.[4] 우리가 방금 언급한 의지적 행위도, 이전의 경험으로부터 습득되고 의식적 힘을 통해 매번 새로운 방향으로 굴절되는 운동의 총체와 다른 것이 아니다. 의식적 힘은 끊임없이 세계 속에 새로운 무언가를 가져오는 역할을 수행하는 것처럼 보인다. 그렇다. 이 힘은 자신의 외부에 새로움을 창조한다. 그것은 공간 속에 예측되지 않은 운동, 예측 불가능한 운동을 그려 내기 때문이다. 또한 그것은 자신의 내부에도 새로움을 창조하는데, 이는 의지적 행동이 그것을 의지한 사람에게 반작용하여 그 행동을 유출한^{émane} 인물의 성격을 어느 정도 변양시키며, 일종의 기적을 통해 인간적 삶의 목적 자체로 보이는 자기에 의한 자기의 창조를 수행하기 때문이다. 그러므로 결국 시간 속에서는 현재적 순간에 갇혀 있고 공간 속에서는 자신이 점유하는 장소에 한정되어 있는 신체, 자동장치처럼 행동하고 외부 자극에 기계적으로 반응하는 신체의 옆에서, 우리는 공간 속을 신체보다 더 멀리 뻗어 가고 시간을 가로질러 지속하는 무언가, 더 이상 자동적이고 예측된 운동이 아니라 예측 불가능하고 자유로운 행동을 신체

31

---

4) [옮긴이] 시간의 흘러감을 나타내는 프랑스어 동사 'dérouler'는 본래 두루마리(rouleau)에 말려 있는 것들이 풀려나 펼쳐지는 모양새를 나타내는 표현이다. 베르그손은 여기서 일상적으로 시간의 흐름을 나타내는 데 사용되는 풀려남(dérouler)뿐 아니라, 그것과 짝을 이루는 감김(enrouler)을 모두 시간의 속성을 드러내는 표현으로 사용하고 있다. 베르그손이 보기에 시간은 끊임없이 흘러가면서 축적되는, 즉 끊임없이 풀려나면서 감기는 이중적인 운동으로 이루어진다.

에 요구하고 부과하는 무언가를 포착한다. 모든 측면에서 신체를 초과하고, 행위들을 창조하면서 자기 자신을 새롭게 창조하는 이 무언가가 바로 '자아'이고, '영혼'이며, 정신이다. 정신은 바로 자기 자신으로부터 자신이 포함하고 있는 것 이상을 끌어내고, 자신이 받아들인 것 이상을 돌려주며, 자신이 가진 것 이상을 줄 수 있는 힘이다. 우리는 이러한 점을 확인할 수 있다고 생각한다. 겉보기에 사태는 바로 이러하다.

유물론의 견해

사람들은 우리에게 다음과 같이 말한다. "그래, 좋다. 그러나 그것은 겉보기에 불과하다. 더 자세히 살펴보라. 그리고 과학의 말을 들어 보라. 당신은 우선 신체가 없다면 이 '영혼'이 결코 작동하지 않는다는 점을 알게 될 것이다. 태어나서 죽을 때까지 신체는 영혼에 수반되며, 영혼이 신체와 실재적으로 구분된다고 가정하더라도 모든 사태는 마치 영혼이 신체와 불가분적으로 연결되어 있는 것처럼 일어난다. 클로로포름을 마시면 의식은 사라진다. 알코올이나 커피를 마시면 의식은 흥분된다. 아주 가벼운 중독도 지성, 감성, 의지에 깊은 손상을 일으킬 수 있다. 몇몇 전염성 질병이 유발하는 지속적인 중독은 정신이상을 일으킬 것이다. 시체 부검 시에 정신병자의 뇌에서는 항상은 아니라 해도 적어도 상당히 자주 손상이 발견되며, 가시적인 손상이 없는 경우에는 아마도 세포조직의 화학적 변질이 질환을 야기했을 것이다. 게다가 과학은 방금 전에 이야기했던 의지적 운동을 수행하는 능력과 같은 정신의 특정한 기능을 특정한 뇌회腦미. circonvolutions에 정확히 국재화한다localise. 전두엽과 두정엽 사이에 있는 롤란도 영역에서 특정한 지점이 손상된다면, 팔, 다리, 얼굴, 혀의 운동이 상실되는 결과를 낳을 것이다. 당신이 정신의 본질적 기능으로 여기는 기억조차도 부분적으로 국재화될 수 있다. 좌측 제3 전두회 하부[5]에는 말의 분절운동에 대한 기억이 자리잡고 있다. 좌측 제1, 제2 측두회를 포괄하는 영역[6] 속에는 말소리에 대한 기억이 보존된다. 좌측 제2 두정회 후부[7]에는 단어와 글자 등에 대한 시각적 이미지들이 배치되어 있다. 더 멀리 나아가 보자. 당신은 공간 속에서도 시간 속에서도 영혼이 그것과 결부된 신체를 초과한다고 말했다. 공간을 고려해 보자. 시각과 청각이 신체의 한계 너머로 나아간다는 것은 사실이다. 그러나 왜 그런 것인가? 멀리서 온 진동이 눈과 귀를 자극하여 뇌로 전달되었기 때문이다. 자극은 거기서, 즉 뇌 속에서 시각적이거나 청각적인 감각이 된다. 그러므로 지각은 신체의 내부에 위치하고, 그 이상 확장되지 않는다. 시간으로 가 보자. 당신은 정신이 과거를 포함하는 반면 신체는 끊임없이 다시 시작하는 현재 속에 갇혀 있다고 주장한다. 그러나 우리가 과거를 다시 불러올 수 있는 것은 우리의 신체가 그에 대해 여전히 현재적인 흔적을 보존하기 때문이다. 대상이 뇌에 새겨 넣은 인상들은 마치 사진 감광판에 이미지들이 남거나 축음기 음반에 녹음된 소리가 남는 것처럼 거기에 남아 있다. 축음기를 작동시킬 때 음반이 멜로디를 반복하는 것과 마찬가지로, 뇌도 인상이 저장되어 있는

33

---

5) [옮긴이] 브로카 영역을 가리킨다. 언어의 생성 및 제어와 관련이 있다고 알려져 있다. 브로카(Paul Broca)가 관찰한 사례에서 환자는 여전히 듣고 쓸 줄 알지만 정확한 말들을 발음하는 조음운동을 행하지 못했다.

6) [옮긴이] 베르니케 영역을 가리킨다. 문자를 읽거나 언어를 이해하는 영역으로 알려져 있다. 브로카의 경우에서와는 달리, 베르니케(Carl Wernicke)의 환자들은 말을 하는 능력은 가지고 있고 실제로 많은 말을 하지만, 그 말들은 조리가 없고 혼란스러운 말들뿐이었다.

7) [옮긴이] 프랑스 신경학자 쥘 데저린(Jules Dejerine)이 발견한 영역을 가리킨다. 그는 이 영역의 손상이 언어의 시각적 식별과 관련된 장애를 야기한다는 것을 발견하였다. 데저린의 환자들은 글을 쓰는 능력을 보존하고 있었으나, 자신이 쓴 글을 다시 읽을 수 없었다.

지점에 요구되는 진동이 만들어졌을 때 기억을 되살린다. 따라서 공간 속에서도 시간 속에서도, '영혼'은 신체를 초과하지 않는다. 그런데도 신체와 구분되는 영혼이 정말로 존재하는 것인가? 우리는 조금 전에 뇌 속에서 끊임없는 변화가 일어난다는 것을, 혹은 더 정확히 말하자면 분자와 원자의 이동과 그것들 간의 새로운 연합groupement이 끊임없이 이루어진다는 것을 확인했다. 이것들 중에 어떤 것들은 우리가 감각이라 부르는 것으로 번역되고, 또 어떤 것들은 기억으로 번역된다. 의심의 여지없이 이것들 중에는 지성적·감성적·의지적인 사실 전체와 상응하는 것도 있다. 의식은 거기에 인광phosphorescence처럼 덧붙여진다. 그것은 우리가 어둠 속에서 성냥을 벽에 그었을 때, 성냥의 운동을 따라 그려지는 빛나는 흔적과 유사한 것이다. 이 인광은 말하자면 저절로 빛나면서 내적 시점이라는 독특한 환상을 만들어 낸다. 이런 방식으로 의식은 자신이 운동들을 변양시키고, 이끌고, 생산한다고 잘못 상상한다. 실제로는 의식이란 운동의 결과에 지나지 않는데도 말이다. 자유의지에 대한 믿음은 이것으로 이루어져 있다. 사실, 만일 우리가 두개골을 통과해 작동하고 있는 뇌 속에서 일어나는 일을 볼 수 있다면, 그 안을 관찰하기 위해 우리가 가진 가장 뛰어난 성능의 현미경보다 수백만 배 더 확대할 수 있는 기구를 사용한다면, 이런 방식으로 우리의 대뇌피질을 구성하는 분자, 원자, 전자의 춤을 목격한다면, 그리고 다른 한편으로 우리가 뇌와 정신 사이의 상응표, 즉 이 춤의 각 형태를 사유와 감정의 언어로 번역하는 사전을 소유하고 있다면, 우리는 소위 '영혼'이라 불리는 것의 사유와 감각과 의지 전체를, 즉 그것이 기계적으로 행하고 있음에도 자유롭게 행한다고 믿는 모든 것을 영혼 자신만큼이나 잘 알게 될 것이다. 우리는 심지어 영혼 자신보다 더 잘 알게 될 것이다. 이 소위 의식적 영혼은 뇌 내부의 춤 가운데 극히 일부분만을 조명하면서 몇몇 특권적인 원자 연합 위를 떠다니는 도깨비불의 총체에 불과한 반면, 우리는 모든 원자의 모든 연합을, 뇌 내부의 춤 전체를 목격하기 때문이다. 당신이 말하는 '의식적 영혼'이란 기껏해야 여러 효과를 지각하고 있는 하나의 효과effet에 불과하다. 반면 우리는 효과뿐 아니라 그 원인도 확인할 것이다."

경험이 말해 주는 것

사람들은 종종 과학의 이름을 빌려 이렇게 이야기한다. 그러나 관찰된 것이나 관찰가능한 것, 증명된 것이나 증명 가능한 것을 '과학적'이라고 부른다면, 방금 제시된 것과 같은 결론이 전혀 과학적이지 않다는 점은 명백하다. 그렇지 않은가? 현 상태의 과학에서 우리는 이를 입증할 가능성을 예감할 수조차 없기 때문이다. 물론 사람들은 우주 속에서 아무리 미미한 힘 혹은 운동의 편린이 창조되는 것도 에너지 보존 법칙에 반대된다고, 그리고 조금 전 말했던 것처럼 사태가 기계적으로 일어나지 않고 유효한 의지가 자유 행위를 수행하기 위해 개입한다면 에너지 보존 법칙이 위반될 것이라고 주장한다. 그러나 이와 같은 추론은 문제의 쟁점을 단순히 선취하는 것이다. 에너지 보존 법칙은 모든 물리적 법칙과 마찬가지로 물리적 현상에 대해 행해진 관측들을 요약한 것에 불과하기 때문이다. 법칙은 변덕이나 선택, 혹은 자유가 있다고는 아무도 주장하지 않을 영역 속에서 일어나는 일을 표현한다. 하지만 관건은 바로 (무엇보다도 관찰의 능력이며, 자신의 방식으로 실험을 행하는) 의식이 자유로운 활동성을 대면하고 있다고 느끼는 경우에도 이러한 법칙이 입증되는지를 알아 보는 일이다. 감각 혹은 의식에 직접적으로 제공되어, 외적이건 내적이건 경험의 대상이 되는 것은 모두 단순한 외양임이 증명되지 않는 한에서는 실재적인 것으로 받아들여져야 한다. 그런데 우리가 스스로를 자유롭다고 느낀다는 점, 우리의 직접적 인상이 그러하다는 점에는 의심의 여지가 없다. 따라서 증명의 책임은 이 감정이 환상이라는 사람들에게 돌아간다. 그리고 그들은 이와 유사한 것을 조금도 증명할 수 없는데, 그 이유는 그들이 단지 의지가 개입하지 않는 사례들에서 확인된 법칙을 의지적인 행동에까지 자의적으로 확장하고 있을 뿐이기 때문이다. 게다가 의지가 에너지를 창조할 수 있다 해도 창조된 에너지의 양이 너무 미미해서 우리의 측정기구에 뚜렷한 영향을 주지 못할 수도 있다. 그럼에도 이 미미한 에너지의 효과는 마치 화약고를 폭발하게 만드는 불씨의 효과처럼 막대할 수 있을 것이다. 나는 이 점에 대한 심화된 검토로 들어가지는 않을 것이다.[8] 구체적으로는 의지적 운동의 작동기제를, 일반적으로는 신경계의 기능을, 요컨대 결국 생명 자체의 본질적 면모를 고려한다면, 다음과 같은 결론에 도달하게 된다고 말하는 것으로 충분하다. 가장 초보적인 생명 형태 속에 있는 가장 보잘것없는 기원에서부터 [이미] 의식의 일관된 기법은 물리적 결정론을 자신의 목적들로 전환시키는 것, 더 정확히 말하면 물질을 가지고 언제나 더 유용한 폭발물을 언제나 더 강렬하게 제작함으로써 에너지 보존 법칙을 우회하는 것이다. 이때 가능한 한 커다란 양의 축적 에너지를 원하는 순간에 선택된 방향으로 해방시키는 데에는, 마치 마찰 없는 권총의 방아쇠를 손쉽게 당기는 손가락과 같이 극도로 미약한 행동으로도 충분하다. 근육 속에 저장된 글리코겐은 실로 진정한 폭발물이다. 의지적 운동은 이를 통해 수행된다. 이런 종류의 폭발물을 만들고 이용하는 것은 생명이 마음대

36

---

8) [옮긴이] 이 점에 대해서는 『창조적 진화』 2장과 3장을 참조하라.

로 변형가능한 원형질 덩어리 속에 나타났을 때부터 자유 행동이 가능한 유기체 속에서 완전히 피어날 때까지 생명의 계속적이고 본질적인 과업이었던 것으로 보인다. 그러나 다시 한 번 말하건대, 다른 곳에서 길게 다뤘던 논점에 오래 머물지는 않을 것이다.[9] 그러니 이 곁가지 논의를 접고, 앞에서 이야기하던 내용으로 되돌아오도록 하자. 증명되지도 않고, 심지어는 경험에 의해 암시되지도 않은 주장은 과학적이라 부를 수 없다는 논점 말이다.

실로 경험은 우리에게 무엇을 말해 주는가? 경험은 영혼의 삶, 혹은 이 표현을 선호한다면 의식의 삶이 신체의 삶에 연결되어 있음을, 그것들 사이에는 연대성이 있지만 그 이상의 관계는 없다는 사실을 보여 준다. 그런데 여기에 반대하는 사람은 아무도 없다. 그리고 이 주장은 뇌가 정신의 등가물이라는 주장, 즉 상응하는 의식 속에서 일어나는 일을 뇌 속에서 전부 읽어 낼 수 있다는 주장과는 거리가 멀다. 옷은 옷이 걸려 있는 못에 연대적이다. 못을 뽑으면 옷은 떨어진다. 못이 흔들리면 옷은 진동한다. 못머리가 너무 뾰족하면 옷은 구멍이 뚫리고 찢어진다. 하지만 이로부터 못의 각 세부가 옷의 세부에 상응한다는 결론이 따라 나오는 것도 아니고, 못이 옷의 등가물이라는 결론이 따라 나오는 것도 아니다. 못과 옷이 동일한 것이라는 결론은 더더욱 따라 나오지 않는다. 이처럼 의식은 이론의 여지없이 뇌에 걸려 있으나, 이로부터 뇌가 의식의 모든 세부를 그린다거나 의식이 뇌의 기능이라는 결론이 따라 나오는 것은 아니다. 관찰과 경험, 즉 과학이 우리에게 확인시켜 주는 것은 오직 뇌와 의식 사이에 특정한 관계가 존재한다는 것뿐이다.

37

---

9) [옮긴이] 『창조적 진화』 2장을 참조하라.

학설들의 불충분성

이 관계는 어떤 것인가? 아! 여기서 철학이 기대에 걸맞은 이야기를 하고 있는지 자문해 볼 수 있을 것이다. 영혼의 생이 나타내는 모든 현시들 manifestations을 연구하는 일은 철학에 속하는 과업이다. 내적 관찰에 능숙한 철학자는 자신의 내부로 내려간 뒤에 다시 표면으로 올라옴으로써, 의식이 공간 속에서 움직일 채비를 하는 점진적인 이완과 확장의 운동을 따라야 한다. 그는 이 점진적인 물질화materialisation를 목격하고 의식의 외재화 과정을 살펴봄으로써, 정신이 물질 속으로 삽입된다는 것, 즉 신체와 영혼의 관계가 어떤 것일지에 대해 적어도 모호한 직관을 갖게 될 것이다. 물론 이것은 최초의 미광에 불과할 것이며, 그 이상은 아닐 것이다. 그러나 이 미광은 우리를 심리학과 병리학이 다루는 무수한 사실들 속으로 이끌어 갈 것이다. 그러면 이 사실들은 내적 경험의 불완전하고 불충분한 면모를 교정하고 보충함으로써 내적 관찰의 방법을 바로잡을 것이다. 이렇게 우리의 안팎에 있는 관찰의 두 중심 사이를 오가며 우리는 이 문제에 대해 점점 더 근접하는 해답을 얻게 될 것이다. 이 해답은 결코 형이상학자의 해답이 자주 자칭하는 것처럼 완벽하지는 않을 것이나, 과학자의 해답처럼 언제나 개선될 수 있을 것이다. 물론 최초의 추동력은 안으로부터 올 것이며, 주된 혜명은 내적 시각에서 찾아야 할 것이다. 이런 이유로 이 문제는 그래야 마땅한 바대로 철학의 문제로 남아 있을 것이다.

그러나 형이상학자는 자신이 즐겨 머무는 높이에서 쉽사리 내려오지 않는다. 플라톤은 형이상학자가 이데아들의 세계로 향하도록 만들었다. 형이상학자는 기꺼이 그곳에 거주하면서 순수 개념들과 어울리고, 이 개념들을 상호적 타협으로 이끌고 서로 그럭저럭 화해시킴으로써 이 고상한 영역에서 현학적인savante 외교관으로 행동한다. 그는 그 어떤 사실과도 접촉하기 주저하며, 그것이 정신 질환과 관련된 사실인 경우에는 더욱 그렇다. 그는 손을 더럽히기를 두려워할 것이다. 요컨대, 철학은 여기서 과학의 기대에 걸맞은 이론——유연하고, 개선 가능하며, 알려진 사실의 총체에 맞춰진 이론——을 과학에 전해 주려 하지 않았고, 그럴 수도 없었다.

그래서 아주 자연스럽게도 과학자는 이렇게 말할 수 있었다. "철학이 사실과 근거를 들어 정신과 뇌 사이의 상응이라는 가정을 특정한 방식으로 특정한 지점에 한정시키기를 요구하지 않았기 때문에, 나는 잠정적으로 마치 그 상응이 완벽한 것처럼, 마치 등가성 혹은 심지어 동일성이 존재하는 것처럼 처신할 것이다. 나, 생리학자가 가진 방법——순전히 외적인 관찰과 실험——을 가지고 볼 수 있는 것은 뇌밖에 없고 나는 뇌에만 영향을 미칠 수 있다. 따라서 나는 **마치** 사유가 단지 뇌의 기능에 불과한 것**처럼** 처신할 것이다. 그렇게 해서 나는 그만큼 대담함을 가지고 나아갈 것이며, 그만큼 더 멀리 전진할 기회를 얻게 될 것이다. 우리가 가진 권리의 한계를 알지 못할 때, 우리는 우선은 그것이 무제한적이라고 가정한다. 이런 가정은 언제든 완화할 수 있을 것이다." 과학자는 이렇게 말한다. 그리고 철학을 놓아 줄 수 있었다면 과학자는 여기에 머물렀을 것이다.

평행론이라는 학설의 기원

그러나 사람들은 철학을 놓아 주지 않는다. 그래서 과학자는 자연스럽게도 철학자들이 안과 밖의 이중적 경험에 대해 과학이 필요로 하는 유연하고 조정 가능한 이론을 가져다줄 때까지 낡은 형이상학으로부터 과학자가 이롭다고 판단한 방법적 규칙에 가장 잘 어울리는 전적으로 구성된 기성의toute faite 학설을 수용하게 되었다. 더욱이 과학자에겐 선택의 여지가 없었다. 지난 3세기간의 형이상학이 이 논점과 관련하여 우리에게 물려준 유일하게 명확한 가설은 바로 영혼과 신체 사이의 엄밀한 평행론이라는 가설이었다. [이에 따르면] 영혼이 신체의 특정 상태를 표현하거나, 아니면 신체가 영혼을 표현하거나, 아니면 영혼과 신체가 영혼도 아니고 신체도 아닌 원본에 대해 서로 다른 두 언어로 쓰인 두 가지 번역일 것이다. 세 경우 모두, 뇌는 정신과 정확히 등가적인 것이 될 것이다. 어떻게 17세기의 철학이 이러한 가설에 이르게 되었던가? 분명히 뇌 해부학과 생리학을 통해서 그랬던 것은 아니었다. 이런 학문들은 거의 존재하지도 않았다. 정신의 구조, 기능, 그리고 상해에 대한 연구를 통해서 그랬던 것도 아니었다. 모두 아니다. 이 가설은 적어도 상당 부분 근대 물리학의 희망을 구체화하기 위해 고안되었던 형이상학의 일반 원리로부터 아주 자연스럽게 연역된 것이었다. 르네상스 시대에 뒤이어 이루어진 발견들——주로 케플러와 갈릴레이의 발견들——은 천문학과 물리학의 문제를 역학mécanique의 문제로 환원시킬 가능성을 드러내 주었다. 비유기적이건 유기적이건 간에 물질적 우주 전체를 수학적 법칙에 종속된 거대한 기계로 표현할 수 있다는 생각은 여기서 나왔다. 그때부터 생명체 일반이, 구체적으로는 인간의 신체가 마치 시계장치 속의 톱니바퀴처럼 기계 속에 맞물려야 했다. 우리 중 누구도 미리 결정되지 않은 것, 수학적으로 계산 불가능한 것을 전혀 행할 수 없게 되었다. 이렇게 인간 영혼은 창조를 행할 수 없게 되었다. 영혼이라는 것이 존재한다 해도, 영혼의 잇따르는 상태들은 신체가 연장과 운동으로 표현하는 것과 동일한 사태를 사유와 감정의 언어로 번역하는 데 그쳐야 했다. 물론 데카르트는 그렇게 멀리까지 나아가지 않았다.

그는 실재성에 특정한 의미를 부과함으로써, 학설의 엄밀성을 다소 희생 시키더라도 자유의지를 위한 조그만 자리를 남겨 두려 했다. 그리고 스피 노자와 라이프니츠에서 이 제약이 체계의 논리에 휩쓸려 사라지고 이 두 철학자가 신체의 상태와 영혼의 상태 사이의 항구적 평행론의 가설을 아 주 엄밀하게 공식화했다 해도, 적어도 그들은 영혼을 신체의 단순한 반영 물로 여기지는 않았다. 그들은 신체가 영혼의 반영물이라고도 했을 것이 다. 그러나 그들은 축소된, 편협한 데카르트주의로의 길을 예비하고 있었 다. 그리하여 정신적 삶은 뇌의 삶의 한 국면에 불과한 것이 되고, 소위 '영 혼'은 특정한 뇌 속 현상들의 총체로 환원되며, 의식은 거기에 희미한 인 광처럼 덧붙여지게 된다. 실제로 18세기 전체에 걸쳐 데카르트 형이상학 의 이러한 점진적인 단순화를 추적할 수 있다. 데카르트 형이상학은 협소 해질수록 생리학에 더 잘 스며들고, 생리학은 자연스럽게도 생리학이 필 요로 했던 자기확신을 얻기에 알맞은 철학을 데카르트 형이상학에서 발 견한다. 주지하다시피 데카르트주의와 연관되어 있는 라메트리Julien Offray de La Mettrie, 엘베시위스Claude-Adrien Helvétius, 샤를 보네Charles Bonnet, 카바니스Pierre Jean Georges Cabanis와 같은 철학자들은 이렇게 17세기 형이상학에서 19세기 과학이 가장 잘 이용할 수 있는 것들을 19세기 과학으로 가져왔다. 그렇기 에 오늘날 정신적인 것과 물리적인 것의 관계에 대해 철학적 입장을 개진 하는 과학자들이 평행론이라는 가설에 동조하는 것은 당연한 일이다. 형 이상학자들이 다른 것을 거의 제시하지 않았기 때문이다. 과학자들이 **선 험적** 구성이라는 동일한 방법으로 얻어 낼 수 있는 다른 어떤 학설보다도 평행론을 선호하기까지 한다는 사실 또한 인정한다. 그것은 그들이 이 철 학에서 앞으로 나아갈 용기를 얻기 때문이다. 그러나 그들 중 누군가가 이 철학이 과학이라고, 경험이 뇌의 삶과 정신적 삶 간의 엄밀하고 완전한 평

41

행론을 드러낸다고 말한다면 용납할 수 없다. 나는 그를 멈춰 세워 다음과 같이 대답하겠다. 물론 과학자인 당신도 형이상학자들처럼 이 주장을 옹호할 수 있으리라. 그러나 그때 말하는 사람은 더 이상 당신 안의 과학자가 아니라 형이상학자이다..당신은 단지 우리가 빌려주었던 것을 우리에게 되돌려 줄 뿐이다. 우리는 당신이 제시하는 학설을 [이미] 알고 있다. 그것은 우리의 작업장에서 나왔다. 우리, 철학자들이 그것을 제작했다. 게다가 그것은 낡은, 너무나도 낡은 물건이다. 물론 그렇다고 가치가 덜한 것은 아니나, 그렇다고 더 가치 있는 것도 아니다. 그 학설을 있는 그대로 제시해 보라. 우리의 생리학과 심리학이 탄생하기도 전에 이미 완전하고 결정적인 형식을 갖출 수 있었던 학설을 과학의 결과로, 사실을 본떠 만들어지고 개량될 수 있는 이론으로 여기지 말라. 완전하고 결정적인 형식은 형이상학적 구성의 표지다.

사실이 암시하는 가설

그러면 모든 선입견적 관념을 배제하고 알려진 사실만을 고려하는 경우, 정신적 활동과 뇌의 활동 사이의 관계가 어떻게 나타날 것인지 정식화해 보자. 이러한 종류의 정식은 필연적으로 잠정적이어서 더 높거나 덜 높은 개연성밖에 요구할 수 없을 것이다. [그러나] 적어도 사실에 대한 인식이 확장됨에 따라 개연성이 증가하고 정식이 점차 정확해질 수는 있을 것이다.

나는 이렇게 말하려 한다. 정신의 삶과 그 생리학적 수반물에 대한 신중한 검토는 상식이 옳다고, 인간의 의식 속에는 그에 상응하는 뇌 속보다 무한히 많은 것이 존재한다고 생각하도록 만든다. 내가 도달한 결론은 대략적으로 이러하다.[10] 활동 중인 뇌 속을 바라보고 원자의 오고 감을 추적하며 원자의 모든 작용을 해석할 수 있는 사람을 가정해 보자. 이 사람은 아마 정신 속에서 일어나는 사태의 일부를 알고 있을 것이나, 그가 아는 것은 미미한 부분에 불과할 것이다. 그는 신체의 몸짓, 태도, 운동으로 표현 가능한 것, 즉 영혼의 상태에 포함된 수행 중의 행동이나 혹은 단순히 시동적인[naissant][11] 행동을 인식할 것이나, 나머지는 놓쳐 버릴 것이다. 의식 내부에서 펼쳐지는 사유와 감정에 직면하였을 때, 그는 무대 위에서 배우들이 하는 모든 행동을 판명하게 목격하면서도 배우들의 말은 한 마디도 듣지 못하는 관객과 같은 입장에 처하게 될 것이다. 물론 배우들의 오고 감이나 몸짓, 태도는 그들이 연기하는 연극 속에서 나름의 존재 이유를 갖는다. 그리고 우리가 대본을 알고 있다면, 그 몸짓을 대략적으로 예측할 수 있다. 그러나 그 역은 참이 아니다. 몸짓을 아는 것으로는 연극의 극히 일부밖에 알 수 없다. 세련된 희극 속에는 그 극을 구획짓는 움직임보다 훨씬 더 많은 것이 존재하기 때문이다. 이처럼 만일 뇌의 작동기제[mécanisme]에 대한 우리의 과학이 완벽하다면, 그리고 또한 우리의 심리학이 완벽하다면, 나는 우리가 특정한 영혼 상태를 가졌을 때 뇌 속에서 무슨 일이 일어날지를 간파할 수 있으리라 믿는다. 그러나 반대의 작업은 불가능하다. 우리는 하나의 동일한 뇌 상태에 대해 동등하게 적합한 서로 다른 여러 영

43

---

10) 이 점에 대한 부연은 나의 책 『물질과 기억』(특히 2장과 3장)을 보라.
11) [옮긴이] '시동적'(naissant)이라는 표현은 '태어나다'라는 의미를 가진 동사 naître의 현재 분사 형태로, 통상적으로 '태어나고 있는', '발생기의' 등으로 번역된다. 베르그손 철학에서 이 표현은 주로 서로 다른 두 질서 간의 연속적 이행을 설명하기 위해 사용되는 개념이다. '시발적'(始發的)이라고 옮기기도 하지만, 여기서는 한자를 병기하지 않고도 그 어감에 접근할 수 있도록 '시동적'(始動的)이라는 표현을 택했다.

혼 상태를 선택할 선택권을 가질 것이기 때문이다.[12] 특정한 뇌 상태에 임의의 영혼 상태가 상응할 수 있다는 말이 아니라는 점에 주의하라. 특정한 액자에 아무 그림이나 집어넣을 수 있는 것은 아니다. 액자는 형태와 크기가 맞지 않는 그림은 모두 사전에 배제함으로써 그림의 일부를 결정한다. 그러나 형태와 크기가 들어맞기만 하면 그림은 액자 속에 들어갈 것이다. 뇌와 의식에 대해서도 마찬가지이다. 복잡한 영혼 상태가 완화된 상대적으로 단순한 작용──몸짓, 태도, 운동──이 뇌가 준비하는 작용과 동일하다면, 정신 상태는 뇌의 상태 속에 정확히 삽입될 것이다. 그러나 이 액자 속에 마찬가지로 잘 들어맞는 다른 그림도 많다. 따라서 뇌는 사유를 결정하지 않고, 사유는 적어도 상당 부분 뇌로부터 독립적이다.

사유와 판토마임

우리가 보기에는 정신적 삶 가운데 이 특별한 측면만이 유일하게 뇌의 활동 속에 그려질 수 있다. 이 특별한 측면은 사실에 대한 연구를 통해 점점 더 정확하게 기술될 수 있을 것이다. 지각과 감각 능력은 어떠한가? 물질 세계 속에 삽입된 우리의 신체는 자극을 수용해, 그에 적합한 운동으로 응답해야 한다. 뇌, 더 나아가 뇌-척수 체계 일반은 이 운동을 준비한다. 그러나 지각은 이 운동과는 완전히 다른 것이다.[13] 의지 능력은 어떠한가? 신체는 신경계에 수립되어 시동 신호만을 기다리는 특정한 운동기제에 힘입어 의지적 운동을 행사한다. 뇌는 이 신호가, 심지어는 시동[déclenchement]

---

12) 여전히 이 상태들은 단지 모호하고 거친 방식으로만 표현될 수 있을 것이다. 어떤 특정한 인물의 특정한 영혼 상태는 모두 그 총체에 있어서 예측 불가능하고 새로운 것이기 때문이다.
13) 이 점에 대해서는 『물질과 기억』1장을 보라.

이 출발하는 지점이다. 사람들이 의지적 운동을 위치시켰던 롤란도 영역은 사실 도착한 기차를 이러저러한 선로로 보내는 철도 신호소에 비유할 수 있다. 혹은 그것은 주어진 외적 자극을 마음대로 선택된 운동 장치와 소통할 수 있게 해주는 전환 스위치이다. 그러나 운동 기관과 선택 기관 옆에는 이들과는 다른 것이 있다. 즉 선택 자체가 있다. 마지막으로, 사유는 어떠한가? 우리가 사유할 때 혼잣말을 하지 않는 일은 드물다. 사유를 표현하는 발음 운동을 실제로 행하지 않더라도, 우리는 그 운동을 스케치하거나 준비한다. 그리고 그 운동의 일부는 이미 뇌 속에서 그려져야 한다. 그러나 우리가 보기에 사유에서 뇌의 기작은 거기에 한정되지 않는다. 내적인 발음 운동이 필수불가결한 것은 아니다. 이러한 내적인 발음 운동 뒤에는 더 섬세하고 본질적인 무언가가 있다. 그것은 정신의 모든 연이은 방향들을 상징적으로 지시하는 이 시동적 운동들이다. 심리학자들이 지금껏 실재적이고 구체적이고 살아 있는 사유에 대해 거의 말하지 않았다는 점에 주목하자. 사유를 내적으로 관찰하기는 매우 어렵기 때문이다. 사람들이 사유라는 이름하에 일상적으로 연구하는 것은 사유 자체라기보다는 이미지들과 관념들을 함께 조합하여 만들어진 인위적 모방물이다. 그 45 러나 위치를 가지고 운동을 만들 수 없는 것처럼, 이미지를 가지고는, 관념을 가지고서도 사유를 재구성할 수는 없을 것이다. 관념은 사유의 정지이다. 관념은 사유가 자신의 노정을 계속하는 대신 잠시 멈추거나 자기 자신에로 되돌아올 때 생겨난다. 마치 장애물을 맞닥뜨린 포탄 속에서 열이 솟아나듯 말이다. 그러나 열이 포탄 속에 미리 존재하지 않았던 것처럼, 관념도 사유의 구성요소가 아니다. 예컨대 내가 조금 전에 "열이 포탄 속에서 생겨난다[열이 포탄 속에서 자신을 생산한다]"는 문장으로 표현했던 사유를 열, 생산, 포탄이라는 관념을 죽 이어 놓고 "속"dans과 "자신"soi이라는 단어 속에 함축된 **내부성**interiorité과 **재귀성**réflexion의 관념을 삽입하여 재구성하도록 해보라. 당신은 그것이 불가능하다는 것을 알아챌 것이다. 이 사유는 불가분적 운동이었고, 각 단어에 상응하는 관념은 단순히 사유의 운동의 각 순간에서 **만일** 사유가 정지했더라면 정신 속에서 생겨났을지도 모르는 표상에 불과하다. 그러나 사유는 정지하지 않는다. 그러므로 사유의 인위적 재구성을 옆으로 밀어 놓고 사유 자체를 고려하라. 당신은 거기에서 상태보다는 방향을 발견할 것이며, 사유란 본질적으로 내적 방향의 끊임없는 연속적 변화임을 알게 될 것이다. 이 내적 방향의 변화는 외적 방향의 변화로, 즉 정신의 움직임을 공간 속에 그려 내고 말하자면 은유적으로 표현할 수 있는 행동이나 몸짓으로 끊임없이 번역되는 경향이 있다. 우리는 대개 이렇게 스케치된 운동을, 혹은 단순히 준비된 운동을 지각하지 않는다. 우리는 그것을 인식하는 데 아무런 관심도 없기 때문이다. 그

46 러나 우리가 우리의 사유 가까이 위치해 사유를 생생하게 포착하고 여전히 생생하게 타인의 영혼 속으로 전달할 때에는 이러한 운동에 주목해야한다. 필요한 만큼의 단어를 골라 내더라도 이 단어들이 우리가 그를 통해 말하려는 바를 말하기 위해서는, 리듬, 구두점, 담화의 안무chorégraphie 전체가 단어들을 도와서, 일련의 시동적 운동에 인도된 독자가 우리 스스로 그리는 것과 유사한 사유와 감정의 곡선을 그리도록 만들어야 한다. 글쓰기의 기예 전체가 여기에 있다. 그것은 음악가의 기예와 비슷한 것이다. 그러나 흔히 오해되듯 이런 운율이 단순히 청각에 호소하는 것이라고 생각하지 말라. 아무리 음악에 익숙하다 해도 외국인의 귀는 우리가 음악적이라고 느끼는 프랑스어 산문과 그렇지 않은 산문 사이의 차이, 그리고 프랑스어로 완벽히 쓰인 것과 단지 대략적으로만 그런 것 사이의 차이를 알지 못할 것이다. 이것이 바로 이 운율이 소리의 물질적 조화와는 전혀 다른

것이라는 명백한 증거이다. 실로 문필가의 기예는 무엇보다도 그가 단어를 사용하고 있음을 잊게 만드는 것으로 이루어진다. 그가 추구하는 조화는 정신의 움직임과 말의 움직임 사이의 특정한 상응, 그의 사유의 파동이 문장을 통해 우리의 사유로 전달되어 개별적으로 취해진 각각의 단어는 더 이상 중요하지 않을 정도로 완벽한 상응이다. 여기 존재하는 것은 단지 단어를 가로질러 움직이는 의미일 뿐이고, 매개 없이 서로 일치하여 직접적으로 공명하는 듯 보이는 두 정신일 뿐이다. 따라서 말의 리듬이 갖는 목적은 사유의 리듬을 재생하는 것이다. 그러면 이 사유의 리듬은, 사유에 수반되는 거의 무의식적인 시동적 운동의 리듬이 아니라면 무엇일 수 있겠는가? 사유를 행동으로 외재화시키는 이 운동은 뇌 속에 준비되어, 말하자면 미리 이루어져야préformés 한다. 우리가 작동 중인 뇌 속을 꿰뚫어 볼 수 있다 해도, 우리가 포착하는 것은 사유 자체가 아니라 사유의 이러한 운동적 수반물일 것이다.

다른 말로 하면, 사유는 행동을 향해 있다. 그리고 실재적 행동에 도달하지 않는 경우 사유는 하나 혹은 여럿의 잠재적인, 단지 가능할 뿐인 행동을 스케치한다. 사유를 감소시키고 단순화하여 공간 속으로 투사하는 이 실재적이거나 잠재적인 행동은 사유의 운동적 분절을 표시하는 것으로, 바로 이것이 뇌피질 속에 그려지는 것이다. 따라서 뇌와 사유의 관계는 복잡하고 섬세하다. 만일 당신이 이 관계를 단순하기에 필연적으로 거친 공식으로 표현하기를 요구한다면, 나는 뇌가 판토마임의 기관이며, 단지 판토마임의 기관일 뿐이라고 말할 것이다. 뇌의 역할은 정신의 삶을 몸짓으로 나타내는 것이고, 또한 정신이 적응해야 하는 외부 상황을 몸짓으로 나타내는 것이다. 뇌의 활동과 정신적 활동의 관계는 오케스트라 지휘자가 휘두르는 지휘봉의 운동과 교향곡 사이의 관계와 같다. 모든 면에서 교향곡은 박자를 부과하는 운동 이상의 것이다. 마찬가지로 정신의 삶도 뇌의 삶을 초과한다. 그러나 뇌는 정신적 삶에서 운동으로 재생 가능하고 구현 가능한 모든 측면을 뽑아내고 그렇게 정신이 물질 속에 삽입되는 지점을 수립하기 때문에, 주변환경에 대한 정신의 적응을 매 순간 보장하고 정신과 실재의 접촉을 끊임없이 지탱한다. 따라서 엄밀히 말해 뇌는 사유의 기관도, 감정의 기관도, 의식의 기관도 아니다. 그러나 그것은 의식, 감정, 사유로 하여금 실재적 삶에 걸려 있도록 하고, 결국 유효한 행동을 할 수 있게끔 한다. 원한다면 뇌를 삶에 대한 주의attention à la vie의 기관이라고 부르도록 하자.

48 부주의와 정신이상

이런 이유로 뇌피질의 작은 변화만으로도 정신 전체가 동요하게 되는 것이다. 우리는 앞서 특정한 독성이 의식에 미치는 효과, 더 일반적으로는 뇌 질환이 정신적 삶에 미치는 영향에 대해 말한 바 있다. 이 경우 정신 자체에 탈이 난 것인가? 오히려 정신을 사물들 속에 주입하는 기작에 문제가 생긴 것은 아닐까? 한 광인이 횡설수설할 때, 그의 추론은 가장 엄밀한 논리에 맞게 질서정연할 수도 있다. 당신은 피해망상 환자의 말을 듣고, 그가 범하는 것은 논리의 [부족이 아니라] 과잉이라고 말할지도 모른다. 그의 잘못은 그른 추론을 하는 것이 아니라, 실재성에서 벗어나, 실재성 밖에서, 꿈꾸는 사람처럼 추론하는 것이다. 그럴듯한 설명대로 이 질환이 뇌피질의 중독을 통해 유발되었다고 가정해 보자. [이 경우] 독성이 뇌의 특정 세포 속으로 추론을 찾으러 갔었다거나, 뇌의 특정 지점에 추론에 상응하는 원자 운동이 있다고 믿어서는 안 된다. 그게 아니라 뇌 전체가 감염되었다는 것이 더 개연적인 입장이다. 매듭을 잘못 지었을 때 밧줄의 특정 부분이 아니라 팽팽하게 당겨진 밧줄 전체가 느슨해지는 것과 마찬가지로 말이다. 그런데 밧줄이 아주 약간만 느슨해져도 배가 파도 위에서 춤추게 되는 것과 마찬가지로, 정신은 뇌피질 전체의 극미한 변양에도 자신이 일상적으로 기대고 있는 물질적 사물들의 총체와의 접촉을 잃어 실재가 발밑으로 무너져 내림을 감지하고 비틀거리며 현기증을 느끼게 될 것이다. 실로 많은 사례에서 광기는 현기증의 감각에 비견될 만한 감정을 통해 시작된다. 환자는 방향을 잃는다. 그는 물질적 대상들이 그에게는 49 더 이상 이전과 같은 견고함, 입체감, 실재성을 갖지 않는다고 말할 것이다. 사실상 뇌기능 혼란의 유일한 직접적 결과는 정신과 관련된 물질세계의 부분에 정신을 집중시켰던 긴장의 완화, 혹은 더 정확히 말하면 주의의 완화이다. 뇌는 정신이 [실제로] 수행되었거나 혹은 단순히 시동적인 운동 반응을 통해 사물의 작용에 응답하도록 해주는 장치들의 총체이다. 이 반응의 적절함이 정신이 실재 속으로 완벽히 삽입되는 것을 보장한다.

단어에 대한 기억

정신과 신체의 관계는 대체로 이러할 것이다. 이런 견해를 뒷받침하는 사실과 근거를 여기서 나열할 수는 없다. 그러나 말만 가지고 나를 믿도록 요구할 수도 없다. 어떻게 해야 할까? 먼저 내가 반대하는 이론을 재빨리 배제할 방법이 있을 것이다. 그것은 뇌와 정신 사이의 등가의 가설이 가장 엄밀하게 해석되는 경우 스스로 모순된다는 점을 보이는 것이다. 즉 이 가설은 한 번에 두 가지 관점을 채택하여 상호 배제적인 두 표기^{notation} 체계를 동시에 사용하기를 요구한다. 나는 이전에 이 증명을 시도한 바 있다.

이 증명은 간단한 것이지만 실재론과 관념론에 대한 몇몇 예비적 고려를 요구하며, 이에 대한 설명은 우리를 너무 멀리까지 이끌어 갈 것이다.[14] 게다가 나는 등가의 이론을 유물론의 방향으로 밀고 나가기를 그친다면 이 이론에 외견상의 가지성을 부여할 방도가 있으리라는 것을 인정한다. 다른 한편 순수한 추론을 통해 이 이론이 기각되어야 할 것임을 충분히 보여 줄 수 있다 해도, 추론은 그 자리에 [대신] 놓여야 할 것이 무엇인지를 말해 주지 않으며, 말해 줄 수도 없다. 따라서 결국 우리가 예견했던 대로 경험에 호소하여야 할 것이다. 그러나 고찰되어야 할 정상 상태들과 병리 상태들을 어떻게 조사할 것인가? 그것들을 전부 검토하는 것은 불가능하다. 그것들 중 몇몇을 깊이 연구하는 것도 너무 오랜 시간이 걸릴 것이다. 이 곤경을 빠져나갈 수단은 하나밖에 없는 것 같다. 그것은 알려진 모든 사실 가운데 평행론이라는 주장에 가장 호의적으로 보이는 사실 ——사실 평행론이 그 입증의 출발점을 발견한 것처럼 보였던 유일한 사실——을 고찰하는 것이다. 그것은 기억과 관련된 사실이다. 이 사실에 대한 심화된 검토가 어떻게 그것을 내세우는 이론을 약화시키고 우리가 제안하는 이론을 확증하는지를 불완전하고 거칠게나마 간략히 나타낼 수 있다면, 그것은 이미 상당한 일일 것이다. [물론] 완벽한 증명을 획득하지는 못할 것이다. 어림도 없다. 그러나 적어도 그것을 어디서 찾아야 할지는 알게 될 것이다. 이것이 우리가 하려는 일이다.

실로 사유의 기능 가운데 뇌 속에 자리를 할당할 수 있었던 유일한 기능은 기억이다——더 정확히 말하면, 단어의 기억이다. 나는 이 강연의 초입부에 어떻게 언어 질환에 대한 연구가 특정한 형식의 언어적verbale 기

14) 우리는 이 책의 마지막 부분에서 이 점을 다루고 있다. 마지막 에세이[7장—옮긴이]를 보라.

억을 특정한 뇌회 속에 국재화하기에 이르렀는지를 상기시켰다. 좌측 제 513 전두회의 손상이 어떻게 발음운동의 망각을 초래할 수 있었는지를 보여 주었던 브로카 이래로, 사람들은 실어증과 뇌 속에 있는 실어증의 조건들에 대해 점점 더 복잡한 이론을 열심히 수립하였다. 이 이론에 대해서는 할 말이 많다. 명백히 전문적 능력을 갖춘 학자들이 오늘날 언어 질환에 수반되는 뇌 손상에 대한 더 주의 깊은 관찰에 근거하여 이 이론에 반대하51고 있다.[15] 우리는 거의 20년 전에——우리가 이 사실을 환기시키는 이유는 자만심을 위해서가 아니라, 사람들이 효율적이라고들 믿는 방법보다 내적 관찰이 더 우월할 수 있음을 보여 주기 위해서이다—— 그 당시엔 불가침으로 여겨졌던 이 학설이 적어도 개편될 필요가 있음을 주장하였다. 그러나 이런 것은 중요치 않다! 모든 사람들이 동의할 만한 지점이 있다. 그것은 단어 기억의 질환이 다소간 명백히 국재화시킬 수 있는 뇌의 손상을 통해 야기된다는 것이다. 그렇다면 사유가 뇌의 기능이라고 보는 학설은, 더 일반적으로는 평행론, 즉 뇌의 작업과 사유의 작업 사이의 등가성을 믿는 사람들은 이 결과를 어떻게 해석하는지를 살펴보자.

그들의 설명만큼 단순한 것은 없다. 이 설명에 따르면 기억들souvenirs은 일군의 해부학적 요소들에 새겨진 변양의 형태로 뇌 속에 축적되어 있다. 따라서 이 단편기억들souvenirs이 기억 전체mémoire로부터 사라지는 이유는[16] 이 단편기억들이 놓여 있는 해부학적 요소들이 변질되거나 파괴되었

---

15) [옮긴이] 베르그손은 『물질과 기억』(p. 8/31쪽)에서 피에르 마리(Pierre Marie)와 프랑수아 무티에(François Moutier), 그리고 장 다낭-부베레(Jean Dagnan-Bouveret)의 연구를 인용하고 있다.

16) [옮긴이] 베르그손은 기억을 설명하기 위해 'souvenir'와 'mémoire'라는 두 가지 용어를 사용한다. 이때 'souvenir'는 과거의 특정한 경험에 대한 기억이나 보존된 습관의 내용을 가리키는 말로, 개별적 기억을 모두 포괄하는 총체적 기억이나 그 내용의 보존을 가능케 하는 기

기 때문이라는 것이다. 우리는 조금 전에 음화 사진, 녹음된 소리에 대해 이야기했다. 뇌를 통해 기억을 설명할 때에는 언제나 이런 비유들이 발견된다. 외부 대상이 만들어 낸 인상은 감광판이나 축음기 음반 속에 존재하는 것처럼 뇌 속에 존속할 것이다. [그러나] 더 자세히 보면 이 비유들이 얼마나 기만적인지를 알게 될 것이다. 예컨대 어떤 대상에 대한 나의 시각적 기억이 정말로 이 대상이 내 뇌 위에 남긴 인상이라면, 나는 결코 하나의 대상에 대한 기억을 갖지 않을 것이며, [대신] 수천의, 아니 수백만의 기억을 갖게 될 것이다. 가장 단순하고 안정적인 대상도 내가 그것을 어떤 지점에서 지각하느냐에 따라 형태, 크기, 색조가 달라지기 때문이다. 따라서 내가 그것을 바라볼 때 절대적 고정성에 매여 있는 것이 아니라면, 내 눈이 부동적인 것이 아니라면, 결코 중첩될 수 없는 무수한 이미지들이 망막 위에 차례로 그려져 뇌로 전달될 것이다. 한 인물에 대한 시각적 이미지의 경우에는 어떠할 것인가? 그의 표정은 변화하고, 그의 몸은 움직이며, 그의 의복과 환경은 볼 때마다 달라진다. 그럼에도 내 의식이 나에게 단일한 이미지를, 혹은 거의 한 대상이나 인물에 대한 실천적으로[17] 불변적인 기

억 작용을 가리키는 'mémoire'와 구분된다. 사실상 "우리는 어렸을 적의 기억(souvenir)을 기억(mémoire) 속에 담고 있다"와 같은 문장에서 볼 수 있듯이, 한국어에서는 양자 모두 '기억'이라는 표현을 통해 지칭되는 것이 적절하기 때문에 두 가지 용어를 구분해 번역하는 일은 쉽지 않다. 『물질과 기억』 국역본(박종원 옮김)에서처럼 '부분기억'과 '전체기억'으로 새기는 것이 일반화되어 있는 것 같으나, 부분기억이라는 표현이 부분에 대한 기억능력으로 잘못 해석될 우려가 있어 사용하지 않았다. 혹자는 'souvenir'를 '추억' 혹은 '회상'으로 옮겨 '기억'(mémoire)과 구분하기도 하지만, 썩 만족스러운 번역어는 아니다. 여기서는 우선 '단편기억'(souvenir)과 '기억 전체'(mémoire)로 옮기고, 필요한 경우 원어를 병기하도록 하겠다.

17) [옮긴이] 베르그손에게 '실천적으로'(pratiquement)라는 표현은 행동을 향해 있는 인간 지성의 본질적 경향성을 나타내는 주요한 개념어이다. 베르그손은 실천의 방법으로서의 과학과 직관의 방법으로서의 형이상학을 엄밀히 구분하며 세계에 대한 이러한 실천적인 이해를 형이상학적 관점과 구분되는 의미에서 인간적 관점의 본질로 이해한다. 통상적으로 이 표현이 '사실상', '거의', '실제로' 등과 같은 의미로 사용된다면, 이는 우리 인간이 실천(pratique)을

억을 제시한다는 것은 이론의 여지가 없다. 이것은 여기서 기계적인 기록 enregistrement과는 완전히 다른 작용이 이루어졌다는 명백한 증거이다. 게다가 청각적 기억에 대해서도 동일하게 이야기할 수 있을 것이다. 서로 다른 사람들이, 혹은 동일한 사람이 서로 다른 순간에 서로 다른 문장 속에서 동일한 단어를 발음할 때 제시되는 음소는 서로 일치하지 않는다. 그렇다면 말소리에 대한 상대적으로 불변적이고 단일한 기억이 어떻게 하나의 음소에 비교될 수 있을 것인가? 단어 기억에 대한 질환을 뇌피질을 통해 자동적으로 저장되는 단편기억들 자체의 변질 혹은 파괴의 탓으로 여기는 이론은 이러한 고찰만으로도 이미 충분히 의심스러운 것이 된다.

그런데 이 질환들에서 무슨 일이 일어나는지 살펴보자. 뇌가 심한 상해를 입고 단어에 대한 기억이 깊이 손상된 곳에서 다소간 강한 자극, 예컨대 어떤 감정émotion이 영원히 사라진 것처럼 보였던 기억을 갑자기 되살려 내는 일이 일어난다.[18] 이 기억이 변질 혹은 파괴된 뇌물질 속에 저장되어 있었던 것이라면 이런 일이 가능할 것인가? 오히려 사태는 마치 뇌가 기억을 보존하는 것이 아니라 기억을 **상기하는** 역할을 하는 것 같다. 실어증 환자는 단어를 필요할 때 되찾을 수 없게 된다. 그는 주변을 방황하고 정확한 접촉 지점에 손가락을 갖다 대는 데 필요한 힘을 상실한 것처럼 보

53

통해 교호하는 대상들을 사실상 실재하는 대상들로 받아들이기 때문이다. 하지만 직관을 통해 파악된 대상의 형이상학적 본질은 그러한 실천적 대상들이 우리의 관점에 상관하여 응고된 대상임을 보여 줄 것이다. 따라서 이 문장에서 'pratiquement'은 인물에 대한 기억이 거의 (pratiquement) 불변적인 기억이라는 것을 드러내면서도, 엄밀히 말하면 그 기억은 불변적인 것이 아니며 그 기억을 불변적인 것으로 만드는 것은 실천적인(pratique) 인간의 관점임을 지적하는 것이다. 인간의 실천적 관점에 대한 베르그손의 시각은 이 책의 마지막 장인 「뇌와 사유 : 철학적 환상」에 잘 드러나 있다.

18) [옮긴이] 베르그손은 여기서 베르니케와 발랑탱(Maurice Valentin)의 관찰을 언급하고 있다. 『물질과 기억』(p.132/206쪽의 주석)을 참조하라.

인다. 사실 심리적 영역에서 힘의 외적인 표지는 언제나 정확성이다. 그러나 기억은 여전히 거기에 존재하고 있는 것으로 보인다. 때때로 사라졌다고 생각되는 단어를 에둘러 하는 말들로 대체할 때, 실어증 환자는 그 에둘러 하는 말들 가운데 [사라진] 그 단어 자체를 [무심코] 집어넣기도 한다.[19] 여기서 약해진 것은 이러한 **상황**에 따른 **조정**ajustement으로, 뇌의 기작은 이 조정을 보장해 주는 것이다. 더 구체적으로 말하면, 운동을 미리 스케치하여 기억을 의식적으로 만드는 능력이 상해를 입은 것이다. 기억이 의식적인 것이 된다면 이 운동은 기억을 행위로 연장시켜 줄 것이다. 어떤 고유명사를 잊었을 때 우리는 그것을 상기하기 위해 어떻게 처신하는가? 우리는 알파벳의 모든 문자를 하나씩 시험해 본다. 우리는 먼저 그것들을 속으로 발음한다. 이것으로 충분치 않으면, 다음으로 우리는 그것들을 분명히 발음해 본다. 그러니까 우리는 선택지가 되는 모든 다양한 운동적 배치들dispositions 속에 차례로 자리해 본다. 일단 원하는 태도attitude가 발견되고 나면, 찾던 말소리는 마치 그것을 받아들이기 위해 준비된 틀 속으로 들어가듯 그리로 스며들 것이다. 뇌의 기작이 보장하는 것은 이 실재적이거나 잠재적인, 즉 수행되거나 스케치된 몸짓mimique이다. 그리고 질환이 상해를 입힌 것도 아마 이 몸짓일 것이다.

이제 점진적 실어증, 즉 단어의 망각이 갈수록 악화되는 사례들에서 관찰되는 내용을 고찰해 보라. 이때 단어는 일반적으로 특정한 순서로 사라진다. 마치 질환이 문법을 알고 있는 것처럼 말이다. 고유명사가 가장 먼저 사라지고, 그러고 나서는 일반명사가, 그러고 나서는 형용사가, 마지

---

19) [옮긴이] 에둘러 하는 말(périphrase)을 통해 사라진 기억이 되살아나는 사례에 대해서는 『물질과 기억』 p.134/210쪽을 보라.

막으로는 동사가 사라진다. 외견상 이것은 뇌피질 속에 기억이 축적된다
는 가설을 지지하는 것처럼 보일지도 모른다. 고유명사, 일반명사, 형용
사, 동사가 말하자면 중첩된 층을 이루고 있어서, 상해가 이 층들을 차례
로 손상시킨 것일지도 모른다. 그렇다고 해보자. 하지만 질환은 아주 다양
한 원인에 기인하여 아주 다양한 형태를 취할 수 있고, 관련 뇌 영역의 어
떤 지점에서건 시작하여 어떤 방향으로든 진행될 수 있다. 그럼에도 기억
은 여전히 동일한 순서로 사라진다. 질환이 기억 자체에 상해를 입히는 것
이라면 이런 일이 가능할 것인가? 따라서 사태는 다른 방식으로 설명되어
야 한다. 나는 다음과 같은 아주 단순한 해석을 제시하려 한다. 우선 고유
명사가 일반명사보다, 일반명사가 형용사보다, 형용사가 동사보다 먼저
사라진다면, 그 이유는 고유명사가 일반명사보다, 일반명사가 형용사보
다, 형용사가 동사보다 더 상기하기 어렵기 때문이다. 따라서 뇌가 협력하
고 있음이 명백한 상기의 기능은 뇌의 손상이 중대해짐에 따라 점점 더 쉬
운 경우로 제한되어야 할 것이다. 그러나 상기의 어려움은 어디에 기인하
는 것인가? 그리고 왜 모든 단어 가운데 동사를 떠올리는 것이 가장 적은
수고를 요하는가? 그것은 단지 동사가 행동을 표현하고, 행동은 몸짓으로
그려질^{mimée} 수 있기 때문이다. 동사는 직접적으로 몸짓으로 그려질 수 있
지만, 형용사는 자신이 내포하고 있는 동사의 매개를 통해서만 그렇게 될
수 있고, 명사는 자신의 속성 중 하나를 표현하는 형용사와 그 형용사 속
에 함축된 동사의 이중적 매개를 통해서, 고유명사는 일반명사와 형용사,
동사의 삼중 매개를 통해서만 그렇게 될 수 있다. 따라서 우리가 동사에서
고유명사로 나아감에 따라, 우리는 신체가 즉시 모방하고 실행할 수 있는
행동으로부터 더 멀어지게 된다. 찾고 있던 단어가 표현하는 관념을 운동
으로 상징화하는 데 점점 더 복잡한 기교가 필요하게 된다. 그리고 이 운

동을 준비하는 일이 뇌의 몫이고 이 점에서 뇌의 기능은 관련 영역이 더 깊은 상해를 입을수록 그만큼 더 감소, 축소, 단순화되기 때문에, 어떤 조직의 변질 혹은 파괴가 고유명사나 일반명사의 환기를 불가능하게 만들면서도 동사의 환기는 존속시킨다는 사실에는 놀랄 것이 없다. 다른 곳에서처럼 여기에서도 사실들은 뇌의 활동 속에서 정신적 활동의 등가물이 아니라 몸짓으로 그려진 정신적 활동의 단편을 보여 준다.

기억은 어디에 보존되는가?

그런데 뇌가 기억을 축적하고 있던 것이 아니라면, 기억은 어디에 보존되는가? 사실을 말하자면, 나는 더 이상 물체에 대해 말하는 것이 아닐 때에도 여전히 '어디에'라는 물음이 의미를 가질 것인지 확신할 수 없다. 사진 필름은 통 속에 보존되고, 축음기 음반은 칸막이 선반 속에 보존된다. 그러나 기억은 볼 수 있고 만질 수 있는 사물이 아닌데 왜 용기容器를 필요로 할 것인가? 기억이 어떻게 그런 용기를 가질 수 있을 것인가? 그러나 당신이 이를 계속해서 고집한다면, 나는 기억을 담는 용기라는 관념을, 그러나 순전히 은유적인 의미에서, 받아들일 것이다. 그리고 나는 기억은 그저 정신 속에 담겨 있다고 답할 것이다. 나는 가설을 세우는 것도 아니고, 신비스러운 실체를 거론하는 것도 아니다. 나는 그저 관찰에 그치는 것이다. 의식보다 더 직접적으로 주어지고 더 명백히 실재적인 것은 없으며, 인간적 정신이란 의식 자체이기 때문이다. 그런데 의식은 무엇보다도 기억을 의미한다. 지금 나는 당신과 이야기하고 있으며, "이야기"라는 단어를 발음하고 있다. 내 의식이 단번에 이 단어를 표상한다는 것은 명백하다. 그렇지 않으면, 의식은 이 단어를 단일한 단어로 여기지 않을 것이고 이 단어에 하나의 의미를 부여하지 않을 것이다. 그러나 내가 이 단어의 마지막 음절을 발음할 때, 앞의 두 음절은 이미 발음되었다. 그 두 음절은 마지막 음절에 대해 과거에 속하는 것이고, 마지막 음절은 현재에 속하는 것으로 불려야 할 것이다. 그러나 나는 이 마지막 음절 "기"를 순식간에 발음한 것이 아니다. 아무리 짧더라도 내가 그 소리를 내는 데 들인 시간은 부분들로 나뉠 수 있고, 이 부분들은 그 부분들 가운데 마지막 부분과 관련하여 과거에 속한다. 이 마지막 부분은 확정적인 현재에 속하는 것이었을지도 모른다. 이 마지막 부분이 또다시 나뉠 수 있는 것이 아니었더라면 말이다. 따라서 당신은 아무리 노력해도 과거와 현재 사이의 경계선을 그을 수도, 결과적으로 기억과 의식 사이의 경계선을 그을 수도 없을 것이다. 사실을 말하자면, 내가 "이야기"라는 단어를 발음할 때 나의 정신에는 단어의 시작과 중간, 끝뿐 아니라, 선행했던 단어들도, 내가 이 문장에서 이미 발음했던 모든 것들도 현전해 있다. 그렇지 않으면 나는 내 연설의 흐름을 놓쳐 버렸을 것이다. 이제 연설의 구두점^{ponctuation}이 달랐다고 해보자. 그러면 내 문장은 더 일찍 시작할 수 있었을 것이다. 예컨대 이 문장은 이전의 문장을 포괄했을 것이고, 나의 '현재'는 과거 속으로 훨씬 더 팽창되었을 것이다. 이 추론을 끝까지 밀고 나가 보자. 나의 연설이 수년간, 내 의식의 첫 각성 이래로 쭉 지속되고 있다고, 그것이 단일한 문장으로 계속되고 있다고, 나의 의식이 미래로부터 충분히 떨어지고 행동에 충분히 무관심해서 문장의 의미를 포착하는 일에만 전념하고 있다고 가정해 보자. 그러면 나는 이 문장의 총괄적^{intégrale} 보존을 설명하기 위해, 내가 단어 "이야기"의 마지막 음절을 발음할 때 앞 두 음절이 존속한다는 사실에 대한 설명 이상을 찾으려 하지 않을 것이다. 그런데 나는 우리의 내적 삶 전체가 의식의 첫번째 각성 시점에서 개시된 단일한 문장, 쉼표들이 뿌려져 있 57

음에도 어떤 부분도 마침표에 의해 단절되지 않는 문장과 같은 것이라고 믿는다. 따라서 나는 우리의 과거 전체가 거기에 있다는 것도 믿는다. 과거 전체는 잠재의식적인^{subconscient} ── 말하자면 우리의 의식이 그것을 밝혀내기 위해 자기 자신으로부터 떠날 필요도 없고, 외부로부터 무엇도 덧붙일 필요가 없는 그러한 방식으로 우리에게 현전하는 ── 것이다. 의식이 자신이 지닌 모든 것, 혹은 더 정확히 말하면 자기 자신의 모습 전체를 판명하게 지각하려면, 의식은 단지 장애물로부터 멀어지고 베일을 벗기기만 하면 된다. 하지만 이것은 다행스런 장애물이자, 무한히 값진 베일이다! 뇌는 삶^{vie}에 고정된 우리의 주의를 유지하도록 도와준다. 그리고 삶은 전방을 바라본다. 삶은 과거가 미래를 해명하고 준비하는 것을 돕는 한에서만 뒤로 돌아선다. 정신에게 있어 산다는 것은 본질적으로 수행해야 할 행위에 집중하는 것이다. 따라서 삶은 의식으로부터 행동에 유용한 모든 것을 끌어내는 운동기제의 매개를 통해 사물들 속에 삽입되는 것이다. 이를 위해 광대한 나머지 부분을 어둠 속에 남겨 둔다 해도 말이다. 이것이 기억의 작업 속에서 뇌가 수행하는 역할이다. 뇌는 과거를 보존하는 데 소용되는 것이 아니라, 우선은 과거를 은폐하고 그 후에 과거로부터 실천적으로 유용한 것을 드러내 보이는 역할을 한다. 그리고 이것이 또한 정신 일반에 대한 뇌의 역할이기도 하다. 뇌는 정신으로부터 운동으로 외재화될 수 있는 것을 끌어 내고 정신을 이 운동적 틀 속에 삽입함으로써, 대부분의 경우 정신의 시야를 제한하지만 또한 정신의 행동을 유효하게 만들기도 한다. 이것은 정신이 모든 부분에서 뇌를 초과하며, 뇌의 활동은 정신적 활동의 아주 작은 부분에만 대응한다는 말이다.

영혼은 신체 없이도 존속할 수 있는가?

그런데 이것은 또한 정신의 삶이 신체의 삶의 효과일 수 없다는 말이기
도 하다. 반대로 모든 일은 마치 신체가 단지 정신에 의해 사용되는 것처
럼 진행되기에, 신체와 정신이 불가분적으로 서로 연결되어 있다고 가정
할 이유가 전혀 없다. 여러분의 생각처럼 나는 인류가 제기할 수 있는 문
제 중 가장 중대한 문제를 얼마 남지 않은 시간 동안 느닷없이 해결하지
는 않을 것이다. 그러나 이 문제를 회피한다면 스스로를 책망할지도 모른
다. 우리는 어디서 왔는가? 우리는 이 세상에서 무엇을 하는가? 우리는 어
디로 가는가? 만일 정말로 철학이 삶이 관심을 갖는 이러한 물음들에 응
답할 필요가 전혀 없다면, 혹은 이 물음들을 마치 생물학이나 역사학의 문
제를 해명하듯 점진적으로 해명할 수 없다면, 철학이 실재에 대한 점점 더
심화되는 경험과 점점 더 예리해지는 시각으로 이 문제들에 기여하지 못
하고 영혼 혹은 신체의 가설적 본질로부터 도출된 근거들을 가지고 [영
혼의] 불멸성을 긍정하는 사람들과 부인하는 사람들을 끝없이 싸우게 하
는 것으로 그쳐야 한다면, 파스칼의 문구를 그 본래 의미로부터 떼어 내어
철학 전체는 단 한 시간도 수고할 가치가 없다고 말하는 것이 거의 사실
에 가까울 것이다[20]. 물론 불멸성 자체는 실험적으로 증명될 수 없다. 모든

---

20) [옮긴이] 파스칼(Blaise Pascal)은 자연을 거대한 기계장치로 이해하려는 데카르트의 설명에
　　다음과 같이 반응한다. "그것이 사실이라면, 우리는 철학 전체가 단 한 시간도 수고할 가치
　　가 있을 것이라 생각하지 않는다"(파스칼, 『팡세』, Br.79, La.84). 베르그손이 여기서 파스칼의
　　문구를 인용하면서도 이 문구의 본래 의미를 우회해야 한다는 유보를 덧붙이는 이유는 그가
　　파스칼과 마찬가지로 철학의 정신주의적(spiritualiste) 기획을 높이 평가하면서도 정신주의
　　는 언제나 기계론의 옆에서, 기계론과 함께 설명되어야 한다는 점을 인정하기 때문일 것이
　　다. 베르그손은 '정신물리학적 평행론과 실증적 형이상학'에 대한 발표(1901)에서 물질과 독
　　립적인 정신의 실존을 단언하는 데 그쳤던 기존의 정신주의들이 어떻게 유물론과의 모든 대

2장 _ 영혼과 신체 69

경험은 한정된 지속을 대상으로 한다. 그리고 종교가 불멸성에 대해 말할 때, 종교는 계시에 호소한다. 그러나 경험의 지반 위에서 시간 x 동안의 존속의 가능성, 혹은 심지어 개연성을 확보할 수 있다면, 그것은 이미 상당한 의미가 있을 것이다. 이 시간 x에 한계가 있는지 없는지의 물음은 철학의 영역 밖에 놓일 것이다. 그런데 이렇게 더 수수한 명제로 축소된다면, 영혼의 운명에 관한 철학적 문제는 나에게 전혀 풀 수 없는 것처럼 보이지는 않는다. 여기에 작동하는 뇌가 있다. 저기에 감각하고 사유하고 의지하는 의식이 있다. 만일 뇌의 작업이 의식 전체에 상응한다면, 뇌 속의 사태와 정신적 사태 사이에 등가성이 있다면, 의식은 뇌의 운명을 따라갈 수 있을 것이고 죽음은 완전한 종말이 될 것이다. 적어도 경험은 그 반대를 말하지 않을 것이며, 존속을 지지하는 철학자는 자신의 주장을 몇몇 형이상학적 구성물——일반적으로 무너지기 쉬운 것——에 기대어야 할 처지에 놓일 것이다. 그러나 만일 우리가 보여 주고자 했던 것처럼 정신적 삶이 뇌의 삶을 초과한다면, 뇌가 의식 속에서 일어나는 일 가운데 극히 일부만을 운동으로 번역하는 것으로 그친다면, 그러면 존속은 아주 그럴듯한 사태가 될 것이고, 그에 따라 증명의 의무는 이것을 긍정하는 사람보다는 부정하는 사람들에게 부과될 것이다. 죽음 이후에 의식의 소멸을 믿는 유일한 근거는 신체의 조직 파괴가 관찰된다는 것이고, 만일 의식 전체가 대부분 신체의 측면에서 독립적이라는 것 역시 확인되는 사실이라면 이

화를 차단하는 빈약한 이론이 되고 말았는지를 설명한다. 이에 반해 베르그손은 정신과 물질 사이에 위치하는 새로운 정신주의의 가능성을 보이려 한다. "정신과 물질이라는 두 개념이 서로 외적이라는 것을 확인하는 것만으로는 아무것도 얻을 수 없다. 반면 두 개념이 서로 접촉하는 지점에, 그것들의 공통 경계에 위치해 그 접촉의 형태와 본성을 연구한다면, 우리는 중요한 발견들을 행할 수 있을 것이다"(『잡문집』, p. 477).

근거는 더 이상 가치가 없을 것이기 때문이다. 존속의 문제를 이러한 방식으로 다룸으로써, 이 문제를 전통 형이상학이 위치시킨 높이로부터 내려오게 함으로써, 이 문제를 경험의 장 속으로 옮겨놓음으로써, 우리는 물론 이에 대한 근본적 해결책을 단번에 획득하는 일은 포기할 것이다. 그러나 어쩔 수 없지 않은가? 철학에서 우리는 순수한 추론과 끈기 있는 관찰 사이에서 선택을 내려야 한다. 순수한 추론은 확정적 결과를 겨냥하고, 이 결과는 완전한 것으로 간주되기에 더 완전한 것이 될 수 없다. 끈기 있는 관찰은 대략적인 결과만을 제시하지만, 이것은 무한정하게 교정되고 완성될 수 있다. 첫번째 방법은 우리에게 즉시 확실성을 부여하기를 원했기 때문에, 우리가 언제나 단순한 개연성의 영역, 혹은 순수한 가능성의 영역에 머문다고 비난할 것이다. 이 방법이 동등하게 정합적이고 설득력 있는 두 대립되는 주장을 무차별적으로 증명하는 데 사용될 수 없는 경우는 드무니 말이다. 두번째 방법은 처음에 단지 개연성만을 겨냥한다. 그러나 이 방법이 작업하는 영역에서는 개연성이 끝없이 증가할 수 있을 것이므로, 그것은 실천적으로는 확실성과 동등한 상태로 우리를 조금씩 이끌어 갈 것이다. 이 두 가지 철학하는 방법 중, 나는 선택을 내렸다. 내가 여러분의 선택에 아주 작은 기여라도 할 수 있기를 바란다.

1913년 5월 28일 '런던 정신 연구 학회'에서 이루어진 강연

먼저 이 학회[1]의 회장으로 선출됨으로써 받게 된 영예에 감사를 표하고 싶다. 불행히도 나는 이런 영예를 받을 자격이 없다. 나는 이 학회에서 다루어지는 현상들을 단지 책으로만 알고 있을 뿐이다. 나 스스로는 아무것도 보지도, 관찰하지도 못했다.[2] 그렇다면 여러분은 어떻게 나를 여러분

---

1) [옮긴이] '런던 정신 연구 학회'(The Society for Psychical Research)는 1882년 설립되어 초자연적인 정신 현상을 연구하던 학회이다. 1913년, 베르그손은 칼 구스타프 융(Carl Gustav Jung), 윌리엄 제임스(William James)와 같은 심리학자들이나 윌리엄 크룩스(William Crookes), 한스 드리슈(Hans Driesch), 존 윌리엄 레일리(John William Rayleigh)와 같은 과학자들, 윌리엄 버틀러 예이츠(William Butler Yeats), 아서 코난 도일(Arthur Conan Doyle) 등의 작가나 각계 저명인사들이 폭넓게 참여한 이 학회의 회장으로 선출된다. 오늘날의 관점에서는 전문 학자들이 보이는 이러한 오컬트적인 관심사가 다소 의아하게 여겨질 수 있으나, 1900년대 초반이라는 시대적 상황에서는 태동하던 심리학의 가장자리에서 초자연적 현상에 대한 관심사가 많은 학자들의 관심을 끌었다는 사실을 염두에 두어야 할 것이다. 베르그손 역시 그의 연구의 초창기부터 최면술이나 텔레파시 현상 등에 대한 관심을 유지해 왔고, 퀴리(Curie) 부부, 샤를 리셰(Charles Richet), 피에르 자네(Pierre Janet) 등과 함께 프랑스에서 정신 연구 학회와 유사한 역할을 수행하던 일반심리학 협회의 활동에 참여하기도 한다.

2) [옮긴이] 분명한 호의적 관심에도 불구하고 베르그손은 초자연적 정신 현상의 존재를 결코 단언하지는 않았다. "만일 그것이 실재하는 것이라면"과 같은 제한적 조건문과 따옴표의 반복적인 사용은 이러한 현상에 대한 베르그손의 입장이 아직 미결적이라는 것을 드러내 주는 표지들이다. 초자연적 현상에 대한 관심이 폭발했던 19세기 말~20세기 초반이라는 시대적 상

과 같은 연구에 매진했던 저명한 전임 회장들의 후임으로 뽑을 수 있었던 것일까? 내가 추측하기로는, 일종의 '예지' 혹은 '텔레파시' 효과가 존재했던 것 같다. 여러분은 멀리서부터 내가 여러분의 연구에 관심을 가지고 있음을 느꼈을 것이고, 내가 여러분의 보고서를 주의깊게 읽고서 강렬한 호기심을 느끼며 여러분의 작업을 따라가고 있다는 것을 400킬로미터 밖에서 지각했던 것일지도 모른다. 기실 여러분이 정신 현상들의 **미지의 땅**^{terra} ^{incognita}을 탐험하는 데 쏟아부은 기발함과 통찰력, 인내와 끈기는 언제나 나를 경탄케 했다. 그러나 이 기발함보다도, 이 통찰력보다도, 여러분의 지치지 않는 참을성보다도 한층 더 경탄을 자아내는 것은 여러분이 처음에 상당수의 대중들이 가진 편견과 싸우고 또한 가장 용감한 자들도 겁먹게 만드는 조롱에 맞서는 데 필요했던 용기이다. 바로 이런 이유로 나는 '정신 연구 학회'의 회장으로 선출된 것에 말로 다할 수 없는 자랑스러움을 느낀다. 어딘가에서 한 소위의 이야기를 읽은 적이 있다. 그는 전쟁 중

62

황에서도 베르그손은 경신(輕信)과 무관심을 동시에 경계하며(『잡문집』, p.510) 이러한 현상을 탐구하는 데 있어서 명확한 조건이 확보되어야 함을 꾸준히 강조하는 신중한 태도를 취한다. 실제로 1886년 『철학 평론』(*Revue Philosophique*)에 기고한 「최면 상태에서의 무의식적 위장에 대하여」(De la simulation inconsciente dans l'état d'hypnotisme)에서 베르그손은 정신 연구 학회에서 이루어진 실험 내용의 결과에 반대하여, 텔레파시 현상으로 여겨지던 최면 상태에서의 독심술이 사실은 피험자가 최면 중의 확대된 지각 능력을 이용하여 실험자의 동공에 비친 이미지를 읽어 낸 것에 불과하다는 점을 밝혀 냄으로써 그것이 초자연적 현상이 아님을 증명한 바 있다(『잡문집』, p.340).

본 강연에서도 마찬가지로 베르그손은 초자연적 정신 현상에 대한 연구가 진행되는 것에 호의를 드러내면서도, 그러한 연구가 물질에 대한 연구보다 앞서서, 그와 무관하게 이루어지면 안 되며, 물질에 대한 연구와 함께, 이 연구가 가능케 해준 '정확성'을 갖추고 이루어져야 한다는 주장을 이어 간다. 조르주 뫼니에(Georges Meunier)와의 대담(1910)이 보여 주듯, 베르그손은 "우리 지성의 양보를 가장 적게 요구하고 우리가 이미 아는 힘들과 가능한 한 가장 유사한 힘들을 도입하는 가설을 선호하는 것"을 "학문의 절대적 규칙"으로 삼는다. 정확성에 대한 이러한 강조는 초자연적 정신 현상을 증명하는 데 필요한 조건과 동시에 이를 반증하는 데 필요한 조건을 명시해 준다.

의 우연적 전황과 상관들의 죽음, 혹은 부재로 인해 전투에서 연대를 지휘하는 영예를 얻었다. 평생 동안 그는 이를 떠올렸고 이를 이야기했다. 그의 실존 전체에는 이 몇 시간에 대한 기억이 스며들어 있었다. 나는 이 소위와도 같다. 몇 시간도 아니고 몇 달 동안이나 나를 용감한 사람들로 이루어진 연대의 수장으로 만들어 준 이 뜻밖의 행운을 나는 언제나 기뻐할 것이다.

정신 연구에 대한 선입견들

사람들이 정신과학에 대해 가지고 있었던, 오늘날에도 여전히 유지되고 있는 편견들을 어떻게 설명할 수 있을까? 물론 여러분의 연구를 '과학의 이름으로' 비난하는 것은 누구보다도 사이비 학자들이다. 물리학자, 화학자, 생리학자, 의학자 들이 이 학회에 참가하고 있으며, 이 학회에 참가하지 않아도 여러분의 연구에 관심을 갖고 있는 과학자들이 늘어나고 있다. 그러나 아무리 하찮은 실험이라도 모든 종류의 실험을 받아들일 준비가 된 진짜 학자들도 여전히 선입견 때문에 여러분의 설명을 멀리하고, 여러분의 성과를 통째로 거부하는 일이 일어나고 있다. 이는 무엇 때문인가? 비판하는 즐거움을 누리기 위해 그들의 비판을 비판할 생각은 없다. 나는 철학에서 반박에 바쳐진 시간은 일반적으로 잃어버린 시간이라고 생각한다. 수많은 사상가들이 내세운 서로 대립되는 수많은 반론 중에 무엇이 남아 있는가? 아무것도 남아 있지 않거나, 기껏해야 일부가 남아 있을 뿐이다. 의미 있는 것, 그리고 남아 있는 것은 실증적인 진실^{vérité positive}로부터 제시된 것이다. 참된 긍정은 그것에 내재한 힘을 통해 거짓 관념들을 대체하기 때문에, 아무도 반박하지 않아도 가장 좋은 반박이 된다. 여기서 내

63

가 하려는 일은 반박이나 비판과는 전혀 다른 일이다. 나는 다음과 같은 것을 보이고자 한다. 몇몇 사람들의 반론과 조롱 뒤에는 암묵적이건 명시적이건 간에 어떤 무의식적인 형이상학 ——무의식적이기 때문에 일관성이 없는 형이상학, 무의식적이기 때문에 철학이라 불릴 자격이 있는 철학에 요구되는 바와는 달리 관찰과 경험을 토대로 끊임없이 개량되는 것이 불가능한 형이상학 ——이 존재한다. 게다가 이 형이상학은 자연스러운 것이고, 오래전부터 인간의 정신이 새겨 넣은 주름[길들여진 습관]에 기인한다. 이 형이상학의 완강함과 인기는 이렇게 설명될 것이다. 나는 이러한 형이상학을 은폐하는 것을 제거하고 이 형이상학을 향해 곧장 나아가 그것이 어떤 가치가 있는지 살펴보고자 한다. 그러나 그렇게 하기 전에, 즉 그러한 방식으로 여러분의 [탐구] 대상에 도달하기 전에, 나는 여러분이 사용하는 방법에 대해 한마디 하고자 한다. 나는 이 방법이 상당수의 학자들을 당혹케 한다고 생각한다.

과학과 대면한 텔레파시 현상

전문 학자가 가장 불쾌해 하는 것은, 자신의 것과 동일한 종류의 학문에 자신이 언제나 철저하게 배제해 왔던 연구 절차와 검증 절차가 도입되는 일이다. 그는 전염을 두려워한다. 매우 정당하게도 학자는 마치 직공이 도구에 집착하듯 방법에 집착한다. 그는 방법이 가져다 줄 결과와 관계없이, 방법을 그 자체로 좋아한다. 윌리엄 제임스William James는 학문의 아마추어와 전문가 사이의 차이를 바로 이 점을 통해 규정했다. 전자는 무엇보다도 획득된 결과에 관심이 있고, 후자는 그 결과가 획득된 절차에 관심이 있다. 그런데 여러분이 다루는 현상들은 이견의 여지없이 자연 과학의 대상

64

이 되는 현상들과 동일한 부류에 속한다. 반면 여러분이 따르는 방법, 그리고 여러분이 따라야만 하는 방법은 종종 자연 과학의 방법과 아무런 관련이 없다.

나는 그것들이 **같은 부류**의 사실들이라고 말했다. 내가 이 말로 의미하는 바는, 이 사실들이 분명히 어떤 법칙을 드러내고, 또한 시공간 속에서 무한정하게 반복될 수 있다는 것이다. 예컨대 그것들은 역사학자가 연구하는 것과 같은 사실이 아니다. 역사는 되풀이되지 않는다. 아우스터리츠 전투[3]는 단 한 번 일어났고, 두 번 다시 일어나지 않을 것이다. 동일한 역사적 조건이 재생산될 수 없기에, 동일한 역사적 사실은 다시 일어날 수 없을 것이다. 그리고 법칙이 필연적으로 표현하는 바는 언제나 동일한 원인에 마찬가지로 언제나 동일한 결과가 상응하리라는 것이기 때문에, 엄밀한 의미에서의 역사는 법칙을 대상으로 하는 것이 아니라 구체적인 사실과 그 사실이 일어났던 마찬가지로 구체적인 상황을 대상으로 한다. 여기서 유일한 물음은 사건이 정말로 시간상의 특정 시점과 공간상의 특정 지점에서 일어났는지, 그리고 어떻게 일어났는지를 아는 것이다. 반대로 실물적 환각^{hallucination véridique}——환자 혹은 죽어 가는 사람이 부모나 매우 멀리 사는 친구, 어쩌면 지구 반대편에 사는 친구에게 나타나는 현상——을 예로 들자면, 이 현상은——만일 그것이 실재하는 것이라면——아마도 물리학, 화학, 생물학의 법칙과 유사한 법칙을 나타내는 사실일 것이다. 이 현상이 두 의식 중 어느 한 의식이 다른 의식에 가하는 작용에서 기인한 것이며 의식들은 이렇게 가시적인 매개물 없이도 소통할 수 있다고 잠시 동안 가정해 보자. 여러분이 말하는 것처럼 '텔레파시'가 존재한

---

3) [옮긴이] 1805년 나폴레옹 1세가 오스트리아-러시아 동맹군을 격파한 전투.

다고 말이다. 만일 텔레파시가 실재하는 사실이라면 그것은 무한정 되풀이될 수 있는 사실일 것이다. 더 멀리 나아가 보자. 만일 텔레파시가 실재하는 것이라면, 그것은 매 순간 모든 사람들에게서 일어나고 있으면서도 그 강도가 주목되기에는 너무 미미하거나 아니면 의식의 문턱을 넘어서려는 순간 뇌의 메커니즘이 더 큰 이득을 위해 그 효과를 정지시키는 것일 수 있다. 우리는 매 순간 전기를 발생시키며, 대기는 항상적으로 전기를 띠고 있다. 우리는 자기^{magnétique}의 흐름들 사이를 왕래하고 있다. 그러나 수천 년 동안 수백만의 사람들이 전기를 체험하면서도 전기의 존재를 짐작하지 못했다. 마찬가지로 우리는 텔레파시를 발견하지 못한 채로 그 옆을 스쳐 지나갔던 것일 수도 있다. 그러나 그런 것은 중요치 않다. 어쨌든 한 가지 점엔 이론의 여지가 없다. 그것은 만일 텔레파시가 실재하는 것이라면 그것은 자연적이라는 것, 그리고 우리가 어느 날 텔레파시의 조건을 인식하게 된다면 더 이상 텔레파시 효과를 얻기 위해 '생령'[4]을 기다릴 필요가 없으리라는 것이다. 마치 우리가 오늘날 전기의 번득임을 보기 위해 예전처럼 하늘의 선의와 번개가 치는 광경을 기다릴 필요가 없는 것처럼 말이다.

그러니까 이 현상은 그 본성상 물리적·화학적·생물학적 사실처럼 연구되어야 할 것으로 보인다. 그런데 여러분은 그렇게 하지 않는다. 여러분은 완전히 다른 방법을 사용할 수밖에 없다. 그것은 역사가와 예심판사 사이의 중간적 위치를 점하는 것이다. 실물적 환각이 과거로 거슬러 올라가는 것이라면 여러분은 문서들을 연구하고 비판함으로써 역사의 한 페이

---

4) [옮긴이] 살아 있는 자의 유령이 가까운 친지나 동료들에게 나타나는 현상. 베르그손은 이 표현을 런던 정신 연구 학회에서 출간한 『생령』(*Phantasms of the Living*, 1886)이라는 저작의 제목에서 빌려왔다.

지를 작성한다. 그 사실이 어제 일어난 일이라면 여러분은 일종의 사법적 조사를 수행한다. 여러분은 증인들을 만나서 그들을 서로 대면시키고 그들에 대해 조사한다. 내 입장에서는, 여러분이 30년 이상 꾸준하게 추적해 온 경탄할 만한 조사 결과들을 기억 속에 떠올릴 때, 여러분이 오류를 피하기 위해 어떤 대비를 취했는지 생각할 때, 여러분이 수집한 대다수의 사례에서 어떻게 한 사람 혹은 여러 사람들로부터 환각에 대한 이야기를 듣고 심지어 때로는 글로 기록한 뒤에야 환각이 실물적인véridique 것으로 인정되었는지를 확인할 때, 무수한 사실들과 특히 이 사실들 서로간의 유사성, 이 사실들이 가진 친연성과 완전히 분석되고 통제되고 비판된 서로 독립적인 수많은 증언들 간의 상응을 고려할 때, 나는 예컨대 내가 무적함대의 패배[5]를 믿는 것과 마찬가지로 텔레파시를 믿기에 이르게 된다. 그것은 피타고라스의 정리에 대한 증명이 나에게 제시하는 것과 같은 수학적 확실성은 아니다. 그것은 갈릴레이의 법칙에 대한 검증이 나를 데려가는 물리적 확실성도 아니다. [그러나] 그것은 적어도 역사적이거나 사법적인 분야에서 획득될 수 있는 확실성이다.

그러나 이것이 바로 많은 사람들을 당황시키는 점이다. 그들은 자신들의 혐오감을 만들어 내는 이러한 이유를 알아채지 못한 채, 실재한다면 분명히 법칙에 종속되어 있어야 할 사실들, 틀림없이 자연과학에서 사용되는 관측과 실험의 방법에 적합해야 할 사실들이 역사적이거나 사법적으로 다뤄지는 것이 이상하다고 생각한다. 여러분이 이 사실을 다듬어 실험실에서 생산되도록 한다면, 사람들은 그것을 자발적으로 수용할 것이다. 그때까지 이 사실은 의심의 눈초리를 받을 것이다. '정신 연구'가 물리

---

5) [옮긴이] 17세기 스페인 무적함대가 영국군에 패배한 사건.

학과 화학처럼 진행될 수 없다는 사실로부터, 사람들은 그것이 과학적이지 않다고 결론지을 것이다. 그리고 '정신 현상'은 아직 실험실이 어떤 사실에 접근할 수 있도록 해주는 단순하고 **추상적인** 형식을 갖추지 않았기 때문에, 사람들은 기꺼이 그것을 비실재적이라고 선언할 것이다. 내가 보기에 이러한 것이 바로 몇몇 학자들의 '잠재의식적인' 추론이다.

텔레파시 현상과 우연의 일치

사람들이 여러분의 몇몇 결론에 대해서 내세우는 반박의 기저에서도 나는 동일한 감정, 즉 **구체**에 대한 동일한 경멸을 발견한다. 하나의 일화를 제시해 보겠다. 얼마 전 내가 참석했던 한 사교 모임에서 우연히 여러분이 관심을 기울이는 현상들에 대한 대화가 이루어졌다. 그 모임에는 한 저명한 의학자도 참석해 있었다. 그는 우리 시대의 석학들 가운데 하나였다. 그는 주의깊게 듣고 난 뒤에 대략 다음과 같은 발언을 했다. "여러분이 말한 모든 것들은 저에게 상당한 흥미를 주는군요. 그러나 결론을 내리기 전에 생각해 보시기를 바랍니다. 저 역시 비범한 사실을 하나 알고 있습니다. 그리고 저는 이 사실이 확실하다는 것을 보증합니다. 아주 똑똑한 여성이 저에게 이야기해 준 것인데, 저는 그녀의 말을 절대적으로 신용하기 때문이지요. 이 여성의 남편은 장교였습니다. 그는 전투 중에 살해당했습니다. 그런데 남편이 숨을 거두는 순간, 이 여성은 그 장면의 환영^vision을 봤습니다. 모든 점에서 실재와 일치하는 정확한 환영 말이지요. 여러분은 아마도 이로부터, 마치 그녀 자신이 그랬던 것처럼, 예지, 텔레파시 등등이 존재한다는 결론을 내리시겠지요? 여러분은 한 가지를 잊고 있습니다. 남편이 건강하게 살아 있음에도 수많은 아내들이 남편이 죽거나 죽어

가는 꿈을 꾼다는 사실 말이지요. 사람들은 환영이 잘 들어맞는 경우에만 주목하고, 그렇지 않은 경우들은 고려하지 않습니다. 만일 이러한 점을 부각시킨다면, [실제 장면과 환영 사이의] 일치는 우연의 문제라는 것을 알게 될 것입니다."

이 대화가 어떤 방향으로 흘러갔는지 나는 더 이상 알지 못한다. 철학적 토론을 개시할 계제가 아니었다. 그럴 만한 장소도 시간도 아니었다. 그러나 테이블을 떠날 때, 열심히 듣고 있던 어린 소녀가 나에게 와서 말했다. "제가 보기에는 저 의사 분이 조금 전에 잘못 추론한 것 같습니다. 그의 추론에서 어디에 오류가 있는지는 모르겠습니다만 오류가 있음에 틀림없습니다." 그렇다, 오류가 있었다! 자그마하고 어린 소녀가 옳았고, 위대한 학자가 틀렸다. 그는 그 현상이 담고 있는 **구체적 내용**에 눈을 감고 있었다. 그는 다음과 같이 추론했다. "꿈이, 환각이 우리에게 친지의 죽음이나 그 죽음의 임박을 알려 줄 때, 그것은 참이거나 거짓이다. 즉 인물은 죽거나 죽지 않는다. 따라서 환영이 올바른 것이라 해도, 거기에 우연의 효과가 없다는 것을 확신하기 위해서는 '참인 경우'의 수와 '거짓인 경우'의 수를 비교해야 한다." 그는 자신의 논증이 대체물^substitution에 기초하고 있다는 것을 알지 못했다. 그는 구체적이고 생생한 장면에 대한 묘사──특정한 순간과 특정한 장소에서 특정한 병사들에 둘러싸인 장교의 죽음──를 다음과 같은 건조하고 추상적인 공식으로 대체했다. "이 여성은 참인 경우에 속하며, 거짓인 경우에 속하지 않는다." 아, 만일 우리가 추상 속으로 옮겨가는 데 동의한다면, 확실히 우리는 참인 경우의 수와 거짓인 경우의 수를 **추상적으로** 비교해야 할 것이다. 그렇다면 우리는 아마도 참된 경우보다는 거짓된 경우가 많다는 것을 발견하게 되었을 것이고 그 의사는 옳았을 것이다. 그러나 이 추상은 본질적인 측면을 무시함으로써 이루어진다. 본질적인 측면은 그 여성에 의해 포착된 **그림**^{tableau}, 즉 그 여성으로부터 멀리 떨어져 있는 아주 복잡한 장면을 있는 그대로 재생해 내는 장면이다. 어떤 화가가 자신의 환상을 믿고 전투의 한 부분을 캔버스 위에 그린다고 해보자. 이 화가가 운이 좋아 실제로 그날 전투에 가담했던 실제 병사들의 초상을 그리게 되고 이 병사들은 그 전투 속에서 화가가 부여한 동작을 수행하게 되는 일이 가능할까? 물론 아니다. 사람들이 내세우는 확률 계산은 이런 상황이 불가능하다는 것을 보여 줄 것이다. 특정한 인물들이 특정한 태도를 취하고 있는 장면은 그 유에 있어 유일하고[6], 인간 얼굴의 윤곽도 이미 그 유에 있어 유일하기에, 결론적으로 ——인물들이 모여 있는 장면은 말할 것도 없고—— 한 사람 한 사람의 인물조차 우리가 보기에는 서로 독립적인 무한한 요소들로 분해될 수 있기 때문이다. 따라서 환상의 장면이 실재적 장면을 우연히 재생하려면 무한한 일치가 필요할 것이다.[7] 다른 말로 하면, 화가의 상상으로부터 나온 장면이 전투의 상황을 일어난 대로 그리는 것은 수학적으로 불가능하다. 그런데 전투의 한 귀퉁이를 환영으로 보았던 여성은 이 화가와 같은 상황에 처해 있다. 그녀의 상상은 하나의 그림을 그렸다. 만일 이 그림이 실제 장면을 재생한 것이라면, 필연적으로 그녀는 이 장면을 지각한 것이거나, 이 장면을 지각

69

---

6) [옮긴이] "그 유(genre)에 있어 유일하다(unique)"는 어떤 대상을 포함하는 상위의 유에 오직 이 대상만이 속하며, 따라서 이 대상은 스스로가 그 자신의 유이자 종임을 나타내는 표현이다. 베르그손은 여기서 분절된 장면의 마디 하나하나가 다른 장면과 통약불가능하며 유일무이하게 독특한 장면이라는 사실을 설명하기 위해 이러한 표현을 사용한다. 이 표현은 이 책 여백에 표시한 프랑스어 원문의 쪽수로 121쪽과 144쪽에서도 등장한다. 베르그손은 동일한 사태를 묘사하기 위해 종종 **특유한**(sui generis)이라는 라틴어 표현을 사용하기도 한다. 이 표현은 이 책의 5장과 6장에서 반복적으로 등장한다.

7) 아직 우리는 시간의 일치, 즉 내용이 동일한 두 장면이 동일한 순간에 나타나기로 선택했다는 사실을 고려하지 않았다.

한 [다른] 의식과 연결되어 있어야 할 것이다. '참인 경우'의 수와 '거짓인 경우'의 수를 비교할 필요는 없다. 여기서 통계는 아무런 관련이 없다. 나에게 제시된 단 하나의 경우로도 충분하다. 내가 그 안에 담겨 있는 모든 것을 고려하기만 한다면 말이다. 이런 이유로, 만일 내가 그 의사와 논쟁할 시간이 있었다면 나는 그에게 다음과 같이 말했을 것이다. "저는 당신이 들은 이야기가 신뢰할 만한지는 알지 못합니다. 저는 그 여성이 [정말로] 멀리 떨어진 곳에서 일어났던 장면에 대한 정확한 환영을 본 것인지는 모릅니다. 그러나 만일 그 점이 저에게 증명된다면, 그러니까 만일 그녀가 그 장면에 있었던 그녀가 모르는 병사의 얼굴을 실제 생김새대로 보았다는 것만 확신할 수 있다면 ──그렇다면 심지어 수없이 많은 잘못된 환영이 있었다는 것이 증명될지라도, 이 사례 말고는 다른 실물적 환각은 존재하지 않는다 하더라도, 저는 텔레파시의 실재성이, 혹은 더 일반적으로 말하면 우리의 감관이 감관의 영향력을 확대시키는 그 모든 도구를 가지고도 도달할 수 없는 대상들과 사건들을 지각할 수 있는 가능성이 엄밀하고도 확실하게 밝혀졌다고 여길 것입니다." 70

하지만 이 점에 대해서는 이제 충분하다. 나는 지금까지 학자들의 활동을 다른 편으로 이끌어 감으로써 '정신 연구'를 지연시켰던 더 심층적인 원인에 도달했다.

근대 과학의 특징

사람들은 종종 여러분이 관심을 갖는 사실들을 근대 과학이 도외시한다는 점에 놀라곤 한다. 근대 과학은 실험적인 것이기에 관찰과 경험의 모든 소재를 환영해야 하는데도 말이다. 그러나 근대 과학의 특징에 대한 합의가 필요할 것이다. 근대 과학이 실험의 방법을 만들었다는 것은 확실하다. 그러나 이 말은 근대 과학이 그 이전에 연구가 이루어졌던 경험의 장을 모든 측면에서 확장시켰다는 말이 아니다. 반대로 근대 과학은 여러 지점에서 경험의 장을 수축시켰다. 게다가 근대 과학의 강점은 바로 이 점에 있었다. 고대인들은 많은 것을 관찰했고, 심지어 실험을 수행하기도 했다. 그러나 그들은 우연에 따라, 아무 방향으로나 관찰을 수행했다. [근대 과학의] '실험 방법'의 창조는 어떠한 것이었는가? 그것은 이미 수행되고 있었던 관찰과 실험 과정들을 가능한 모든 방향에 적용하기보다는 **측정**이라는 하나의 지점에 수렴시키는 것이었다. 사람들은 특정한 가변적 크기를 측정하여 그것이 마찬가지로 측정가능한 특정한 다른 크기들의 함수일 것이라고 짐작하였다. 근대적 의미에서의 '법칙'은 바로 변화하는 크기들 사이의 일정한 관계를 표현하는 것이다. 따라서 근대 과학은 수학의 자식이다. 그것은 대수학이 실재를 포괄하여 계산의 그물 속에 넣기에 충분한 힘과 유연성을 획득하게 된 날 태어났다. 먼저 천문학과 역학이 근대인들이 부여한 수학적 형식하에서 나타났다. 다음으로 물리학──마찬가지로 수학적인 물리학──이 전개되었다. 물리학은 화학을 촉발하였으며, 화학 역시 측정에, 중량과 부피의 비교에 정초하고 있었다. 생물학이 화학을 따라 나타났다. 물론 생물학은 아직 수학적 형식을 갖지 못했고 가질 수도 없었다. 그럼에도 생물학은 생리학의 매개를 통해 생명의 법칙을 화학과 물리학의 법칙으로, 즉 간접적으로 역학의 법칙으로 환원하고자 했다. 결국 이렇게 우리의 과학은 언제나 수학을 이상으로 삼게 되었다. 그것은 본질적으로 측정을 겨냥한다. 그리고 아직 계산을 적용할 수 없는 곳에서, 대상을 단지 기술하거나 분석하는 것으로 그쳐야 하는 경우에도, 과학은 나중에라도 측정할 수 있게 될 법한 측면만을 고찰하려 한다.

71

근대 과학의 형이상학

그런데 측정에 적합하지 않다는 것은 정신의 사태의 본질에 속한다. 따라서 근대 과학의 첫번째 대응은 정신의 현상들을 그것과 등가적이면서도 측정 가능한 현상들로 대체할 수는 없는지를 모색하는 일이어야 했다. 실제로 우리는 의식이 뇌와 관계를 맺고 있다는 것을 알고 있다. 따라서 사람들은 뇌를 재빨리 붙잡아, 뇌 속의 사실에 매달렸다——물론 사람들은 이 사실의 본성이 어떠한지 알지 못했지만, 이것들이 결국엔 분자와 원자의 운동으로, 즉 역학적 질서의 사실들로 틀림없이 환원될 수 있다는 것은 알고 있었다. 그래서 그들은 마치 뇌가 정신의 등가물인 것처럼 진행하기로 합의했다. 17세기부터 오늘날까지 우리의 모든 정신과학, 우리의 모든 형이상학은 이러한 등가성을 주장한다. 유물론이 바라는 것처럼 정신을 뇌의 '부대현상'으로 만들건, 아니면 정신과 뇌를 동일 선상에 놓고 동일한 원본에 대해 서로 다른 언어로 이루어진 두 번역처럼 고려하건 간에, 사람들은 사유와 뇌를 [구분하지 않고] 무차별적으로 이야기한다. 요컨대 뇌와 정신 사이의 엄밀한 **평행론**의 가설은 아주 과학적인 것처럼 보인다. 철학과 과학은 이 가설과 모순되거나 이에 반대되는 것을 본능적으로 배제하는 경향이 있다. 언뜻 보기에 '정신 연구'가 다루는 사실들, 혹은 적어도 그것들 가운데 대다수는 이렇게 배제되는 것으로 보인다.

72

자, 이제 이 가설과 정면으로 대면하여 이것이 어떤 가치가 있는지 자문해 볼 순간이 왔다. 이 가설이 야기하는 이론적 난점들에 역점을 두지는 않을 것이다. 이 가설을 있는 그대로 받아들인다면 자기모순에 빠지게 될 것이라는 점은 다른 곳에서 보여 준 바 있다.[8] 자연은 뇌피질이 이미 원자나 분자 운동으로 표현한 내용을 의식의 언어로 반복하는 사치를 하지 않았으리라는 지적을 덧붙이겠다. 모든 여분의 기관은 감퇴하며, 모든 무용한 기능은 사라진다. 단지 사본에 불과한 의식, 작용하지 않는 의식은, 그것이 생겨났다 가정하더라도 오래전에 우주에서 사라졌을 것이다. 습관이 행동을 기계적인 것으로 만들수록 행동이 무의식적으로 이루어진다는 사실이 확인되지 않는가? 그러나 이런 이론적인 고려들에 역점을 두지는 않을 것이다. 내가 주장하려는 점은, 선입관 없이 고려된 사실들은 평행론의 가설을 확증하지도 않고, 심지어 암시하지도 않는다는 점이다.

의식과 물질성

기실 단 하나의 지성적 기능에 대해서만은 그것이 뇌 속에 정확히 국재화된다는 주장이 경험을 통해 정당화된다고 생각할 수 있었다. 그것은 기억, 더 특별하게는 단어에 대한 기억이다. 판단, 추론, 다른 어떤 사유 행위에 대해서도, 그것들이 뇌 속의 운동에 부착되어 그 운동의 흔적을 그리고 있다고 가정할 근거는 없다. 이와는 달리 단어의 기억과 관련된 질환 — 소위 실어증 — 은 특정 뇌회의 손상에 상응한다. 따라서 사람들은 기억mémoire을 뇌의 단순한 기능처럼 고찰하고, 단어에 대한 시각적·청각적·운동적 단편기억들souvenirs이 뇌피질 — 빛의 인상을 보존하는 사진판, 소리의 진동을 기록하는 축음판 — 의 내부에 저장되어 있다고 믿을 수 있었다. 정신적 삶과 뇌의 삶의 정확한 상응과 일종의 **유착**adhérence을 보여 준다고 여겨지는 사실들을 면밀히 검토해 보라(두말할 필요 없이 감각과 운동은 제쳐 둘 것이다. 뇌는 확실히 감각-운동 기관이기 때문이다). 여러분은

---

8) [옮긴이] 이 책의 7장을 참조하라.

이 사실들이 기억의 현상들로 환원된다는 것을, 그리고 평행론이라는 학설에 실험적인 증명의 시작점을 제공하는 듯 보이는 것은 실어증의 국재화이며, 단지 그뿐이라는 것을 알게 될 것이다.

그런데 다양한 실어증에 대한 더 심화된 연구는 단편기억들을 뇌 속에 저장된 사진이나 녹음과 동일시하는 것이 불가능하다는 사실을 정확히 보여 준다. 내가 보기에 뇌는 과거의 표상이나 이미지를 보존하지 않는다. 뇌는 단지 운동적 습관을 축적할 뿐이다. 내가 예전에 당대의 실어증 이론에 가했던 비판——그때는 역설적으로 보였었고 실제로 과학적 독단과 맞섰으나, 병리해부학의 진보를 통해 확증된 비판(피에르 마리$^{Pierre\ Marie}$와 그 제자들의 작업을 알고 있을 것이다$^{9)}$)——을 여기서 반복하지는 않을 것이다. 내 결론을 상기시키는 것으로 그치려 한다. 내가 보기에 사실들에 대한 주의 깊은 연구로부터 다음과 같은 결론이 도출된다. 다양한 실어증을 특징짓는 뇌 손상은 기억 자체에 영향을 미치지 않는다. 따라서 뇌피질의 특정한 지점에 축적되어 질환에 의해 파괴되는 기억은 없다. 사실상이 손상은 기억의 **환기**$^{l'évocation}$를 불가능하게 하거나 어렵게 만든다. 손상은 상기의 작동기제에, 상기의 작동기제에만 영향을 미친다. 더 정확히 말하면 뇌의 역할은 정신이 어떤 기억을 필요로 할 때 신체로부터 찾고 있던 기억에 적절한 틀을 제시하는 태도나 시동적 운동을 길어 낼 수 있도록 만드는 것이다. 틀이 존재한다면, 기억은 저절로 와서 거기에 삽입될 것이다. 뇌 기관은 틀을 준비하는 것이지, 기억을 제공하는 것이 아니다. 이것이 바로 단어의 기억과 관련된 질환이 우리에게 가르쳐주는 것이며, 더욱이 기억에 대한 심리적 분석이 예감하게끔 할 것이기도 하다.

---

9) [옮긴이] 『물질과 기억』 p.8/31쪽을 참조하라.

이제 [기억이 아닌] 사유의 다른 기능들을 살펴본다면, 사실들이 우선적으로 암시하는 가설은 정신적 삶과 뇌의 삶 사이의 엄격한 평행론이 아니다. 기억의 작업에서와 마찬가지로 사유 일반의 작업에서도, 뇌는 단순히 운동과 태도를 신체에 새겨 넣는 일을 맡고 있는 듯 보인다. 이 운동과 태도는 정신이 **사유하는** 것, 혹은 주위 환경이 정신으로 하여금 사유하도록 만드는 것을 **작동시킨다.** 내가 다른 곳에서 뇌를 "판토마임의 기관"이라고 말했을 때, 나는 이 점을 표현했던 것이다. 나는 다음과 같이 덧붙였다. "활동 중인 뇌 속을 바라보고 원자의 오고 감을 추적하며 원자의 모든 작용을 해석할 수 있는 사람을 가정해 보자. 이 사람은 아마 정신 속에서 일어나는 사태의 일부를 알고 있을 것이나, 그가 아는 것은 미미한 부분에 불과할 것이다. 그는 신체의 몸짓, 태도, 운동으로 표현 가능한 것, 즉 영혼의 상태에 포함된 수행 중의 행동이나 혹은 단순히 시동적인 행동을 인식할 것이나, 나머지는 놓쳐 버릴 것이다. 의식 내부에서 펼쳐지는 사유와 감정에 직면하였을 때, 그는 무대 위에서 배우들이 하는 모든 행동을 판명하게 목격하면서도 배우들의 말은 한 마디도 듣지 못하는 관객과 같은 입장에 처하게 될 것이다."[10] 아니면 그는 교향곡에서 오케스트라 지휘자의 지휘봉의 움직임만 지각하는 사람과 같을 것이다. 기실 뇌의 현상들과 정신적 삶의 관계는 오케스트라 지휘자의 몸짓들과 교향곡 사이의 관계와 같다. 전자는 후자의 운동적 분절을 그릴 뿐, 다른 일을 행하지 않는다. 따라서 뇌피질 속에서는 정신의 고등한 작업을 전혀 찾을 수 없을 것이다. 감각적 기능을 제외한다면, 뇌는 정신적 삶을 그 말의 가장 넓은 의미에서 몸짓으로 나타내는 것^mimer 말고는 다른 역할을 갖지 않는다.

---

10) [옮긴이] 이 책의 2장을 참고하라.

의식과 유효한 행동

물론 이 몸짓이 극히 중요하다는 것은 인정한다. 우리는 이 몸짓을 통해 실재 속에 삽입되어 거기에 적응하고, 주위 환경이 가하는 외력에 적절한 작용들로 반응한다. 의식이 뇌의 기능은 아니라 하더라도, 적어도 뇌는 의식이 우리가 살아가는 세계 위에 고정되도록 지탱한다. 뇌는 삶에 대한 주의의 기관이다. 그러므로——아마도 대개의 경우 정신이상의 원인이 될 지속적인 중독 현상은 물론이거니와—— 예컨대 알코올이나 아편으로 인한 가벼운 뇌의 변양, 일시적인 중독 역시 정신적 삶의 완전한 동요를 일으킬 수 있다. 이는 정신이 직접적으로 상해를 입었기 때문이 아니다. 사람들이 종종 말하듯, 독소가 뇌피질 속에서 특정한 추론의 물질적 측면일 특정 메커니즘을 찾아서 고장나게 했다고, 이 때문에 환자가 횡설수설한다고 믿으면 안 된다. 손상의 효과는 톱니장치를 왜곡시켜 사유가 더 이상 사물들 속에 정확히 삽입되지 않도록 만드는 것이다. 피해망상에 걸린 광인도 여전히 논리적으로 추론할 수 있을 것이다. 그러나 그는 마치 꿈속에서 추론하듯, 실재로부터 벗어나 실재 밖에서 추론한다. 사유를 행동 쪽으로 정향시키는 것, 사유가 주위 환경이 요구하는 행위를 준비하게끔 하는 것, 우리의 뇌는 이런 일들을 위해 형성되었다.

76

그러나 이 때문에 뇌는 정신적 삶의 물길을 만들고^{canalise}, 또 정신적 삶을 제한한다. 뇌는 우리가 좌우로 눈을 돌리는 것을, 또한 대부분의 경우에는 뒤쪽으로 눈을 돌리는 것을 방해한다. 그것은 우리가 나아가야 하는 방향을 향해 똑바로 앞을 보기를 바란다. 이미 기억의 작업에서 이를 확인할 수 있지 않은가? 수많은 사실들이 과거가 가장 미세한 세부사항에 이르기까지 보존된다는 것을, 진정한 망각이란 없다는 것을 가르쳐주는 듯 보인다. 여러분은 물에 빠진 사람들과 교수형에 처해진 사람들이 살아난 후에, 한 순간에 그들의 전 과거에 대한 파노라마적 영상을 보았다고 이야기하는 것을 들은 적이 있을 것이다. 다른 예들을 언급할 수도 있을 것이다. 사람들이 오해했던 것과 달리 이 현상은 질식의 증상이 아니기 때문이다. 이것은 낭떠러지에서 바닥으로 떨어지는 등산가나, 적군의 발포를 앞두고 어찌할 바를 모르는 병사에게서도 나타난다. 우리의 과거 전체가 계속해서 거기에 있으며, 단지 뒤돌아서기만 하면 그것을 지각할 수 있을 것이다. 다만 우리는 뒤돌아설 수도 없고, 뒤돌아서서도 안 된다. 그래서는 안 되는 이유는, 우리의 목적이 살아가고 행동하는 것이기 때문이다. 삶과 행동은 앞을 바라본다. 그럴 수 없는 이유는, 여기서 뇌 메커니즘의 기능은 바로 과거를 은폐한 뒤에 매 순간 현재 상황을 조명하고 행동을 촉진할 수 있는 과거만을 드러내 보이는 것이기 때문이다. 심지어 뇌가 유용한 기억을 **상기하는** 것은 이 하나의 기억 ——신체가 이미 그 몸짓을 통해 스케치한 우리의 관심을 끄는 기억 ——을 제외하고 다른 모든 기억을 어둠 속으로 몰아냈기 때문이다. 이제, 삶에 대한 주의가 한 순간 약해진다면 ——내가 여기서 말하는 것은 일시적이고 개체적인 의지적 주의가 아니라, '종의 주의'attention de l'espèce라고 불릴 수 있을 법한, 모든 사람에게 공통적이고 본성에 의해 부과된 항구적인 주의이다 ——, 강제로 앞으로 시선을 돌리고 있던 정신이 느슨해져 그로 인해 뒤를 돌아보게 된다. 정신은 거기서 자신의 모든 역사를 재발견한다. 그러니까 과거에 대한 파노라마적 영상은 곧 죽게 되리라는 갑작스런 확신에서 생겨난 돌연한 **삶에 대한 무관심**désintéressement de la vie에 기인한다. 그리고 그때까지 뇌가 기억의 기관으로서 전념하고 있던 일은 주의를 삶에 고정하고, 의식의 장을 유용하게 좁히는 것이었다.

그런데 내가 이야기한 기억의 특성은 지각에 대해서도 참일지 모른다. 여기서 내가 이전에 시도했던 증명[11]의 세부로 들어갈 수는 없다. 다음 내용을 상기하는 것으로 충분하다. 만일 뇌 중추가 물질적 진동을 의식적 상태로 변형시킬 수 있는 기관이라 생각한다면 모든 것이 불분명해지고 심지어 이해불가능하게 되는 반면, 반대로 만일 이 중추들이 (그리고 거기에 연결된 감각 장치들이) 단지 거대한 잠재적 지각의 장 속에서 현실화되어야 할 지각을 선택하는 일을 맡은 선택 기구라 본다면 모든 것이 명료해질 것이다. 라이프니츠는 각각의 모나드가 자신 안에 실재의 총체에 대한 의식적이거나 무의식적인 표상을 가지고 있다고 말했다. 그가 영혼이라고 부르는 모나드들은 말할 것도 없다. 나는 그렇게까지 멀리 가지는 않을 것이다. 그러나 내가 생각하기에 우리는 현실적으로 지각하는 것보다 훨씬 더 많은 것들을 잠재적으로 지각하며, 여기서도 신체의 역할은 우리에게 아무런 실천적 이익도 주지 않는 것, 우리의 행동에 알맞지 않은 것을 모두 의식으로부터 떼어 내는 것이다. 따라서 감각 기관, 감각 신경, 뇌 중추는 외부 영향들의 물길을 만들고, 그리하여 우리의 고유한 영향력이 행사될 수 있을 법한 방향들을 표시한다. 그러나 그 때문에 그것들은 뇌의 기억 메커니즘이 과거에 대한 시야를 좁히는 것과 마찬가지로 현재에 대한 시야를 제한한다. 그런데 유용하지 않은 몇몇 기억들, 즉 '꿈의' 기억들이 삶에 대한 한 순간의 부주의inattention를 이용하여 의식의 내부로 미끄러져 들어오는 데 성공한다면, 우리의 정상적 지각의 주변부에도 대부분의 경우 무의식적인, 그러나 의식 속으로 들어올 준비가 되어 있는 지각들로 이루어진 가장자리가 있어서, 몇몇 예외적인 경우나 특정한 체질을 가

78

11) [옮긴이] 『물질과 기억』 1장의 논의를 가리킨다.

진 몇몇 주체들의 경우에는 그러한 가장자리의 지각들이 실제로 의식 속에 들어올 수 있지 않을까? 만일 이런 부류의 지각이 있다면, 그것은 고전 심리학에만 속하는 것이 아니다. 그것에 대해서는 '정신 연구'가 행해져야 한다.

더욱이 명확한 분할을 만들어 내는 것은 공간임을 잊지 말도록 하자. 공간 속에서 우리의 신체는 서로에 대해 외재적이다. 그리고 우리의 의식은 이 신체에 붙어 있는 한에서 간격에 의해 분할되어 있다. 그러나 만일 의식이 그 일부를 통해서만 신체에 달라 붙어 있다면, 의식의 나머지 부분들에 대해서는 상호적 잠식이 이루어지고 있다고 짐작할 수 있을지도 모른다. 다양한 의식 사이에서 삼투압 현상에 비견할 만한 교환이 매 순간 이루어질 수 있을지도 모른다. 만일 이러한 상호-소통이 존재한다면, 자연은 그것이 위험하지 않도록 조처할 것이다. 그렇게 도입된 이미지들은 날마다의 삶을 매우 불편하게 만들 것이기에, 특정한 메커니즘이 그 이미지들을 무의식 속으로 몰아내는 특별한 일을 맡고 있다고 생각하는 것이 타당할 것이다. 그러나 여기서도, 특히 억제하는 메커니즘이 잘못 작동할 때, 그것들 가운데 몇몇 이미지들이 몰래 들어올 수 있을 것이다.[12] 그리고 그것들에 대해서도 '정신 연구'가 수행될 것이다. 실물적 환각은 이렇게 생겨날 것이고, '생령'은 이렇게 나타날 것이다.

유기체를 초과하는 의식이라는 이러한 관념에 더 익숙해질수록, 우리는 영혼이 신체 없이도 존속한다는 것을 더 자연스럽게 받아들일 것이다. 물론 정신이 뇌에 엄밀히 맞추어져 있다면, 인간의 의식 속에 뇌에 기입된

---

12) [옮긴이] 베르그손은 예술가들의 작업 역시도 이러한 예외적인 이미지들의 잠입을 통해 설명한다. 『사유와 운동』 pp.149~153/163~167쪽을 참조하라.

것 이상의 것이 전혀 없다면, 우리는 의식이 신체의 운명을 따르고 신체와 함께 죽는다는 것을 인정할 수 있을 것이다. 그러나 반대로 모든 [철학] 체계와 독립적으로 연구된 사실들이 정신적 삶을 뇌의 삶보다 훨씬 더 광대한 것으로 여기게 한다면, [정신의] 존속은 아주 개연적인 것이 되어 증명의 책임은 그것을 긍정하는 사람에게보다는 부인하는 사람에게 부과될 것이다. 내가 다른 곳에서 말했던 것처럼, "죽음 이후에 의식의 소멸을 믿는 유일한 근거는 신체의 조직 파괴가 관찰된다는 것이고, 만일 의식 전체가 대부분 신체의 측면에서 독립적이라는 것 역시 확인되는 사실이라면 이 근거는 더 이상 가치가 없을 것"[13]이기 때문이다.

정신 연구의 미래

알려진 사실들에 대한 편견 없는 검토를 통해 내가 도달한 결론을 간단히 요약하자면 위와 같다. 달리 말하면, 나는 아주 광대하고 심지어 무한정한 장이 정신 연구에 개방되어 있다고 생각한다. 이 새로운 과학은 잃어버린 시간을 빠르게 만회할 것이다. 수학은 고대 그리스까지 거슬러 올라간다. 물리학은 이미 3, 4백 년 동안 존재했다. 화학은 18세기에 나타났다. 생물학도 거의 그 정도 오래되었다. 그러나 심리학은 어제 오늘의 일이고, '정신 연구'는 그보다 더 최근의 것이다. 이러한 지연을 아쉬워해야 할까? 나는 이따금씩, 만일 근대 과학이 수학에서 출발해 역학, 천문학, 물리학, 화학의 방향으로 나아가는 대신, 즉 그 모든 노력을 물질에 대한 연구로 수렴시키는 대신, 정신에 대한 검토로부터 시작했다면 ──예컨대 만일 케플

80

---

13) [옮긴이] 이 책의 2장을 참조하라.

러, 갈릴레이, 뉴턴이 심리학자였다면—— 무슨 일이 일어났을지 생각해 본다. 분명히 우리는——갈릴레이 이전에 우리의 물리학이 어떠할지를 상 상할 수 없었던 것과 마찬가지로—— 오늘날의 우리가 전혀 이해할 수 없 는 심리학을 갖게 되었을 것이다. 이 심리학과 현재 우리의 심리학 간의 관계는 아마도 우리의 물리학과 아리스토텔레스 물리학 간의 관계와 같 을 것이다. 그러면 기계론적 관념과는 전혀 무관한 과학이 여러분이 연구 하는 것과 같은 현상들을 **선험적으로** 배제하는 대신에 열의를 가지고 다 루었을 것이다. 아마도 '정신 연구'는 그들의 주요한 관심사로 자리 잡았 을 것이다. (실로 역학의 근본 원리들이 그러한 것처럼) 일단 정신적 활동의 가장 일반적인 법칙들이 발견되고 나면, 사람들은 순수 정신에서 생명으 로 이행할 수 있었을 것이다. 그러면 생물학이, 그러나 우리의 생물학과는 완전히 다른 생기론적 생물학이 구성되었을 것이고, 이것은 감각가능한 형태의 생명체들 뒤에서 생명체들을 통해 현시하는 보이지 않는 내적 힘 을 찾으려 했을 것이다. 우리는 이 힘을 다룰 수 없다. 정신에 대한 우리의 과학은 아직 유아 단계에 있기 때문이다. 바로 이러한 이유로 학자들이 생 기론vitalisme을 비생산적인 학문이라 비난했을 때 그들은 틀리지 않았다. 그 것은 오늘날에는 비생산적이다. 하지만 언제까지고 그렇지는 않을 것이 다. 만일 근대 과학이 그 기원에서 사태를 다른 쪽 끝에서 고찰했다면, 생 기론은 비생산적이지 않았을지도 모른다. 이 생기론적 생물학은 **직접적으 로** 생명적 힘의 결핍을 치료하는 의학, 결과가 아니라 원인을, 주변 대신 중심을 겨냥하는 의학을 나타나게 했을지도 모른다. 암시를 통한 치료, 혹 은 더 일반적으로는 정신이 정신에 미치는 영향을 통한 치료는 우리가 짐 작도 못하는 형식과 비중을 가질 수 있었을지도 모른다. 정신 활동에 대한 과학이 이렇게 정초되고 발달되었을지도 모른다. 그러나 정신의 현시들을 위에서부터 아래로 따르고 생명과 생명물질을 가로지름으로써 그 과학이 점차로 비활성적inerte 물질에 도달했을 때, 그 과학은 깜짝 놀라고 곤혹스러워 하며 갑작스레 멈춰 섰을 것이다. 그것은 이 새로운 대상에 습관적인 방법을 적용하려 시도했을 것이고, 오늘날 계산과 측정의 방법이 정신의 사태들에 대해 영향력을 갖지 못하는 것처럼 이 대상에 아무런 영향력을 갖지 못했을 것이다. [이 경우] 정신이 아니라 물질이 신비의 영역으로 남아 있었을지도 모른다. 그러고 나서 나는 어떤 미지의 나라에 ──예컨대 미국에, 그러나 아직 유럽에 의해 발견되지도 않았고, 우리와 아무런 관계도 없는 미국에 ── 현재 우리의 과학과 동일한 과학이 그 모든 기계적 응용과 함께 발전되었다고 가정해 본다. 때때로 아일랜드나 브르타뉴 해안의 먼 바다를 모험하던 어부들이 저 멀리서, 지평선 위에서 바람을 거슬러 전속력으로 나아가는 미국 선박 ──우리가 증기선이라고 부르는 것 ── 을 발견하는 일이 일어날 수 있을지도 모른다. 그들은 돌아와서 그들의 목격담을 이야기할 것이다. 사람들이 그 목격담을 믿어 줄까? 아마 아닐 것이다. 더 학식 있는 사람일수록 순수하게 심리적이어서 물리학과 역학과는 반대 방향으로 정향되어 있는 학문에 더 젖어들어 그들의 말을 불신할 것이다. 그러면 여러분의 학회와 같은 학회 ──그러나 이번에는 **물리 연구 학회** ──가 구성되어, 증인들을 소환하고, 그들의 이야기를 점검하고 비판하고, 이러한 증기선의 **출현**의 진위를 확증해야 했을 것이다. 그럼에도 불구하고 그 학회는 당분간 이러한 역사적이거나 비판적인 방법만을 사용하기에 ──이 기적의 배들의 존재를 믿는다는 이유로── 그 학회로 하여금 그 배를 만들고 작동시키도록 독촉하는 자들의 회의론을 이겨 낼 수 없을 것이다.

　나는 때때로 장난스럽게 이런 것들을 꿈꾼다. 그러나 이를 꿈꿀 때, 나는 재빨리 멈춰서 혼잣말한다——아니다! 인간의 정신이 이와 같은 과정을 따르는 것은 가능하지도 않았고, 바람직하지도 않았다. 먼저 그것은 불가능했다. 근대의 여명기에 이미 수학적 과학이 존재했기에, 우선 필연적으로 이 수학적 과학으로부터 우리가 살아가는 세계의 인식을 위해 얻어낼 수 있는 모든 것을 끌어내야 했기 때문이다. 그림자에 불과할지도 모르는 것을 좇느라 먹이를 놓을 수는 없다. 그러나 이러한 것이 가능했다고 가정한다 해도, 인간의 정신이 심리 과학에 먼저 열중하는 것은 심리 과학 자체에 바람직하지 않다. 실제로 물질 과학에 바쳐졌던 모든 작업, 재능, 천재성의 총합이 이쪽으로 사용되었다면, 정신에 대한 인식은 더 멀리 나아갈 수 있었을지도 모른다. 그러나 거기에는 언제나 무언가가 결핍되어 있을 것이다. 그것은 평가할 수 없을 정도로 값진 것이고, 그것이 없다면 나머지 것들은 그 가치를 상당히 상실해 버릴 것이다. 그것은 정확성, 엄밀함, 증명에 대한 관심, 단순히 가능하거나 개연적인 것과 확실한 것을 구분하는 습관이다. 이것이 지성의 자연적인 특성이라고 생각하지는 말자. 인류는 아주 오랫동안 이것들 없이도 잘 지내 왔다. 그리고 만일 오래전 그리스 한 지방에 **어림잡음**에 만족하지 않고 정확성을 발명했던 소수의 사람들이 나타나지 않았더라면, 아마 이것들은 결코 세상에 나타나지 않았을지도 모른다.[14] 그리스적 천재성이 창조한 수학적 증명은 여기서 결과였을까, 원인이었을까? 나는 알지 못한다. 그러나 증명의 필요가 수학을 통해 지성에서 지성으로 전파되었으며, 수학적 과학이 역학의 매

---

14) 그리스인들에 의해 이루어진 이러한 **정확성**의 발명에 대해서는 1902년과 1903년에 콜레주 드 프랑스에서 이루어졌던 여러 강의(『시간 관념의 역사 : 콜레주 드 프랑스 강의록 1902~1903』 [Histoire de l'idée de temps : Cours au Collège de France 1902~1903, PUF, 2016])에서 길게 설명한 바 있다.

개를 통해 더 많은 수의 물질 현상을 포괄할수록 증명의 필요가 그만큼 더 인간 정신 속에 커다란 자리를 차지하게 되었다는 것에는 이론의 여지가 없다. 따라서 구체적 실재에 대한 연구에 수학적 사유를 특징짓는 것과 동일한 수준의 정확성과 엄밀함을 요구하는 습관은 우리가 물질 과학에 빚지고 있는 성향이다. 물질 과학이 없었더라면 우리는 이런 성향을 갖지 못했을지도 모른다. 이런 이유로 정신적 사태에 곧바로 몰두하는 과학은 아무리 멀리까지 진전되더라도 모호하고 불확실한 것으로 남아 있었을 것이다. 아마도 그 과학은 단순히 설득력 있는 것과 확정적으로 받아들여져야 하는 것을 결코 구분하지 않을 것이다. 그러나 오늘날 우리는 물질에 대한 심화된 탐구 덕에 이 구분을 행할 줄 알고 이 구분에 내포된 강점을 소유하고 있기에, 거의 탐험되지 않은 심리적 실재의 영역 속에서 두려움 없이 모험할 수 있다. 신중한 과감함을 가지고 그리로 나아가자. 우리의 84 움직임을 제약하는 잘못된 형이상학을 내려놓자. 그러면 정신 과학은 우리의 모든 기대를 넘어서는 결과를 안겨 줄 수 있을 것이다.

4장 _ 꿈

1901년 3월 26일 '일반심리학 협회'에서 이루어진 강연

'심리학 협회'[1]는 내가 여러분 앞에서 아주 복잡한 주제를 다루기를 요청하였다. 이 주제는 많은 문제를 불러일으키는데, 그 문제들은 한편으로는 심리학적이고, 다른 한편으로는 생리학적이며, 심지어는 형이상학적이기도 하다. 이 주제에 대해서는 너무나 긴 설명이 필요하기에 ── 그리고 우리에겐 시간이 별로 없기에 ── 나는 여러분의 양해를 구해 서두를 생략하고 부수적인 것을 배제함으로써 단번에 물음의 핵심으로 나아가려 한다.

꿈은 다음과 같은 것이다. 나는 각종 대상이 내 앞에 줄지어 나타나는 것을 본다. 그것들 중 무엇도 실제로 존재하지 않는다. 나는 침대 위에 아주 고요하게 누워 있으면서도 사방으로 오가며 일련의 모험을 겪고 있다고 믿는다. 나는 내 말을 듣고, 사람들의 대답에 귀를 기울인다. 그러나 나는 혼자이고 아무것도 말하지 않는다. 이러한 환상은 어디서 유래하는 것인가? 우리는 왜 인물들과 사물들이 실제로 현전하기라도 하는 것처럼 지

---

1) [옮긴이] 이 강연이 행해졌던 1901년 이 협회의 이름은 '국제 심리학 협회'였으나, 1902년 '일반심리학 협회'로 개칭하였다.

각하는가?

그러나 먼저, 정말로 아무것도 존재하지 않는 것일까? 깨어 있을 때처럼 자고 있을 때에도 특정한 **감각적 질료**가 시각, 청각, 촉각 등에 주어져 있는 것은 아닐까?

시감각의 역할

눈을 감고 무슨 일이 일어나는지 확인해 보자. 많은 사람들이 아무 일도 일어나지 않는다고 말할 것이다. [하지만] 그것은 주의 깊게 살펴보지 않았기 때문이다. 사실 우리는 많은 것들을 지각하고 있다. 먼저 검은 바탕이 있다. 다음으로, 때로는 흐릿하고 때로는 독특한 광채를 발하기도 하는 다양한 색의 얼룩이 있다. 이 얼룩들은 커지고 줄어들고 형태와 색조를 바꾸면서 상호침투한다. 변화는 느리고 점진적일 수도 있고, 때로는 엄청나게 빠르게 진행될 수도 있다. 이러한 환영은 어디서 오는가? 심리학자들과 생리학자들은 '빛의 잔해'poussière lumineuse, '잔상 효과'spectres oculaires[2], '안내眼內 섬광'phosphènes[3]을 이야기하곤 했다. 더 나아가 그들은 이 현상이 끊임없이 생겨나는 망막 혈액순환의 가벼운 변양이나, 닫힌 눈꺼풀이 안구에 행사하는 압력으로 인한 시신경의 기계적 자극 탓으로 생겨난다고 보았다. 그러나 이 현상에 대한 설명과 그것에 부여된 이름은 중요치 않다. 이 현상은 모든 사람들에서 관찰되는 것으로, 이론의 여지없이 우리는 이 현상을 옷감으로 삼아 무수한 꿈을 재단한다.

---

2) [옮긴이] 눈이 강한 빛에 노출된 후에 눈에 남아 있는 빛나는 이미지의 잔상.
3) [옮긴이] 감은 눈에 자극이 가해졌을 때 어지러이 움직이는 빛의 감각.

이미 알프레드 모리Alfred Maury가, 그리고 거의 동시대에 에르베 드 생 드니Hervey de Saint-Denis 후작이, 유동적 형태를 가진 이 색깔 얼룩들이 우리가 잠드는 순간 응고되어 꿈을 직조할 대상들을 그려 낼 수 있다는 사실에 주목한 바 있다. 그러나 이 관찰은 다소 신용할 수 없는 것이었다. 반쯤 잠든 심리학자들로부터 나온 것이었기 때문이다. 차후에 예일 대학의 교수인 미국 철학자 래드G. T. Ladd는 더 엄밀한 방법을 고안해 냈다. 그러나 이 방법은 일종의 훈련을 요하는 것이었기에 적용하기 어려웠다. 이 방법은 잠에서 깨어날 때 눈을 감은 채로 유지하면서 곧——시각장으로부터 그리고 아마도 곧 기억의 장으로부터—— 사라져 버릴 꿈을 잠시 동안 붙잡는 것이다. 우리는 그때 꿈의 대상들이 안내 섬광으로 흩어져, 눈꺼풀을 닫았을 때 눈이 실제로 지각하는 색깔 얼룩과 뒤섞이는 것을 보게 된다. 예컨대 우리가 꿈 속에서 신문을 읽고 있었다고 해보자. 우리가 깨어나면 신문의 문장들이 흐릿해져, 모호한 검은 줄무늬를 가진 흰색 얼룩만 남아 있게 된다. 아니면 꿈이 우리를 바다 한복판으로 데려간다고 해보자. [꿈 속에서] 대양이 까마득히 멀리까지 하얀 거품을 두른 회색 파도를 끝없이 펼치고 있었다. 깨어나면 모든 것은 빛나는 점들이 흩뿌려져 있는 흐릿한 회색빛의 거대한 얼룩 속으로 사라지게 된다. [자는 동안에도] 얼룩은 거기에 있었고, 빛나는 점들도 마찬가지였다. 따라서 자는 동안 우리의 지각에 제공된 **시각적 잔해**가 있었고, 이 잔해가 꿈을 만드는 데 사용되었던 것이다.

사용되는 것은 이것뿐인가? 시각 기관에 대해서만 말해 보자면, 내부에 원천을 갖는 시감각 말고 외적 원인을 갖는 감각도 있다고 이야기하도록 하자. 눈꺼풀이 닫혀 있어도 눈은 여전히 빛과 어둠을 구분하며, 특정 수준까지는 그 빛의 성질을 인식하기도 한다. 그런데 우리가 꾸는 많은 꿈의 기원에는 실제의 빛에 의해 야기된 감각들이 있다. 너무 깊은 잠이 아니라면, 갑작스레 켜진 촛불은 수면자에게 주로 화재의 관념으로 이루어진 일군의 영상들을 불러일으킬 것이다. 티시에^{Philippe Tissié}는 두 가지 예를 들고 있다. "B…는 알렉산드리아 극장이 **불타고** 있는 꿈을 꾼다. 화염이 온 동네를 밝힌다. 갑자기 그는 영사관 광장의 분수 한가운데로 이동해 있다. 분수 변두리의 거대한 경계석들을 연결하는 사슬을 따라 **불길**이 치닫는다. 그러고 나서 그는 파리의 **불타는** 만국박람회장으로 돌아온다…. 그는 참혹한 광경을 목격한다. 그는 소스라치며 깨어난다. 순찰 돌던 수녀가 지나가면서 그의 침대를 향해 손전등을 비추고 있었고, 그의 눈은 그 광선을 받고 있었다. ──M…은 그가 이전에 복무하던 해병대 보병에 들어간 꿈을 꾼다. 그는 포르드프랑스, 툴롱, 로리앙, 크림 반도, 콘스탄티노플에 간다. 그는 **번개**를 보고, 천둥 소리를 듣는다…. 결국 그는 어떤 전투에 참여하여, 그곳에서 대포가 불을 뿜는 것을 본다. 그는 소스라치며 일어난다. B와 마찬가지로…, 그는 순찰 돌던 수녀의 손전등에서 나온 광선 때문에 깨어났던 것이다." 이러한 것들이 예기치 못한 강한 빛이 일으킬 수 있는 꿈들이다.

달빛과 같이 지속적이고 부드러운 빛이 일으키는 꿈은 이와는 상당히 다르다. 크라우스^{August Krauss}가 이야기하기를, 어느 밤중에 깨어났을 때 그는 자신이 꿈속에서는 소녀인 줄 알았던 것에 여전히 팔을 내밀고 있다는 것을 알아챘는데, 이것은 깨고 보니 달이었다는 것이다. 그는 달빛을 가득 받고 있었다. 이 사례는 유일한 것이 아니다. 달빛은 수면자의 눈을 어루만지며 이렇게 처녀의 환영을 나타나게 하는 힘을 가지고 있는 것처럼 보인다. 여신 셀레네(달리 말하면, 달의 여신)가 마음 속 깊이 사랑하는 영원히 잠든 목동, 엔디미온의 우화는 이러한 사태를 표현하는 것이 아니겠는가?

청각의 역할

귀에도 내적 감각 —— 윙윙거리는 소리, 부딪치는 소리, 휘파람 같은 소리 —— 이 있으며, 이것들은 깨어 있을 때는 잘 구별되지 않는 것이지만 자고 있을 때는 명확히 드러난다. 게다가 우리는 잠들고 난 후에도 계속해서 바깥의 몇몇 소음을 듣는다. 가구의 삐그덕 소리, 탁탁 튀는 불, 창문을 때리는 비, 굴뚝에서 반음계를 연주하는 바람…. 이런 소리들이 여전히 귀를 때리고, 꿈은 이것들을 대화, 울음, 합창 등으로 전환시킨다. 수면 중인 알프레드 모리의 귀에 대고 가위를 핀셋에 문지르자, 그는 곧 종소리를 듣고 1848년 6월의 사건[4]에 참여하는 꿈을 꾸었다. 다른 예들을 인용할 수도 있을 것이다. 그러나 대다수의 꿈속에서 소리는 형태와 색깔만큼 중요한 위치를 차지하지는 않는다. 시감각이 가장 중요하다. 심지어 때로는 우리가 듣고 있다고 생각할 때에도 단지 보고 있을 뿐인 경우가 있다. 막스 시몬Max Simon의 지적에 따르면, 꿈속에서 우리는 어떤 대화에 열심히 참여하다가도 갑자기 아무도 말하는 사람이 없고 아무도 말한 적이 없다는 사실을 자각하곤 한다. 그것은 우리와 우리의 대화자 사이에서 일어났던 직접적인 사유의 교환, 침묵 속의 대담이었다. 이것은 기이한 현상이지만, 설명하기는 쉽다. 일반적으로 꿈속에서 소리를 듣기 위해서는 지각된 실제 소음이 있어야 한다. 아무것도 주어지지 않는다면 꿈은 아무것도 만들지 않는다. 우리가 꿈에 소리의 질료를 제공하지 않았기 때문에, 꿈은 소리를 만드는 데 어려움을 겪는 것이다.

89

---

4) [옮긴이] 입헌 군주 루이 필리프를 폐위시킨 1848년 2월 혁명 이후 수립된 공화주의 임시정부가 국립공장을 해산시키기로 결정하자, 이에 불만을 품은 노동자들이 파리 시내에 바리케이트를 치고 정부에 항거한 사건. 정부가 무력진압을 시도하여 수많은 시민이 살상되었다.

촉각의 역할

게다가 청각만큼이나 촉각도 [꿈을 만드는 데] 개입한다. 접촉, 압력은 수면 중에도 여전히 의식에 도달한다. 촉감각은 그 순간 시각장을 점유하고 있는 이미지들에 자신의 영향력을 배어들게 함으로써 그 이미지들의 형태와 의미를 변양시킬 수 있을 것이다. 갑자기 신체와 잠옷의 접촉이 느껴진다고 가정해 보자. 수면자는 그가 옷을 가볍게 입고 있음을 상기하게 될 것이다. 바로 그때 길을 걷고 있다고 믿는 중이라면, 그는 이 단순한 옷차림을 한 채로 행인들의 시선에 노출될 것이다. 게다가 행인들은 이에 대해 놀라지 않을 것이다. 우리 스스로가 아무리 혼란스러워 할지언정, 우리가 꿈속에서 보여 주는 엉뚱함이 관객을 동요시키는 경우는 드물기 때문이다. 이것은 아주 유명한 꿈이다. 또 다른 꿈을 살펴보자. 여러분 중 대다수가 이 꿈을 꾼 적이 있을 것이다. 날아오르고, 활주하고, 땅을 딛지 않은 채로 공간을 가로지르고 있다고 느끼는 꿈 말이다. 일반적으로 이 꿈은 한 번 꾼 후에는 반복되는 경향이 있고, 매번 새로 꿀 때마다 사람들은 다음과 같이 혼잣말한다. "나는 때때로 땅 위를 날아다니는 꿈을 꿨지만, 이번에는 정말 깨어 있다. 나는 이제 우리가 중력의 법칙을 넘어설 수 있다는 것을 안다. 그것을 다른 사람들에게 보여 줄 것이다." 내 생각에, 여러분이 갑자기 깨어나면 다음과 같은 것을 발견할 것이다. 여러분은 실제로 누워 있었기 때문에 발이 지지대를 잃었다고 느끼고 있었다. 다른 한편, 여러분은 자고 있지 않다고 믿기 때문에 자신이 누워 있음을 의식하지 않았다. 그래서 여러분은 서 있으면서도 더 이상 땅에 발을 딛고 있지 않다고 스스로 말하고 있었던 것이다. 여러분의 꿈이 보여 주는 것은 이러한 확신이다. 여러분이 날고 있다고 느끼는 경우, 마치 날갯짓을 하는 것처럼 팔을 갑작스럽게 움직임으로써 자신이 오른쪽이나 왼쪽으로 몸을 던진다고 생각한다는 점에 주목하자. 이 방향은 정확히 여러분이 누워 있는 방향일 것이다. 깨어나 보라. 그러면 여러분은 날기 위한 노력감이 단지 침대와 팔, 혹은 침대와 몸 사이에 생겨난 압력의 감각에 불과하다는 것을 알게 될 것이다. 그 원인으로부터 분리되자, 이 감각은 단지 노력 때문에 생겨났다고 여길 수 있을 법한 모호한 피로감이 되었다. 그때 이 감각은 여러분의 몸이 땅을 떠났다는 확신과 결합되어 날기 위한 노력이라는 정확한 감각으로 규정되었던 것이다.

압력의 감각이 어떻게 시각장으로 거슬러 올라가 시각장을 채우고 있는 빛의 잔해들을 이용함으로써 형태와 색깔로 전치될 수 있는지 확인하는 것은 흥미로운 일이다. 막스 시몬은 어느 날 두 무더기의 금화 앞에 있는 꿈을 꾸었다. 두 무더기의 크기는 서로 달랐고 그는 그것들을 같은 크기로 만들려 노력하였으나 성공하지 못했다. 그는 강렬한 불안감을 느꼈다. 이 감정은 계속해서 커져 가, 결국 그를 깨어나게 만들었다. 그때 그는 그의 다리 중 하나가 이불의 주름에 걸려서, 같은 높이에 있지 않았던 그의 두 발이 서로 접근하려고 헛된 노력을 하고 있음을 알아차렸다. 모호한 **불균등**의 감각은 분명히 거기서 나왔던 것이고, 이 감각이 시각장 속에 침입하여 아마도 하나 혹은 여럿의 노란 얼룩을 만나서(이것은 내가 제안하는 가설이다) 불균등한 두 금화 무더기라는 형태를 통해 시각적으로 표현되었던 것이다. 따라서 수면 중의 촉감각에는 이런 형태로 시각화되어 꿈속에 삽입되려는 경향이 내재해 있다.

훨씬 더 중요한 것은 유기체의 모든 부분에서, 더 구체적으로는 내장에서 나오는 '내적 접촉'의 감각이다. 잠은 이 감각에 독특한 섬세함과 날카로움을 부여할 수 있다. 더 정확히 말하면 섬세함과 날카로움을 돌려줄 수 있다. 아마도 이 감각은 깨어 있는 동안에도 거기에 있었을 것이다. 하지만 우리는 그때 행동에 의해 그로부터 멀어져 있었다. 우리는 스스로에 대해 외적으로 살고 있었던 것이다. 잠은 우리를 다시 우리 자신의 내부로 들어가게 만들었다. 후두염, 편도선염 등에 걸린 사람들은 꿈의 한복판에서 그 질병의 고통이 되살아나는 것을 느끼고, 그때 목의 한 편에서 불쾌한 따끔거림을 경험하기도 한다. 그들은 깨어나서 혼잣말한다. 단순한 환상일 뿐이라고. 아아! 그러나 그 환상은 곧 현실이 된다. 사람들은 이런 방식으로 꿈속에서 예측되고 예언된 질병과 중대한 사건, 즉 간질 발작, 심장병 등을 언급한다. 따라서 쇼펜하우어Arthur Schopenhauer 같은 철학자들이 꿈이 교감신경계로부터 온 진동을 의식으로 번역하는 것이기를 바랐다 해도, 셰르너Karl Albert Scherner와 같은 심리학자들이 각 기관에 그것을 상징적으로 표현하는 특정한 꿈을 야기하는 역량을 부여한다 해도, 마지막으로 아르티그René Artigues와 같은 의사들이 꿈의 '기호학적 가치'에 대해, 즉 질병의 진단에 꿈을 사용하는 방식에 대해 글을 썼다 해도 놀랄 것이 없다. 더 최근으로는 티시에가 소화, 호흡, 순환의 문제가 어떻게 일정한 종류의 꿈으로 번역되는지를 보여 주었다.

앞서 논의된 것을 요약해 보자. 자연적 수면 속에서 우리의 감관은 외부 인상에 대해 전혀 닫혀 있지 않다. 아마 감관은 더 이상 [깨어 있을 때와] 동일한 정확성을 갖지는 않을 것이다. 하지만 반대로 그것은 깨어 있을 동안, 즉 우리가 모든 사람에게 공통적인 외부 세계 속에서 움직이는 동안에는 지각되지 않은 채로 지나갔지만 잠자는 동안에 다시 나타나는 많은 '주관적인' 인상을 재발견한다. 그때 우리는 우리에 대해서만 살기 때문이다. 수면 중에 우리의 지각이 축소된다고 말할 수도 없다. 오히려 지각은 적어도 몇몇 방향으로는 작동 영역을 확대한다. 물론 지각은 확장^{extension}의 측면에서 획득한 것을 긴장^{tension}의 측면에서는 상실한다. [수면 중의] 지각이 가져다주는 것은 막연하고^{diffus} 혼란스러운^{confus} 것들뿐이다. 하지만 그럼에도 우리는 여전히 실재적인 감각을 가지고 꿈을 만들고 있는 것이다.

우리는 어떻게 꿈을 만드는가? 우리에게 [꿈의] 재료의 역할을 하는 감각은 모호하고 비결정적이다. 전면에 드러나는 것, 즉 우리가 눈을 감았을 때 우리 앞을 떠다니는 색깔 얼룩을 생각해 보자. 여기에 하얀 바탕 위의 검은 선들이 있다. 그것들은 양탄자, 체스판, 한 페이지의 글, 그밖에도 다른 많은 사물을 표현할 수 있을 것이다. 누가 선택을 내릴 것인가? 질료의 비규정성에 자신의 규정을 새겨 넣을 형상은 어떤 것인가? ──이 형상은 기억^{souvenir}이다.

꿈은 무언가를 창조하는가?

먼저 다음 지점에 주목해 보자. 일반적으로 꿈은 아무것도 창조하지 않는다. 물론 몇몇 예술적·문학적·과학적 작업이 몽상 중에 수행되었음을 내세울 수도 있다. 모든 사례 가운데 가장 잘 알려진 사례를 하나만 들어 보겠다. 18세기의 음악가 타르티니$^{Giuseppe\ Tartini}$는 작곡에 열중하고 있었지만, 악상이 손에 잘 잡히지 않았다. 그는 잠들었다. 그리고 거기서 악마가 몸소 나타나 바이올린을 잡고 [타르티니가] 원하던 소나타를 연주했다. 타르티니는 깨어난 뒤 기억에 의존해 이 소나타를 작곡했다. 이 소나타는 '악마의 소나타'라는 이름으로 우리에게 전승되었다. 그러나 이렇게 간략한 이야기로부터는 아무것도 끌어낼 수 없다. 타르티니가 그 소나타를 상기하려고 애쓰던 동안 그것을 완성한 것은 아닌지 알아보아야 할 것이다. 잠에서 깬 수면자의 상상력은 때때로 꿈에 무언가를 덧붙이고 꿈을 소급하여 변양시키며 꿈의 변양들을 메운다. 이 꿈의 구멍들은 막대한 것일 수도 있다. 나는 더 심화된, 그리고 무엇보다도 더 확실한 권위를 가진 관찰을 찾아보았으나, 영국인 소설가 스티븐슨Robert Louis Stevenson의 관찰밖에 발견하지 못했다. '꿈에 대한 장'A chapter on dreams이라는 제목의 흥미로운 에세이에서, 스티븐슨은 아주 독창적인 그의 이야기들이 꿈속에서 쓰였거나 적어도 습작되었음을 알려 준다. 그러나 이 장을 주의깊게 읽어 보라. 여러분은 스티븐슨이 그 삶의 상당 부분을 자고 있는지 깨어 있는지 알기 어려운 심리 상태로 살았다는 사실을 발견할 것이다. 실로 나는 정신이 창조할 때에는, 작품을 구성하거나 문제를 해결하기 위해 노력할 때에는 잠들지 않는다고 믿는다——적어도 정신에서 작업하는 부분과 꿈꾸는 부분은 동일하지 않다. 이 작업하는 부분은 잠재의식 속에서도 계속해서 탐색을 행하는데, 이 탐색은 꿈에 영향력을 미치지 못하고 깨어 있을 때에만 드러나는 것이다. 꿈 자체에 대해 말하자면, 그것은 [새로운 창조가 아니라] 과

94 거의 부활과 거의 다르지 않다. 우리는 이 과거를 재인하지 못할 수도 있다. 때로는 잊혀진 세부사항, 사라진 것처럼 보였으나 실제로는 기억 전체mémoire의 깊이 속에 감춰져 있었던 단편기억souvenir이 다시 살아난다. 때로는 깨어 있을 동안 산만하게, 거의 무의식적으로 지각된 대상이나 사실의 이미지가 상기되기도 한다. 무엇보다도 부서진 단편기억souvenir의 파편들이 있다. 기억 전체mémoire는 이 파편들을 여기저기서 그러모아 수면자의 의식에 비정합적인 형태로 현시한다. 지성([꿈에서 지성의 추론작용이 정지한다고 생각하는] 사람들이 뭐라고 말했건 간에, 지성은 추론을 멈추지 않는다)은 의미를 결여한 이러한 [파편적 단편기억들의] 집합체 앞에서 의미

작용^{signification}을 추구한다. 지성은 [꿈의] 비정합성을 누락의 탓으로 돌리고, 다른 단편기억들을 상기함으로써 그 누락을 채운다. 이 기억들 역시 대체로 무질서하게 나타나기 때문에 새로운 설명을 요청하고, 이런 식으로 무한히 계속된다. 그러나 지금으로서는 여기에 역점을 두지 않을 것이다. 조금 전에 제기된 물음에 응답하는 데에는 다음과 같이 말하는 것으로 충분하리라. 감관이 전달해 준 질료에 형상을 부여하는 힘, 즉 눈과 귀에서, 표면 전체와 내면 전체에서 오는 모호한 인상을 정확하고 규정된 대상들로 전환시키는 힘은 기억^{souvenir}이다.

기억의 역할

기억! 깨어 있을 때 우리에게는 많은 기억들이 나타나고 사라지면서 차례로 주의를 끈다. 그러나 이것들은 우리의 상황과 행동에 밀접하게 결부되어 있는 기억들이다. 나는 지금 꿈에 대한 에르베 후작의 책을 상기하고 있다. 그 이유는 내가 지금 꿈에 대한 물음을 다루고 있고, 심리학 협회에 있기 때문이다. 내 주변의 것들과 나의 관심사, 내가 지각하는 것과 내가 요청받은 일이 내 기억의 활동을 특정한 방향으로 정향시킨다. 깨어 있는 동안 우리가 상기하는 기억들은 이 순간의 관심사에서 아무리 멀어 보이더라도 언제나 어떤 측면에서는 거기에 매여 있다. 동물에게 기억의 역할은 어떤 것일까? 각 상황마다 유사한 선례로부터 따라나올 수 있었던 이롭거나 해로운 결과를 상기시키고, 그렇게 해서 동물이 무엇을 해야 하는지를 알려 주는 것이다. 인간의 경우에는 기억이 행동에 덜 사로잡혀 있다는 것은 인정한다. 그러나 인간에서도 여전히 기억은 행동에 유착되어 있다. 주어진 한 순간에 우리의 단편기억들은 하나의 연대적인 전체, 혹

95

은 말하자면 하나의 피라미드를 형성한다. 끝없이 움직이는 이 피라미드의 꼭지점은 우리의 현재와 일치하여, 현재를 통해 미래로 나아간다. 그러나 이처럼 우리의 현재 관심사 위에 놓여 그것을 통해 드러나는 기억의 배후에는, 의식이 조명하는 무대 아래의 밑바닥에 위치한 수천의 다른 기억들이 있다. 그렇다. 나는 과거의 삶이 거기에 있다고, 그 가장 작은 세부사항까지 보존되어 있다고, 우리는 아무것도 잊지 않는다고, 우리 의식이 처음 각성했을 때부터 우리가 지각하고, 사유하고, 의지했던 모든 것이 무한정 존속한다고 믿는다.[5] 그러나 이렇게 내 기억 전체mémoire의 가장 어두운 깊이 속에 보존되어 있는 단편기억들souvenirs은 비가시적인 유령의 상태로 존재한다. 아마도 그것들은 빛을 갈망하고 있을 것이다. 그러나 그것들은 빛을 향해 거슬러 오르기를 시도하지 않는다. 그것들은 그것이 불가능하다는 것을 안다. 그것들은 살아 있고 행동하는 존재인 내가 기억에 전념하는 것 말고도 다른 할 일이 있다는 것을 안다. 그러나 내가 어느 한 순간 현재 상황과 현재의 행동에, 결국 기억의 모든 활동을 한 곳에 집중시켰던 지점에 **무관심해진다고** 가정해 보라. 다른 말로, 내가 잠들었다고 가정해 보라. 그러면 이 부동의 기억들은 조금 전에 내가 장애물을 치우고, 기억을 의식의 지하에 가두어 두는 뚜껑문을 들어올렸다는 것을 느끼고 움직이게 된다. 그것들은 솟아오르고 동요한다. 그것들은 무의식의 밤 속에서 거대한 죽음의 무도를 춘다. 그리고 그것들은 동시에 조금 전에 벌어진 문을 향해 달려간다. 그것들 모두가 통과를 원할 것이다. [그러나] 그럴 수 없

---

5) [옮긴이] 피라미드의 형태로 이해된 기억의 구조에 관해서는 『물질과 기억』 3장(p.193/291쪽)을 참조하라. 베르그손의 거꾸로 선 피라미드, 혹은 원뿔의 도식은 그 스스로 보존되는 광대한 정신 영역 전체, 혹은 기억 전체가 정신이 가장 수축되고 가장 협소해져 날카로운 칼날처럼 실재 속으로 파고드는 행동의 꼭지점인 현재를 통해 지탱되고 있음을 보여 주는 도식이다.

다. 너무 많기 때문이다. 이렇게 호출된 다수[의 기억들] 중에 어떤 것이 선택되는가? 여러분은 어렵지 않게 알아챌 수 있다. 조금 전에 내가 깨어 있을 때 채택된^{admis} 기억은 현재 상황과의, 현재적 지각과의 친연관계를 내세울 수 있는 것이었다. 이제 더 모호한 형태가 눈에 그려지고, 더 흐릿한 소리가 귀를 자극하며, 더 불분명한 접촉이 신체의 표면에 산재된다. 하지만 또한 기관의 내부에서 더 많은 감각이 도달한다. 그러면 색깔, 소리, 결국 물질성으로 가득 채워지기를 갈망하는 유령-기억들 가운데 오직 지각된 색깔의 잔해, 안팎에서 들려오는 소음 등과 동화될 수 있고, 더 나아가 유기체적 인상들로 이루어진 일반적 정감^{affectif6)} 상태와 조화를 이룰 수 있

---

6) [옮긴이] 'affection'의 역어로 무엇을 택할 것인가는 국내 철학계에서 여전히 논쟁적인 주제이다. 스피노자(Baruch De Spinoza)의 'affectio'에서 유래한 'affection'은 어떤 철학자를 준거로 삼느냐에 따라 '변용', '촉발', '감응' 등으로 다양하게 번역되기 때문이다. 베르그손 철학에서 'affection'은 정신적인 수준이 명확하게 개입하기 이전에 신체적인 층위에서 이미 느껴지는 쾌락/고통을 지시하는 용어이다. 내 신체의 한 부분이 손상을 입은 경우, 예컨대 뜨거운 물체를 손으로 잡은 경우를 상상해 보자. 내 손에서 느껴지는 고통은 우리 신체가 외부 자극에 수동적으로 노출되었음을 증언하는 동시에, 우리가 그 자극에 자동적으로 반응하지 '않을 수도 있다'는 사실을 동시에 드러낸다. 화상이라는 자극에 대한 손의 자동적인 반응이 유기체에 의해 거부, 지연됨으로써 자극에 반응하려는 '국소적이고 무력한 시도'로 남는다는 사실이 자극-반응의 운동적 연쇄를 끊어 내고 쾌/고라는 초보적인 느낌이 삽입될 여지를 열어 내는 것이다. 따라서 베르그손이 보기에 이러한 쾌락과 고통, 즉 'affection'은 신체의 수동성과 정신의 시동적 자유를 동시에 증언하며, 신체적 차원에서 이미 일종의 초보적인 주체성과 자유의 기원을 보여 주는 한편, 정신적 존재자가 세계 내적으로 실존함을 드러내는 개념이다. 베르그손적 'affection'이 자극을 겪는 신체의 수동적이면서도 능동적인 변양을 나타낸다는 점에서 이것을 스피노자의 '변용'과 같은 선상에 놓을 수도 있을 것이다. '감응'이라는 번역어 또한 감각의 수동성과 반응의 능동성을 동시에 표현해 주는 강점이 있다. 그러나 여기서 베르그손은 철학사보다는 당대의 심리학을 참조하고 있기에 조금 더 심리학적인 용어를 택하는 것이 적절해 보였다. 베르그손의 다른 한국어 번역서에서는 이 개념을 '정조'(情調), '정념'(情念) 등으로 번역하고 있다. 그러나 '정조'라는 단어는 한국어 어감이 그 의미를 쉽사리 짐작하지 못하게 만들고, '정념'은 'passion'이라는 다른 개념과의 혼동을 낳는다는 점에서 만족스럽지 못한 번역어라고 할 수 있다. 정감(情感)이라는 역어는 일상적으로는 '정감 가는 목소리' 등의 표현에서와 같이 정과 호감을 의미하는 용어로 사용되어 'affection' 개념의 일상적 용법에 잘 들어맞거니와, '애달픈 정감'과 같이 다양한 상태를 지시하고 목소리나 얼굴, 분위기와 같은 신

는 기억만이 성공적으로 채워진다. 기억과 감각 사이에서 이러한 접합이 수행될 때, 나는 꿈을 꾸게 될 것이다.

『엔네아데스』의 한 시적인 대목에서, 플라톤의 해석자이자 계승자인 철학자 플로티노스는 어떻게 인간이 생에 눈뜨게 되는지 설명한다. 플로티노스에 따르면, 자연은 살아 있는 물체들[신체들]의 윤곽을 만든다. 하지만 단지 윤곽을 만들 뿐이다. 자연의 힘만으로 내버려 둘 경우, 자연은 끝까지 나아가지 않을 것이다. 다른 한편, 영혼들은 이데아의 세계에 산다. 행동할 수 없고, 더욱이 행동하려는 생각조차 않는 영혼들은 시간 위, 공간 밖에서 떠돌고 있다. 그러나 물체들[신체들] 중에 자신의 형상을 통해 특정한 영혼들의 갈망에 더 많이 응답하는 것들이 있다. 그리고 영혼들 중에 특정한 물체들[신체들] 속에서 자신을 더 많이 발견하는 영혼들이 있다. 자연의 수중에서 나왔을 때에는 아직 완전히 살 수 없는 신체는 자신에게 완전한 삶을 줄 영혼을 향해 솟아오른다. 그리고 영혼은 신체를 내려다보면서 그 안에서 자신의 반영물이 보인다고 믿고는, 마치 거울을 응시하듯 매료되어 끌려가고 기울어져 떨어진다. 영혼의 추락은 생의 시작이다. 나는 무의식의 바닥에서 기다리고 있는 기억을 이 분리된 영혼에 비유하려 한다. 이와 마찬가지로 수면 중에 느껴지는 감각도 고작해야 대강 윤곽이 잡힌 이 신체와 유사하다. 감각은 온기와 색을 갖고 진동하면서 거의 살아 있는 것이지만, 미규정적^{indécise}이다. 기억은 명확하고 정확하지만, 내면이 없고 생이 없다.[7] 감각은 그 윤곽의 미규정성을 고정시킬 형상을

체적 특징들과 관련지을 수 있다는 점에서 일상적 용법을 넘어 신체적 쾌/고까지도 표현할 수 있기에 'affection'의 역어로 택했다.

7) [옮긴이] 베르그손이 여기서 플로티노스의 설명의 틀을 받아들이면서도 그 관계를 역전시키고 있음에 주목하자. 텅 빈 물체에 생을 부여하는 플로티노스의 영혼과는 달리, 베르그손의 무

찾고자 한다. 기억은 질료를 얻어 내 자신을 메우고 자신 안에 채워 넣어 결국 자신을 현실화시키려 한다. 그것들은 서로를 끌어당긴다. 그리고 유령-기억은 그것에 피와 살을 부여하는 감각 속에 구체화됨으로써 고유한 생으로 살아가는 존재, 즉 꿈이 된다.

지각의 작동기제

따라서 꿈의 탄생은 하등 신비스러운 것이 아니다. 몽상이 생겨나는 방식은 대략적으로 실재적 세계에 대한 시각이 생겨나는 방식과 유사하다. [양자 모두] 작동의 기제는 그 대략적인 선에 있어서 동일하다. 우리가 눈앞에 놓인 대상에서 보는 내용과 귀에 발음된 문장에서 듣는 내용은 기억이 거기에 덧붙이는 것에 비하면 실로 대수롭지 않은 것들이다. 신문을 대강 읽을 때, 책을 훑어볼 때, 여러분은 각각의 단어에 있는 각각의 글자를, 혹은 심지어 각각의 문장에 있는 각각의 단어를 실제로 지각한다고 믿는가? 그렇다면 하루에 많은 페이지를 읽지 못할 것이다. 사실을 말하자면, 여러분은 단어에서, 심지어 문장에서도 몇몇 글자나 몇몇 독특한 특징밖에 지각하지 않는다. 여러분은 나머지 것들을 추측하기 위해 필요한 것만을 지각한다. 여러분은 나머지 전부를 본다고 생각하겠지만 실제로는 그에 대한 환상을 만들고 있을 뿐이다. 서로 부합하는 많은 실험이 이 점에 대해 한치의 의심도 남기지 않는다. 골드샤이더Alfred Goldscheider와 뮐러Robert Franz

98

의식적 기억들은 "내면이 없고 생이 없다". 이러한 역전을 통해, 생을 설명하는 플로티노스의 순수 영혼의 추락 모델은 베르그손의 기억의 현실화 모델로 전이된다. 플로티노스의 영혼에게 생의 시작은 이데아의 세계로부터의 추락이라는 실낙원의 경험이지만, 베르그손이 보기에는 생의 운동이 없다면 영혼, 즉 기억은 공허한 것으로 남겨지는 것이다.

Müller의 실험만을 언급해 보자. 이들은 "출입엄금", "4판 서문" 등과 같은 관용적 어구를 쓰거나 인쇄하면서 의도적으로 글자를 변경하고 특히 글자를 생략하는 오류를 범했다. 피실험자는 어둠 속에서 이 어구들 앞에 세워졌기에 무엇이 써 있는지 알지 못했다. 그때 아주 짧은 시간 동안, 모든 글자를 볼 수 있기에는 너무 짧은 시간 동안 글에 불이 밝혀졌다. 사실 처음에 [이 실험은] 알파벳 문자를 보는 데 필요한 시간을 실험적으로 규명하는 것이었다. 따라서 피실험자가 예컨대 어구를 구성하는 30~40자의 글자 중에서 8~10글자밖에 구분하지 못하게 만들기는 쉬웠다. 그런데도 피실험자는 대체로 어려움 없이 이 어구를 읽는다. 그러나 이 실험에서 가장 교훈적인 부분은 이 지점이 아니다.

만일 관찰자에게 어떤 글자를 확실히 봤는지 물어본다면 그는 실제로 제시된 단어를 말할 수도 있지만 또한 다른 글자로 대체되거나 생략되어 부재하는 글자를 말할 수도 있다. 이처럼 의미가 요구하는 것처럼 보였기 때문에, 그는 [실제로는] 존재하지 않는 글자들이 뚜렷하게 나타나는 것을 보게 될 것이다. 이 경우 실제로 지각된 글자들은 기억을 상기하는 데 쓰이는 것이다. 무의식적 기억은 실제로 지각된 글자들이 실현시키기 시작하는 어구를 재발견하여 이 기억을 환상의 형태로 밖으로 투사했다. 관찰자는 글을 본 것만큼이나, 아니 그 이상으로 이 기억을 **본** 것이다. 요컨대, 통상적인 읽기는 추측의 작업이다. 하지만 추상적 추측의 작업은 아니다. 그것은 기억의 외재화, 즉 단지 상기되었을 뿐이기에 비실재적인 지각의 외재화이다. 상기된 지각은 여기저기서 발견되는 부분적 실현을 이용해 완전히 실현된다.

이처럼 깨어 있는 상태에서 우리가 대상에 대해 갖는 인식은 꿈에서 이루어지는 것과 유사한 작업을 함축한다. 우리는 사물의 윤곽만을 지각하고, 이 윤곽은 완전한 사물의 기억을 호출한다. 그리고 정신이 의식하지는 못했지만 어쨌건 단순한 사유로서 내적으로 남아 있던 완전한 기억은 밖으로 솟아나오기 위해 이 기회를 이용한다. 우리가 사물을 볼 때 갖게 되는 것은 실재적 틀 속에 삽입된 이러한 종류의 환상이다. 게다가 이 작업 속에서 기억이 보이는 태도와 행태에 대해서는 더 할 말이 있을 것이다. 기억 전체mémoire의 심부에 거주하는 단편기억들souvenirs이 거기서 비활성적이고 무관심한 채로 남아 있다고 생각해서는 안 된다. 그것들은 기다리고 있고, 거의 주의를 기울이다시피 하고 있다. 정신을 [어딘가에] 다소간 몰두한 채로 신문을 펼칠 때, 갑자기 우리가 몰두하고 있는 것에 정확히 들어맞는 한 단어를 만나는 일이 일어나지 않는가? 그러나 문장이 의미가 통하지 않기에, 우리는 곧바로 우리가 읽은 단어가 [신문 위에] 인쇄되어 있는 단어가 아니었음을 자각하게 된다. 우리가 읽은 단어와 신문 위의 단어 사이에는 단지 몇몇의 공통적인 특질들, 모호한 외형의 유사성이 있었다. 따라서 우리의 마음을 빼앗은 생각이 무의식 속에서 그와 동족에 속하는 모든 이미지, 상응하는 단어에 대한 모든 기억을 환기하고, 그것들로 하여금 말하자면 의식으로의 회귀를 바라도록 만들었음에 틀림없을 것이다. 특정한 형태의 단어에 대한 현실적 지각이 이 기억들 가운데 하나를 현실화하기 시작하면, 그 기억은 실제로 다시 의식적인 기억이 된다.

　엄밀한 의미에서의 지각의 작동기제는 바로 이러하다. 그리고 꿈의 100 메커니즘도 바로 이러하다. 두 경우 모두, 한편으로는 감관 위에 만들어진 실재적 인상이 있고, 다른 한편으로는 그 인상 속으로 삽입되어 그 인상의 생명력을 통해 다시 생을 얻게 되는 기억이 있다.

꿈의 작동기제

그렇다면 지각과 꿈의 차이는 어디에 있는가? 잔다는 것은 무엇인가? 물론 잠의 생리학적 조건이 어떠한지를 묻는 것은 아니다. 이는 생리학자들이 논의할 문제이며, 이를 해결하려면 갈 길이 멀다. 내가 묻는 것은 잠자는 사람의 영혼 상태를 어떻게 표상해야 하는가 하는 점이다. 실제로 정신은 수면 중에도 계속해서 기능한다. 조금 전에 살펴보았듯, 정신은 [수면 중에도] 감각과 기억 위에서 작동한다. 그리고 자고 있건 깨어 있건 간에, 정신은 감각과 감각이 호출한 기억을 결합한다. 두 경우 모두 작동의 기제는 동일한 것처럼 보인다. 그러나 우리는 한편에서는 정상적 지각을, 다른 한편에서는 꿈을 갖게 된다. 따라서 그 [동일한] 작동기제는 두 경우에 동일한 방식으로 작동하지 않는다. 그 차이는 어디에 있는가? 그리고 잠의 심리학적 특성은 어떤 것인가?

이론들을 과도하게 신뢰하지는 말자. 잠은 외부 세계로부터의 고립으로 이루어진다고 일컬어져 왔다. 그러나 우리는 잠이 외부 인상에 대해 감관을 닫지 않으며, [오히려] 대다수의 몽상을 위한 질료를 그로부터 빌려온다는 것을 보았다. 또한 잠 속에서는 사유의 우월한 기능들이 휴식을 취하며, 추론이 중단된다고 여겨지기도 했다. 내가 생각하기로는 이 설명도 마찬가지로 부정확한 것이다. 꿈속에서 우리는 종종 논리에 **무관심**해지지만, 그렇다고 해서 논리적일 **수 없는** 것은 아니다. 심지어 나는 역설적으로 보일지라도 꿈꾸는 자의 오류가 오히려 과하게 추론하는 데 있다고 말할 것이다. 그가 [자신이 꿈꾸는] 일련의 영상을 단순한 관객으로 목격한다면 그는 부조리를 피하게 될 것이다. 그러나 그가 전력을 다해 그것을 설명하려 한다면, 부정합적인 이미지들을 서로 연결해야 하는 상황에 처한 그의

101

논리는 이성의 논리를 패러디하고 부조리에 가까워질 수밖에 없다. 지성의 우월한 기능들이 자는 동안 이완된다는 것은 인정한다. 그리고 이미지들의 부정합적인 유희가 추론을 부추기지 않았을 때에도, 잠에서 추론의 능력은 때때로 정상적 추론을 위조하기를 즐긴다는 것도 인정한다. 그러나 다른 모든 정신기능에 대해서도 마찬가지로 말할 수 있을지 모른다. 그러니까 우리는 꿈의 상태를 추론의 폐지를 통해 특징짓지도, 감관의 폐쇄를 통해 특징짓지도 않을 것이다. 이론들을 제쳐놓고 사실과 접촉해 보자.

[사실과 접촉하기 위해서는] 자기 자신에 대한 결정적인 경험이 이루어져야 한다. 우리는 꿈을 떠나——꿈 자체가 이루어지는 동안에는 자신을 거의 분석할 수 없기 때문에—— 잠에서 깨어남으로의 이행을 엿보고, 그것을 가능한 한 가까이서 포착할 것이다. 우리는 본질적으로 부주의 자체인 것에 주의를 기울여, [깨어난 뒤에도] 여전히 현전하는 수면자의 영혼 상태를 깨어남의 관점에서 붙잡을 것이다. 이것은 어려운 일이지만, 끈기 있게 매달린다면 불가능한 일은 아니다. 여기서 여러분에게 강연자가 꾸었던 꿈 중 하나와, 그 꿈에서 깨어난 뒤 확인했다고 생각했던 바를 이야기해 보려 한다.

나는 나 자신이 연단에 서서 군중들에게 연설하고 있다고 생각한다. 혼잡한 웅얼거림이 청중들의 안쪽에서 일어난다. 그것은 점점 강화되어 울부짖음, 함성, 무시무시한 소동이 된다. 결국 사방에서 리듬을 맞추어 다음과 같은 고함 소리가 울린다. "나가라! 나가라!" 나는 이 순간 갑자기 깨어난다. 개 한 마리가 이웃 정원에서 짖고 있었고, "나가라!"라는 고함 소리는 개의 각각의 "왈, 왈" 소리와 뒤섞여 있었다. 이 순간을 포착해야 한다. 이제 막 나타난 깨어난 자아는 아직 거기 있는 꿈꾸는 자아에게 돌아서서 다음과 같이 말할 것이다. "잡았다, 이놈. 너는 나에게 소리치는 군중들을 보여 주었지. 하지만 단지 개가 짖고 있었을 뿐이다. 도망갈 생각하지 마라. 난 널 붙잡았다. 나에게 네 비밀을 넘기고, 네가 무엇을 하고 있었는지 알려다오." 꿈의 자아는 다음과 같이 대답할 것이다. "잘 봐라. 나는 **아무것도 하지 않았다**. 그리고 너와 나, 우리는 바로 이 점에서 서로 다르다. 너는 개 짖는 소리를 듣기 위해, 짖는 것이 개라는 사실을 이해하기 위해, 아무것도 할 필요가 없다고 생각하는가? 중대한 오류다! 너는 의식하지 않은 채로 상당한 노력을 기울이고 있다. 너는 기억 전체, 너의 축적된 전 경험을 붙잡아야 한다. 그러고 나서는 갑작스러운 압축^{resserrement}을 통해 들린 소리에 기억의 단 한 지점만을, 즉 이 감각과 가장 유사하고 감각을 가장 잘 해석할 수 있는 기억만을 제시하도록 유도해야 한다. 그러면 감각은 기억으로 뒤덮인다. 게다가 기억을 감각에 완벽하게 부착시켜야 한다. 그 사이에는 아무리 작은 간격도 존재해서는 안 된다(그렇지 않으면 너는 곧바로 꿈속에 있게 될 것이다). 이러한 조정은 감각과 기억에 대한 주의^{attention}를 통해서만, 혹은 더 정확히 말하면 감각과 기억의 동시적 긴장^{tension}을 통해서만 보증될 수 있다. 이는 재봉사가 단지 '가봉된'^{bâti} 옷을 입혀볼 때 하는 일과 마찬가지이다——그는 핀을 꽂고, 몸에 알맞게 천을 잘라 조인다. 따라서 네가 아무것도 하지 않는다고 믿고 있을 때조차, 깨어 있는 상태에서 너의 삶은 고된 작업의 삶이다. 너는 매 순간 선택해야 하고 매 순간 배제해야 하기 때문이다. 너는 감각들 중에서 선택하고 있다. 잠들자마자 다시 나타날 수천의 '주관적인' 감각을 의식에서 배제하기 때문이다. 너는 극도의 정확성과 섬세함을 가지고 기억들 중에서 선택하고 있다. 현재적 상태에 들어맞지 않는 모든 기억을 쫓아 버리기 때문이다. 네가 끊임없이 수행하는 이 선택, 즉 계속적으로 갱신되는 이러한 적응은 양식^{bon sens}이라고 불리는 것의 본질적 조건이다. 그런데 적응과 선택은 너를 끊임없는 **긴장**의 상태로 유지시킨다. 대기의 압력을 느끼지 못하는 것과 마찬가지로, 너는 당장은 그것을 자각하지 않는다. 그러나 결국 너는 피로해진다. 양식을 갖는 것은 아주 피곤한 일이다.

그런데 나는 방금 전에 이렇게 말했다. 나는 정확히 아무것도 하지 않는다는 점에서 너와 다르다. 나는 네가 쉬지 않고 기울이는 노력을 단순히 그만둘 뿐이다. 너는 삶에 달라붙고, 나는 삶에서 떨어진다. 나에게 모든 것은 무차별해진다. 나는 모든 것에 무관심하다. 잔다는 것, 그것은 무관심해지는 것이다.[8] 사람들은 정확히 무관심해지는 만큼 잠들게 된다. 아이 옆에서 잠든 어머니가 천둥소리는 듣지 못해도 아이의 숨소리에는 깨어날 수 있을 것이다. 그녀는 그녀의 아이에 대해 정말로 자고 있었던 것인가? 우리는 계속해서 우리의 관심을 끄는 것에 대해서는 잠들지 않는다.

내가 잘 때 무엇을 하는지 물었는가? 네가 깨어 있을 때 무엇을 하는지 말해 주겠다. 너는 나——꿈의 자아인 나, 네 과거의 총체인 나——를 붙잡아, 점차 수축시켜서 네가 현재의 행동 주위에 그리는 아주 작은 원환 속에 가둔다. 이것이 깨어 있다는 것이고, 정상적인 심리적 삶을 산다는 것이다. 그것은 투쟁한다는 것이고, 의지한다는 것이다. 꿈에 대해 설명할 필요가 있을까? 그것은 네가 자신을 내버려 두고 한 점에 집중하기를 게을리 하자마자, 네가 의지하기를 그치자마자 자연스럽게 다시 도달하게 되는 상태이다. 만일 네가 계속 고집하며 무언가 설명을 듣기를 요구한다

104

---

8) 우리가 여기서 제시하는 구상은 이 강연에서 제안된 이래로 진척을 보였다. 무관심-잠에 대한 개념화가 심리학에 도입되었다. 수면자의 의식의 일반적 상태를 가리키기 위해 '무관심'(désintérêt)이라는 단어가 만들어졌다. 클라파레드(Edouard Claparède)는 이 개념화에 매우 흥미로운 이론을 접목시켰다. 이 이론은 잠 속에서 유기체의 방어 수단, 진정한 본능을 발견한다.

면, 네가 네 안에 지닌 모든 것을 관심을 끄는 지점에 순간적으로, 거의 무의식적으로 집중하기 위해 깨어 있는 모든 순간에 너의 의지가 어떻게 처신하는지를 묻도록 하라. 그러나 그때에는 [꿈의 심리학이 아니라] 깸^{veille}의 심리학에 문의해라. 네게 응답하는 것이 그 심리학의 주요한 기능이다. **깨어 있다는 것과 의지한다는 것은 하나이고 동일한 것이기 때문이다."**

꿈의 자아는 이렇게 말할지도 모른다. 그리고 더 말하게 내버려 둔다면 그는 우리에게 다른 많은 것을 이야기해 줄 것이다. 그러나 이제 결론을 내릴 시간이 왔다. 꿈과 깸 사이의 본질적인 차이는 어디에 있는가? 우리는 다음과 같이 요약할 것이다. 깨어 있건 꿈꾸건 간에, 동일한 능력들이 수행된다. 그러나 그 능력들은 한 경우에서는 긴장되어 있고, 다른 경우에서는 이완되어 있다. 꿈은 집중의 노력을 결여한 정신적 삶 전체이다. 우리는 여전히 지각하고 기억하고 추론한다. 꿈꾸는 자에게도 지각, 기억, 추론은 풍부할 수 있다. 정신의 영역에서 풍부함은 노력을 의미하지 않기 때문이다. 노력을 요하는 것은 **조정**^{ajustement}**의 정확성**이다. 개 짖는 소리가 우리의 기억 속에서 군중의 울부짖음에 대한 기억을 풀어 놓기 위해서는 아무것도 할 필요가 없다. 그러나 그 소리가 거기서 다른 기억들보다 우선적으로 개 짖는 소리의 기억에 결합되기 위해서는, 그리고 그렇게 해서 그것이 개 짖는 소리로 해석되려면, 즉 실제로 개 짖는 소리로 지각되려면 적극적 노력이 필요하다. 꿈꾸는 자는 더 이상 그 노력을 기울일 힘이 없다. 그는 이를 통해, 그리고 이를 통해서만, 깨어 있는 사람과 구분된다.

이것이 바로 [꿈과 깸 사이의] 차이이다. 이 차이는 수많은 형태로 표현된다. 세부사항으로 들어가지는 않을 것이다. 다음과 같은 두세 가지 지점에 대해 여러분의 주의를 끄는 것으로 그칠 것이다. 그것은 바로 꿈의 불안정성, 꿈이 전개될 수 있는 속도, 꿈이 평범한 기억들에 대해 갖는 선호와 같은 지점들이다.

꿈의 불안정성, 속도, 선호

[꿈의] 불안정성은 쉽게 설명된다. 꿈의 본질은 감각을 기억에 맞춰 정확히 조정하지 않고 유희를 허용한다는 것이기 때문에, 꿈에서는 동일한 감각에 대해서 매우 다양한 많은 기억이 적용될 수 있을 것이다. 예컨대 흰색 점이 뿌려진 녹색 얼룩을 시각장 속에 떠올려 보자. 그것은 꽃이 핀 잔디의 기억을 구현할 수도 있고, 당구공이 놓여 있는 당구판의 기억을 구현할 수도 있을 것이다 ──다른 많은 것이 가능하다. 이 모든 것은 감각으로 되살아나려 하고, 감각을 좇아 내달린다. 때로 그것들은 차례차례 감각에 도달한다. 잔디는 당구판이 **되고**, 우리는 기이한 변형을 목격한다. 종종 그것들은 함께 감각에 합류한다. 그때 잔디는 당구판**이다** ──아마도 꿈꾸는 자는 추론을 통해 이 부조리를 제거하려 할 것이다. 그러나 추론은 부조리를 더 악화시킬 것이다.

　몇몇 꿈이 펼쳐지는 속도는 동일한 원인의 다른 결과처럼 보인다. 꿈은 깨어 있을 때는 하루 종일 걸릴 일련의 사건을 단 몇 초 동안에 제시할 수 있다. 여러분은 알프레드 모리의 관찰을 알고 있을 것이다.[9] 그것은 고

---

9) "나는 내 방 안에 누워 있었다. 내 어머니는 내 머리맡에 누워 있었다. 나는 공포정치에 대한 꿈을 꾼다. 나는 살육의 장면들을 목격한다. 나는 혁명재판소에 출두했다. 나는 로베스피에르, 마라, 푸키에-탱빌 등을 본다. 나는 그들과 함께 논쟁한다. 나는 판결을 받고, 죽음을 선고받고, 짐수레에 실려 혁명 광장으로 인도된다. 나는 단두대에 오른다. 사형 집행인이 나를 죽음의 판자 위에 묶는다. 그는 그것을 흔들리게 한다. 단두대의 날이 떨어진다. 나는 내 머리가 내 몸통에서 분리되는 것을 느낀다. 나는 엄청나게 생생한 공포에 휩싸여 깨어난다. 그리고 나는 목 위에 내 침대의 기둥이 갑자기 떨어져 기요틴의 날과 같은 방식으로 내 목뼈 위에 떨어져 있음을 느낀다. 내 어머니가 나에게 확인해 주기로는, 그것은 순간적으로 일어났다. 그러나 나

전으로 남았다. 그리고 최근에 사람들이 그에 대해 뭐라고 말하건 간에, 나는 그것을 설득력 있는 것으로 받아들인다. 꿈에 대한 저작들에서 유사한 이야기가 다수 발견되기 때문이다. 그런데 이러한 이미지의 쏟아짐은 전혀 신비로운 것이 아니다. 꿈의 이미지들이 무엇보다도 시각적이라는데 주목하라. 꿈꾸는 자가 들었다고 생각하는 대화는 대개 잠에서 깼을 때 재구성되고 보충되고 부연된다. 심지어 아마도 몇몇 경우에는, 단지 대화에 대한 **생각**, 즉 대화의 전반적인 의미가 이미지에 동반된 것에 불과했을 것이다. 그런데 시각적 이미지는 아무리 막대한 수라 해도 단번에 파노라마로 주어질 수도 있다. 하물며 그 이미지들이 몇 순간의 연쇄 속에 들어있는 것은 더 쉬운 일이다. 따라서 깨어 있을 때는 며칠이 걸릴 일이 꿈속에서는 몇 초로 요약된다는 것은 놀라운 일이 아니다. 꿈은 축약하여 바라본다. 꿈은 결국 기억이 작동하는 대로 작동한다. 깨어 있을 때 우리가 시감각을 해석하는 데 사용하는 시각적 기억은 그 감각 위에 정확히 놓여야한다. 따라서 기억은 감각의 전개를 따르고 그것과 동일한 시간을 점유한다. 요컨대 재인된 외부 사건의 지각은 정확히 이 사건만큼 지속한다. 그러나 꿈속에서는 시감각을 해석하는 기억이 자신의 자유를 되찾는다. [꿈속에서] 시감각이 유동적이라는 사실은 기억이 거기에 접합되지 않아도 되도록 해준다. 따라서 해석하는 기억의 리듬은 더 이상 실재의 리듬을 채택할 필요가 없다. 그렇게 되면 이미지들은 원한다면 영화 필름의 풀림이 조절되지 않았을 때 그러할 것처럼 현기증 나는 속도로 쏟아질 수 있다.

풍부함과 마찬가지로 정신의 영역 속에서 쏟아짐은 힘의 표지가 아니다.

는 … 이 외부의 감각을 많은 사태들이 이어지는 꿈의 출발점으로 삼았던 것이다"(알프레드 모리, 『잠과 꿈』[*Le sommeil et les rêves*], 4판, p. 161).

힘의 표지가 되는 것은 조절이고 언제나 노력을 요하는 조정의 정확성이다. 해석하는 기억이 긴장하고 삶에 주의를 기울여 결국 꿈에서 떠난다면, 외부의 사건들은 기억의 행진을 구획지어 그 발걸음을 늦출 것이다——시계에서 시계추가 자유롭게 내버려둘 경우 거의 순간적으로 이루어질 용수철의 풀림을 부분들로 나누어 며칠에 걸쳐 분배하는 것처럼 말이다.

왜 꿈이 현실적 감각 위에 동등하게 놓일 수 있는 여러 기억 중에서 특정한 기억을 다른 것보다 선호하는지를 살펴보는 일이 남아 있다. 꿈의 변덕을 설명하는 것은 깨어 있을 때의 변덕을 설명하는 것만큼이나 어려운 일이다. [그러나] 적어도 가장 두드러지는 경향에 주목할 수는 있다. 일반적인 수면 속에서 우리의 몽상은 비교적 번개처럼 지나갔던 생각이나 주의를 고정시키지 않은 채로 지각했던 대상을 다시 나타나게 한다. 한밤중에 낮 동안 일어난 사건들의 꿈을 꾼다면, 다시 나타날 확률이 가장 높은 것은 중요한 사태가 아니라 중요하지 않은 사건이다. 나는 이 점에서 들라주Yves Delage, 로베르트Wilhelm Robert, 그리고 프로이트Sigmund Freud의 관점에 전적으로 동의한다.[10] 내가 길에 서서 전차를 기다리고 있다고 해보자. 내가 인도 위에 있기 때문에 전차는 나를 건드릴 수 없을 것이다. 만약 전차가 나를 스쳐 가는 순간에 가능적 위험에 대한 생각이 내 정신을 관통한다면——아니 그보다는 무섭다는 의식도 없이 내 몸이 본능적으로 뒷걸음친다면, 나는 그날 밤 전차가 나를 치는 꿈을 꿀 수도 있을 것이다. 어느 날 내가 절망적인 상태의 환자를 간호하고 있다고 해보자. 한순간 희망의 빛이 내 안에 밝혀지고——거의 알아차리지 못한 희미한 빛——, 그날 밤 내

108

---

10) 여기서 프로이트 학파가 엄청나게 많은 수의 연구들을 통해 몰두한 이런 억압된 경향들에 대해 말해야 할 것이다. 이 강연이 행해졌던 시기에는 꿈에 대한 프로이트의 저작이 출판되어 있었으나, '정신분석'이 실제로 전개되는 것은 한참 후의 일이었다.

꿈속에서는 회복된 환자가 등장할 수도 있을 것이다. 어쨌건 나는 죽음이나 질병을 꿈꾸기보다는 회복을 꿈꿀 것이다. 요컨대 [꿈속에서] 되도록 먼저 떠오르는 것은 가장 덜 주목되었던 것이다, 이 점은 전혀 놀랍지 않다. 꿈꾸는 자아는 산만한 자아, 이완된 자아이다. 그와 가장 잘 조화를 이루는 기억은 노력의 표지를 갖지 않는 산만한 기억이다.

꿈이라는 주제에 대해 여러분에게 제시하고자 했던 관찰은 이상과 같다. 물론 이것들은 불완전하다. 또한 이것들은 우리가 오늘날 알고 있는 꿈, 즉 [깨어난 후에도] 기억에 남아 있고 다소 가벼운 잠에서 나타났던 꿈에만 관련된다. 깊이 잠들 때에는 아마도 다른 본성을 갖는 몽상이 있을 것이지만, 그것은 깨어난 뒤에는 거의 남아 있지 않다. 나는 그때 우리가 과거에 대해 훨씬 더 넓고 더 상세한 시각을 갖는다고 믿고 싶다——하지만 이는 무엇보다도 이론적인, 따라서 가설적인 근거에 기인한 것이다. 단지 무의식적 기억의 구조와 기능을 연구할 뿐만 아니라 '정신 연구'에 관련된 더 신비로운 현상들을 탐색하기 위해서라도, 심리학은 이 깊은 잠을 연구하는 데 노력을 기울여야 할 것이다. 나는 이 영역으로 모험을 떠나지는 않을 것이다. 그러나 정신 연구 학회가 아주 헌신적으로 수집한 관찰 내용에 중요성을 부여하지 않을 수 없다. 무의식을 탐험하는 것, 정신의 지하에서 특별히 적합한 방법을 가지고 작업하는 것, 이러한 것들이 앞으로 열릴 세기에 심리학의 주요 과업일 것이다, 나는 찬란한 발견들, 아마도 지난 세기의 물리·자연 과학의 발견들이 그러했던 것만큼이나 중요한 발견들이 거기서 심리학을 기다리고 있음을 믿어 의심치 않는다. 적어도 나는 심리학을 위해 이렇게 기원한다. [이 강연을] 마무리하며 심리학에 이러한 염원을 보낸다.

5장 _ 현재의 기억과 잘못된 재인[1]

우리가 몇몇 이론적 고찰을 제시하려 하는 환상[illusion][2]은 널리 알려져 있다. 어떤 광경을 목격하거나 대담에 참여하고 있을 때 다음과 같은 확신이 느닷없이 솟아오르는 일이 있다. 지금 보고 있는 것을 이미 본 적이 있다거나, 지금 듣고 있는 것을 이미 들은 적이 있으며, 지금 말하고 있는 문장들을 이미 발화한 적이 있다는 확신, ─그때, 같은 장소에서, 같은 기분으로, 같은 것들을 느끼고, 지각하고, 사유하고, 의지하고 있었다는─ 결국 우리가 삶의 몇몇 지나간 순간을 가장 세세한 것까지 다시 살고 있다는 확신 말이다. 때로 환상은 너무나 완벽해서, 이 환상이 지속되는 동안에는 매 순간 앞으로 일어날 일들을 예측할 준비가 되어 있다는 생각을 갖게 된다. 일어날 일을 알고 있게 될 것임이 느껴지는데, 어떻게 이미 알지 않

---

1) 이 연구는 『철학 평론』(*Revue Philosophique*) 1908년 12월호에 실렸다.
2) [옮긴이] 베르그손이 여기서 다루려는 주제는 당대에 '잘못된 재인'(fausse reconnaissance), 혹은 '기억착오'(paramnesié)라고 불리던 현상으로, 오늘날 우리에게 이 현상은 '데자뷔'(déjà-vu)라는 이름으로 잘 알려져 있다. 19세기 말에서 20세기 초에 이르는 심리학의 태동기에 데자뷔 현상은 지각과 기억의 문제와 관련하여 당대의 많은 심리학자들과 철학자들의 관심을 끌었던 문제이다.

을 수 있겠는가? 그때 외부 세계를 마치 꿈속에서와 같이 독특한 모습으로 파악하는 일이 드물지 않게 일어난다. 우리는 스스로에 대해 낯설어져, 분열된 채로 자신의 말과 행동을 거의 순전한 관객처럼 목격하게 된다. 더 밀고 나가면 '익명화'$^{\text{dépersonnalisation}3)}$라고도 할 수 있을 법한 이 마지막 환상은 잘못된 재인과 불가분적으로 연결되어 있는 것은 아니다. 그럼에도 그것들은 서로 관련이 있다. 더욱이 이 모든 증상들은 뚜렷함의 정도 차를 갖고 나타난다. 환상은 때때로 완벽한 형태로 그려지는 대신 미완성의 상태로 나타나기도 한다. 그러나 개략적 소묘이건 완성된 그림이건 간에, 그것은 언제나 고유한 특색을 드러낸다.

잘못된 재인의 독특한 특성들

잘못된 재인에 대해 행해진 관찰은 많다. 이 관찰들은 아주 인상적인 방식으로 서로 유사성을 띠고 있다. 이것들은 종종 동일한 용어로 진술된다. 우리는 자기 자신을 연구하는 데 능숙한 한 문인이 우리를 위해 기꺼이 작성해 주었던 자기관찰 내용을 가지고 있다. 그는 잘못된 재인이라는 환상에 대한 이야기를 전혀 들어 본 바가 없으며, 자신이 이런 환상을 겪은 유일한 인물이라고 믿었다. 그의 서술은 10여 개의 문장으로 이루어져 있다. [그런데] 이미 출판되어 있는 관찰내용에서 이 문장들을 모두 거의 그대로 찾아볼 수 있다. 처음에 우리는 이 문인의 보고에서 새로운 표현을 적어도 하나 찾아냈다는 사실에 기뻐했다. 이 문인은 이 현상에 '불가피성'

---

3) 이 단어는 뒤가(Ludovic Dugas)에 의해 만들어졌다(「익명화의 사례」[Un cas de dépersonnalisation], 『철학 평론』, vol.XLV, 1898, pp.500~507).

이라는 감각이 만연하고 있다고 말한다. 마치 세상의 어떤 힘도 도래할 말과 행동을 막을 수 없었던 것처럼 말이다. 하지만 베르나르-르루아[Eugène Bernard-Leroy]가 수집한 관찰내용을 다시 읽으며, 우리는 그것들 중 하나에서 동일한 단어를 발견했다. "나는 내 행동을 목격하고 있었다. 그 행동은 불가피한 것이었다."[4] 사실, 이렇게나 뚜렷하게 표준적인[stéréotypée] 환상이 존재하기는 하는지 자문해 볼 수 있을 것이다.

잘못된 재인과 다소간의 공통 특질을 가지고 있지만 일반적인 양상에 있어서는 다른 몇몇 환상을 잘못된 재인에 포함시키지 않을 것이다. 1896년 아르노[François-Léon Arnaud]는 3년 동안 연구해 온 주목할 만한 사례를 기술하였다. 이 3년 동안 연구대상자는 그의 삶 전체를 새롭게 다시 산다고 상상하면서 잘못된 재인이라는 환상을 연속적으로 경험했다, 혹은 **경험했다고 믿었다**.[5] 게다가 이는 유일한 사례가 아니다. 우리가 보기에 이 사례는 이미 오래 전에 제시된 픽[Ludwig Pick]의 사례[6]나, 크레펠린[Emil Kraepelin]의 관찰[7], 혹은 포렐[Auguste Forel]의 사례[8]에 가까이 위치시켜야 한다. 이런 관찰들에 대한 독해가 즉각적으로 시사하는 바는 잘못된 재인과는 상당히 다른 사태이다. 여기서는 더 이상 갑작스럽고 짧은 인상이 그 낯섦을 통해 우리를 놀라게 하지 않는다. 이와는 반대로 이 현상을 겪은 사람은 자신

112

---

4) 외젠 베르나르-르루아(Eugène Bernard-Leroy), 『잘못된 재인의 환상』(*L'illusion de fausse reconnaissance*), Paris, 1898, p.176.

5) 프랑수아-레옹 아르노(François-Léon Arnaud), 「'데자뷔' 환상의 사례」(Un cas d'illusion de 'déjà vu'), 『심리-의학 연보』(*Annales médico-psychologiques*), 8e série, vol. III, 1896, pp.455~470.

6) 『정신의학 문집』(*Arch. f. Psychiatrie*), vol. VI, 1876, pp.568~574.

7) 『정신의학 문집』, vol. XVIII, 1887, p.428.

8) 아우구스테 포렐(Auguste Forel), 『기억과 기억이상』(*Das Gedächtnis und seine Abnormitäten*), Zürich, 1885, pp.44~45.

이 정상적인 것을 경험하고 있다고 생각했다. 그는 때때로 그 인상을 필요로 했고, 그리울 때는 그것을 찾으려 했으며, 더욱이 그 인상이 실제로 그런 것보다 더 연속적이라고 믿었다. 그런데 이 현상을 자세히 살펴보면 훨씬 더 심층적인 차이들을 발견할 수 있다. 잘못된 재인에서 환상을 일으키는illusoire 기억들은 결코 과거의 어느 한 지점에 국재화되지 않는다. 그것은 비규정적 과거, 과거 일반에 거주한다. 반대로 여기서 이 현상을 겪는 사람들은 종종 그들이 겪었다고 주장하는 이전의 경험을 특정한 날짜에 결부시킨다. 그들은 전적으로 기억 환각hallucination에 시달리는 것이다. 더욱이 이들이 모두 정신질환을 앓고 있었음에 주목하자. 픽이 연구한 사람과, 포렐과 아르노가 연구한 사람들은 피해망상을 가지고 있었다. 크레펠린이 연구한 사람은 시각과 청각의 환각에 사로잡힌 편집증자였다. 아마도 그들의 정신적 장애는 코리에트Isador H. Coriat가 **반복적 기억착오**[9]라는 이름으로 기술했고 픽 자신도 보다 최근의 작업에서 "새로운 형태의 기억착오"[10]라고 불렀던 것과 연결시켜야 할 것이다. 이 후자의 증상을 겪는 사람은 자신의 실제 삶을 이미 여러 번 경험했다고 믿는다. 아르노의 환자는 정확히 이러한 환상을 갖고 있었다.

정신쇠약[11]에 대한 피에르 자네Pierre Janet의 연구는 더 섬세한 물음을 제기한다. 대다수의 저자들과는 반대로, 자네는 잘못된 재인을 명백히 병리적인 상태로 여긴다. 이 상태가 상대적으로 드물고 어쨌건 모호하고 불

---

9) 『신경정신병 저널』(*Journal of nervous and mental diseases*), 1904, vol. XXXI, pp.577~587 et 639~659.

10) 『정신의학과 신경과학 연감』(*Jahrb. f. Psychiatrie n. Neurologie*), vol. XV, 1901, pp.1~35.

11) [옮긴이] 정신쇠약(psychasthénie)은 피에르 자네가 만들어 낸 개념이다. 신경쇠약 (neurasthénie)이라는 말이 생리학적인 어감을 함축하는 반면, 자네는 몇몇 강박적 신경증자가 겪는 질병의 심리학적인 특성을 강조하기 위해 이러한 개념을 고안하였다.

분명했기 때문에 사람들은 너무 빨리 이 상태를 특수한 기억의 환상으로 여겼던 것이다.[12] 사실 이것은 더 일반적인 장애일 것이다. 환자는 '실재의 기능'이 약화되었기에 현실적인 것을 완벽히 이해하지 못하게 되는 것인지도 모른다. 그는 그것이 현재인지 과거인지 아니면 미래인지를 정확히 이야기할 수 없게 된다. 그에게 제기된 질문이 과거의 관념을 암시한다면, 그는 과거라고 생각할 것이다. 피에르 자네가 심층적으로 연구한 정신쇠약으로부터 일군의 이상상태anomalie가 생겨날 수 있다는 사실에는 아무도 반대하지 않을 것이다. 잘못된 재인도 이러한 이상상태 가운데 하나인 것이다. 우리는 잘못된 재인 일반이 정신쇠약적 특성을 지니고 있다는 점에도 반대하지 않을 것이다. 그러나 잘못된 재인의 현상이 정확하고 완전하여 명백히 지각과 기억으로 분석가능할 때에도, 더욱이 잘못된 재인이 다른 어떤 이상상태도 보이지 않는 사람들에게서 생겨났을 때에도, 이 현상이 일군의 정신쇠약 증상을 가지고 있는 사람들의 정신 속에서 모호한 형태로, 즉 단순한 경향이나 잠재성의 상태로 나타나는 현상과 동일한 내적 구조를 갖는지는 전혀 증명되지 않는다. 실제로 엄밀한 의미에서의 잘못된 재인 ──언제나 일시적이고 가벼운 장애──이란, 정신적 삶의 총체 속으로 확장되고 용해되는 경우에는 정신쇠약이 될 수도 있었을 특정한 결핍을 특정 지점에 국재화시키는 동시에 몇몇 순간에 한정시키고, 이렇게 해서 그 결핍을 온건한 형태로 감소시키기 위해 자연이 고안해 낸 수단이라고 가정해 보자. 그렇다면 이러한 한 점으로의 집중이 그로부터 귀결되는 영혼 상태에 정신쇠약자들 일반에게는 부재하는 정확성, 복잡성, 그리고

114

---

12) 피에르 자네(Pierre Janet), 『강박증과 정신쇠약』(*Les obsessions et la psychasthénie*), 1903, vol. I, p. 287 이하. 「데자뷔에 대하여」(À propos du déjà vu), 『심리학 저널』(*Journal de Psychologie*), vol. II, 1905, pp. 139~166을 참조하라.

무엇보다도 개체성을 부여하리라는 기대를 가져야 할 것이다. 이 정확성, 복잡성, 개체성은 정신쇠약자들이 겪는 근본적 결핍을 모호한 잘못된 재인이나 다른 많은 이상 현상들로 전환시킬 수 있을 것이다. 따라서 이 경우 환상은 판명한 하나의 심리적 실체를 이루는 반면, 정신쇠약자들의 경우에는 그렇지 않을 것이다. 정신쇠약자들의 사례를 통해 이 환상에 대해 논의된 내용은 무엇도 거부할 필요가 없을 것이다. 그러나 그 경우에도 현재 지각과 더불어 이 지각과 동일한 과거 지각에 대한 매우 분명한 단언이 존재하는 ─ 우리의 생각으로는 아주 많은 수의 ─ 경우에 더 특별하게 '데자뷔'라는 감정이 만들어지는 이유는 무엇이고, 또 그 방식은 어떤 것인지를 자문하는 일이 남아 있을 것이다. 옌센Julius Jensen, 크레펠린, 보나텔리Francesco Bonatelli, 잔더Wilhelm Sander, 안옐Anjel 등, 잘못된 재인을 연구했던 사람들 중 대다수가 스스로 그 현상을 경험하는 환자이기도 했다는 점을 잊지 말자. 그들은 관찰 결과를 수집하기만 하지 않았다. 그들은 전문 심리학자로서 자신이 경험한 바에 주목했다. 그런데 이 모든 저자들은 입을 모아 이 현상을 과거의 명확한 되풀이로, 즉 ─ 실재가 단지 붕 뜬 것으로 시간으로부터 떨어져 나가 원하는 대로 지각이거나 기억으로 나타나는 상태처럼 단일한 측면을 갖는 현상이 아니고 ─ 한편으로는 지각이고, 다른 한편으로는 기억인 **이중적** 현상으로 기술한다. 이처럼 자네가 정신쇠약자들에 대해서 알려 준 바를 전혀 희생시키지 않고서도, 우리는 여전히 엄밀한 의미에서의 잘못된 재인 현상에 대한 특별한 설명을 찾아보아야 할 것이다.[13)]

---

13) 상당수의 저자들이 잘못된 재인을 매우 널리 퍼진 환상으로 생각한다는 것에 주목해야 한다. 위건은 모든 사람이 그 환상에 종속되어 있다고 생각했다. 크레펠린은 그것이 정상적 현상이라고 말한다. 옌센은 자기 자신에 주의를 기울여 본다면 그 환상을 알지 못하는 사람은 거의

이론적 설명들 : 표상의 문제, 감정의 문제, 의지의 문제

이러한 설명을 어디서 찾아야 할까?

우선 잘못된 재인이 실제로 현재 지각과 내용에 있어서, 혹은 적어도 정감적인 색조에 있어서 유사한 어떤 이전의 지각을 현재 지각과 동일시함으로써 나타난다는 주장이 있을 수 있다. 어떤 저자들(잔더[14], 회프딩[15], 르 로랭[16], 부르동[17], 벨뤼구[18])은 이러한 이전의 지각이 깨어 있을 때의 지각이라고 이야기하고, 다른 저자들(제임스 쉴리[19], 라피[20] 등)은 그것을 꿈의 탓으로 돌리며, 그라세[21]는 깨어 있을 때건 꿈꾸고 있을 때건 간에 그것이 언제나 **무의식**에 속한다고 말한다. 실제로 본 사물의 기억이건 아니면 상상된 사물의 기억이건 간에, 어쨌든 실제의 기억을 혼동된, 혹은 불완전한 방식으로 환기하는 것이다.[22]

아무도 없다고 주장한다.

14) 『정신의학 문집』, vol.IV, 1874, pp.244~253.

15) 하랄드 회프딩(Harald Höffding), 『심리학』(Psychologie), pp.166~167.

16) 자크 르 로랭(Jacques Le Lorrain), 「기억착오에 대하여」(À propos de la paramnésie), 『철학 평론』, vol.XXXVII, 1894, pp.208~210.

17) 뱅자맹 부르동(Benjamin Bourdon), 「새로운 현상들의 재인에 관하여」(Sur la reconnaissance des phénomènes nouveaux), 『철학 평론』, vol.XXXVI, 1893, pp.629~631. 하지만 이것은 부르동의 논문의 일부분에 불과하다.

18) 뤼시 벨뤼구(Lucie Bélugou), 「기억착오의 한 사례에 대하여」(Sur un cas de paramnésie) 『철학 평론』, vol.LXIV, 1907, pp.282~284. 하지만 벨뤼구는 두 종류의 기억 착오를 구분한다.

19) 제임스 쉴리(James Sully), 『감관과 정신의 환상들』(Les illusions des sens et de l'esprit), p.198.

20) 폴 라피(Paul Lapie), 「기억착오에 대한 주석」(Note sur la paramnésie), 『철학 평론』, vol.XXXVII, 1894, pp.351~352.

21) 조제프 그라세(Joseph Grasset), 「'데자뷔'의 감각」(La sensation du 'déjà vu'), 『심리학 저널』, janvier 1904, pp.17~27.

22) 정감적 색조의 유사성이라는 생각이 더 구체적으로 드러난 연구로는 에밀 부아락(Émile Boirac), 『철학 평론』(Rev. philos.), 1876, vol.I, p.431을 보라.

이 설명은 그것을 제안한 저자들 중 대다수가 설정해 둔 한계 속에서라면 받아들일 만한 것이다.[23] 실제로 이 설명이 적용되는 현상은 몇몇 측면에서 잘못된 재인과 닮아 있다. 새로운 광경을 보고 그 광경을 이미 목격했던 것은 아닌지 자문하게 되는 경험을 할 때가 있다. 우리는 반성을 통해 이전에 현재 경험과 몇 가지 공통 특성을 가지고 있는 유사한 지각을 한 적이 있음을 발견하게 된다. 그러나 우리가 다루고 있는 현상[잘못된 재인]은 이와는 상당히 다른 현상이다. 잘못된 재인에서는 두 경험이 엄밀하게 동일한 것으로 나타나고, 우리는 어떤 반성을 통해서도 이 동일성을 모호한 유사성으로 환원할 수 없으리라고 느낀다. 우리는 단지 '이미 본 것'déja vu을 마주하고 있는 것이 아니기 때문이다. 우리가 경험하는 것은 그 이상이다. 그것은 '이미 체험된 것'déja vécu에 속한다. 우리가 마주하고 있다고 생각하는 현상은 과거의 하나 혹은 여러 순간이 그 모든 표상적·정감적·활동적 내용과 함께 총괄적으로 되풀이되는 현상이다. 이 첫번째 차이를 강조했던 크레펠린은 또 하나의 차이에 주목한다.[24] 잘못된 재인이라는 환상은 그 현상을 경험하는 사람에게 순간적으로 엄습하고 마찬가지로 순간적으로 사라지면서, 그 뒤에 꿈의 인상을 남긴다. 현재적 경험과 그와 유사한 이전 경험 사이에 다소간 완만하게 수립되고 다소간 해소하기 쉬운 혼동에는 이와 같은 것이 전혀 없다. 이 혼동은 다른 오류들과 유사한 하나의 오류로, 순수 지성의 영역에 국한된 현상이라는 점을 덧

---

23) 이런 종류의 설명을 염두에 두었던 리보(Théodule-Armand Ribot)와 윌리엄 제임스는 그들이 제안한 설명이 단지 몇몇 경우들에만 한정된다는 것을 신경 써서 덧붙였다(리보, 『기억의 질병들』[Les maladies de la mémoire], 1881, p.150 ; 윌리엄 제임스, 『심리학의 원리들』[Principles of psychology], 1890, vol. I, p.675, 주석).

24) 『정신의학 문집』, vol. XVIII, 1887, pp.409~436.

붙이도록 하자(그리고 아마 이 점이 핵심일 것이다). 반대로 잘못된 재인은 전인격을 동요시킬 수 있다. 그것은 지성만큼이나 감성과 의지와도 관련된다. 그것을 경험하는 사람은 종종 특징적인 감정에 휩싸인다. 그는 마치 '자동화된' 것처럼 자기 자신에 대해 다소간 낯설어지게 된다. 여기서 우리가 접하는 환상은 다양한 요소들을 포함하면서도, 그것들을 하나의 단순한 결과, 즉 진정한 심리적 개체성으로 조직하는 환상이다.[25]

그 핵심은 어디서 찾아야 할까? 핵심은 표상에 있을까, 감정^{émotion}에 있을까, 아니면 의지 상태에 있을까?

1. 표상의 교란

[응답의] 첫번째 경향을 이루는 이론들은, 지각하는 도중에, 혹은 지각보다 약간 이전에 생겨나서 곧바로 과거 속으로 보내진 이미지를 통해 잘못된 재인을 설명하는 이론들이다. 처음에 사람들은 이 이미지를 해명하기 위해서, 뇌가 이중적으로 이루어져 동시적인 두 지각을 만들어 낸다고 가정했다. 몇몇 경우에 이 지각들 중 하나가 다른 하나에 뒤처져서 더 약한 강도로 기억의 효과를 야기할 수 있을 것이다(위건[26], 옌센[27]). 푸예[28]도 "뇌 중추에서의 공조^{synergie}와 동시성의 결핍"에 대해 말한 바 있다. 이로부터 '복시'^{複視, diplopie}, 즉 "병리적인 메아리와 내적 반복현상"이 발생할

---

25) 본래의 경험이 무의식을 통해 저장된다는 그라세의 가설은 뒤의 두 반박을 피해 가지만, 첫번째 반박을 피하지는 못한다.
26) A.-L. 위건(A.-L. Wigan), 『광기에 대한 새로운 관점 : 마음의 이중성』(*A new view of insanity : the duality of the mind*), London, 1884, p.85.
27) 『일반정신의학회지』(*Allg. Zeitschr. f.. Psychiatrie*), vol.XXV, 1868, pp.48~63.
28) 알프레드 푸예(Alfred Fouillée), 「기억능력과 기억의 재인」(La mémoire et la reconnaissance des souvenirs), 『두 세계 평론』(*Revue des Deux Mondes*), 1885, vol.LXX, p.154.

것이다——[그러나] 오늘날 심리학은 이런 해부학적 도식들로부터 벗어
나고자 한다. 게다가 뇌의 이중성이라는 가설은 완전히 폐기되었다. 그러
면 이 두번째 이미지가 지각 자체에 속하는 어떤 것이라는 가설만이 남는
다. 실제로 안엘의 관점에 따르면 모든 지각 속에서 두 가지 국면을 구분
해야 한다. 한편으로는 의식 위에 만들어진 날것의 인상이, 다른 한편으로
는 정신이 이 인상을 포착하는 행위가 있다. 일반적으로 이 두 과정은 서
로 겹쳐져 있다. 그러나 만일 후자가 지연된다면, 이중적 이미지가 뒤따
라 나타나 잘못된 재인을 발생시킨다.[29] 피에롱도 유사한 생각을 발표했
다.[30] 랄랑드[31]가 주장하고 아르노[32]가 뒤따른 바에 의하면, 하나의 광경
은 순간적이고 거의 의식되지 않는 최초의 인상을 만들어 내고, 이에 뒤따
르는 몇 초 간의 주의전환distraction 후에야 정상적 지각이 수립된다. 만일 이
마지막 순간에 최초의 인상이 다시 돌아온다면, 그것은 시간 속에 국재화
할 수 없는 모호한 기억의 효과를 초래할 것이고 우리는 잘못된 재인을 경
험할 것이다. 마이어즈는 마찬가지로 기발한 설명을 제시하는데, 이 설명
은 의식적 자아와 '잠재의식적'subliminal 자아의 구분에 토대를 둔 것이다.
의식적 자아는 목격하는 장면으로부터 대략적인globale 인상만을 받아들인
다. 이 대략적인 인상의 세부적 내용은 외적 자극의 세부적 내용보다 언
제나 약간 뒤늦게 도달한다. 잠재의식적 자아는 이 세부적 내용이 전개될

---

29) 『정신의학 문집』, vol. VIII, 1878, pp. 57~64.

30) 앙리 피에롱(Henri Piéron), 「기억착오의 사례들에 대한 해석에 관하여」(Sur l'interprétation
des faits de paramnésie), 『철학 평론』, vol. LIV, 1902, pp. 160~163.

31) 앙드레 랄랑드(André Lalande), 「기억착오들」(Des paramnésies), 『철학 평론』, vol. XXXVI,
1893, pp. 485~497.

32) 아르노, 「'데자뷔' 혹은 '잘못된 기억'이라는 환상의 사례」(Un cas d'illusion du 'déjà vu' ou de
'fausse mémoire'), 『심리-의학 연보』, 8e série, vol. III, 1896, p. 455.

때마다 순간적으로 그 사진을 찍는다. 따라서 잠재의식적 자아는 의식보다 앞서 있다. 만일 잠재의식적 자아가 갑작스레 의식에 드러난다면, 그것은 의식이 지각하려 하는 바에 대한 기억을 가져다 줄 것이다.[33] 르메트르는 랄랑드와 마이어즈의 중간 입장을 채택했다.[34] 뒤가는 마이어즈에 앞서 인격의 분열이라는 가설을 제시한 바 있다.[35] 마지막으로, 오래 전에 리보Théodule-Armand Ribot는 지각에서 유래하지만 지각보다 훨씬 강렬한 일종의 환각hallucination을 가정함으로써 두 이미지가 존재한다는 주장에 아주 큰 힘을 실어 주었다. 이 환각은 지각을 기억의 흐릿한 성격을 가진 후경second plan으로 보내 버릴 것이다.[36]

여기서 이 이론들 각각에 마땅한 심층적 검토를 수행할 수는 없다. 단지 우리가 이 이론들의 원리를 받아들인다고만 말하도록 하자. 우리는 잘못된 재인이 의식 속에 실재적으로 존재하는 두 이미지를 포함하고 있다고 생각한다. 이 두 이미지 가운데 한 이미지가 다른 하나의 이미지를 재생할 것이다. 우리가 보기에 중대한 난점은 왜 두 이미지 중 하나가 과거 속으로 던져지는지, 그리고 왜 환상이 연속적인지를 동시에 설명하는 데 있다. 과거 속으로 던져진 이미지를 현재 속에 국재화된 이미지에 선행하는 것으로 제시한다면, 과거 속으로 던져진 이미지에서 강도가 덜한, 즉 주의가 덜한, 즉 덜 의식적인 최초의 지각을 발견하려 한다면, 그것은 적

---

33) 프레드릭 윌리엄 헨리 마이어즈(Frederic William Henry Myers), 「잠재의식적 자아」(The subliminal self), 『정신연구학회보』(*Proc. of the Society for psychical research*), vol. XI, 1895, p.343.
34) 르메트르(Auguste Lemaître), 「기억착오의 현상들」(Des phénomènes de paramnésie), 『심리학 문집』(*Archives de psychologie*), vol. III, 1903, pp.101~110.
35) 뒤가, 「잘못된 기억에 대하여」(Sur la fausse mémoire), 『철학 평론』, vol. XXXVII, 1894, pp. 34~35.
36) 리보, 『기억의 질병들』, p. 152.

어도 이 이미지가 왜 기억의 형태를 띠는지를 해명하려 하는 것이다. 그러나 그때 그것은 단지 특정한 한 순간의 지각에 대한 기억일 것이다. 환상은 지각 전체에 걸쳐 연장되지도, 되풀이되지도 않을 것이다. 반대로 두이미지가 함께 형성되는 것이라면, 환상의 연속성을 이해하기는 쉽다. 그러나 왜 둘 중 하나가 과거로 보내지는가에 대한 설명은 훨씬 더 강력하게 요구된다. 게다가 이 가설들 가운데 어떤 가설이, 심지어 첫번째 종류의 가설조차 실제로 [과거 속으로의] 던짐rejet을 설명하기는 하는 것인지, 그리고 지각의 약화 혹은 지각에 대한 잠재의식이 그 지각에 기억의 면모를 부여하기에 충분한 것인지 자문할 수 있을 것이다. 어떻든 간에, 잘못된 재인의 이론은 여기서 공식화된 두 가지 요구에 동시에 응답해야 한다. 그리고 우리가 보기에 이 두 요구가 화해 가능한 것으로 나타나기 위해서는 순수하게 심리학적인 관점에서 정상적 기억의 본성을 심층적으로 탐구해야 할 것이다.

2. 감정의 교란

이미지의 이중성을 부인하고 '데자뷔'의 '지성적 감정'을 원용하여, 이 감정이 이따금 우리의 현재 지각에 덧붙여져 과거의 되풀이를 믿도록 만든다고 한다면 난점을 피할 수 있을까? 이것이 바로 E. 베르나르-르루아의 유명한 저작에서 발표된 생각이다.[37] 우리는 현재의 재인이 대개의 경우

---

37) 베르나르-르루아, 『잘못된 재인의 환상』. 많은 수의 미공개 관찰내용들을 포함하고 있는 이 책을 읽는 것은 잘못된 재인에 대한 정확한 관념을 갖고자 하는 사람이라면 누구에게나 필수적인 일이다. J. 토볼로프스카(J. Tobolowska)는 그녀의 『꿈의 시간의 환상들에 대한 연구』("Étude sur les illusions du temps des rêves", 의학박사학위논문, Paris, 1900)에서 베르나르-르루아의 결론을 받아들인다.

과거를 전혀 환기하지 않고도 이루어질 수 있다는 그의 의견에 완전히 동의한다. 우리도 마찬가지로 일상적 경험의 대상들이 일으키는 '친근함'이란 대상들이 불러일으키는 반응의 자동기제에 기인하는 것이지, 지각-이미지에 덧붙여지는 이미지-기억의 현전에 기인한 것이 아님을 보인 바 있다.[38] 그러나 잘못된 재인에 개입되는 감정은 분명히 이 '친근함'이라는 감정이 아니다. 게다가 베르나르-르루아 자신도 양자를 구분하는 세심함을 보인 바 있다.[39] 그러면 베르나르-르루아가 말하는 감정은 길가에서 마주친 사람을 틀림없이 이미 만난 적이 있다고 생각하는 경우에 겪는 감정이라는 가설이 남게 될 것이다. 그러나 먼저 이 후자의 감정은 마주친 사람의 기억이건 아니면 그와 닮은 다른 사람의 기억이건 간에 확실히 실제 기억에 불가분적으로 결부되어 있다. 아마도 그 감정은 이 기억에 대한 모호하고 거의 사라진 의식에 이 기억을 되살리려는 무익한 시동적 노력을 더한 것에 불과할 것이다. 다음으로, 그러한 경우에 사람들이 "나는 어디선가 이 사람을 본적이 있다"라고 말한다는 점에 주목해야 한다. 사람들은 "나는 여기서, 동일한 환경에서, 현재 상황과 구분 불가능한 내 생의 어떤 순간에 이 사람을 봤다"라고 말하지 않는다. 따라서 잘못된 재인이 어떤 감정에 그 기원을 두고 있다고 가정한다면, 이 감정은 그 유에 있어서 유일한 것이지, [단지] 목적지를 잃고 의식을 방황하는 일상적인 재인의 감정일 수는 없다. 그것은 특별한 것이기에 특별한 원인에 기인해야 한다. 이 원인을 규정하는 것은 중요한 일이다.

---

38) 『물질과 기억』, p.93/152쪽 이하.
39) 베르나르-르루아, 『잘못된 재인의 환상』, p.24.

3. 의지의 교란

마지막으로 이 현상의 기원을 감정이나 표상의 영역보다는 행동의 영역에서 찾을 여지가 남아 있을지도 모른다. 이것이 바로 잘못된 재인에 대한 가장 최근의 이론들이 보이는 경향이다. 이미 수년 전에 우리는 심리적 삶에서 다양한 수준의 **긴장** 혹은 **기조**^{ton}들을 구분하는 것이 필요하다는 점을 지적했다. 우리는 의식이 행동을 향해 긴장될수록 잘 균형잡히고, 일종의 꿈 속에서 이완될수록 비틀댄다고 말했다. 이 두 극단의 평면들, 행동의 평면과 꿈의 평면 사이에 '삶에 대한 주의'와 실재에의 적응이 감소해 가는 정도에 상응하는 모든 매개적 평면들이 존재한다.[40] 우리가 이 주제에 대해 표명했던 생각은 다소 유보적으로 수용되었다. 어떤 사람들은 그것이 역설적이라고 평가하기도 했다. 우리의 생각은 일반적으로 받아들여지던 이론들, 즉 정신적 삶에 대한 원자론적 설명과 충돌했기 때문이다. 그러나 특히 피에르 자네가 우리와는 다른 길을 통해 우리의 결론과 완전히 양립 가능한 결론에 다다른 이래로, 심리학은 점점 더 우리의 입장에 가까워지고 있다. 따라서 잘못된 재인의 기원은 정신적 기조의 감소에서 찾아져야 할 것이다. 피에르 자네가 보기에 이 [정신적 기조의] 감소는 정상적 지각에 동반되는 종합의 노력을 감소시킴으로써 직접적으로 잘못된 재인 현상을 일으킬 것이다. 그때 지각은 모호한 기억 혹은 꿈과 같은 외양을 취할 것이다.[41] 더 정확히 말하면, 이 경우 존재하는 것은 단지 피에르 자네가 아주 독창적인 방식으로 연구했던 '결핍감들'^{sentiments} $_{d'incomplétude}$ 가운데 하나에 불과한 것일지도 모른다. 이 현상을 겪는 사람

---

40) 『물질과 기억』, 특히 pp. 184~195/279~294쪽.
41) 피에르 자네, 『강박증과 정신쇠약』, vol. I, p. 287 이하. 「데자뷔에 대하여」, 『심리학 저널』, vol. II, pp. 289~307을 참고할 것.

은 실재적인 결핍, 따라서 그의 지각 속의 현실적 결핍에 당혹하여, 그가 현재와 관계하는지 과거와 관계하는지 아니면 심지어 미래와 관계하는지를 알지 못하게 되는 것이다. 레옹-켕베르는 종합 노력의 감소라는 이러한 생각을 계승해 발전시켰다.[42] 다른 한편, 하이만스G. Heymans는 어떻게 '심적 에너지의 감소'가 일상적 주변환경의 외양을 변화시키고, 거기서 일어나는 사건들을 '데자뷔'의 외양으로 물들일 수 있는지를 보여 주려 했다. 그는 다음과 같이 말한다. "우리의 일상적 주변환경이 규칙적으로 일깨우던 [관념들의] 연합을 이제는 단지 희미하게만 불러 일으킨다고 가정해 보자. [그 경우] 이전에 알았지만 오랫동안 잊고 있었던 장소나 대상, 멜로디를 몇 년 뒤에 다시 보고 듣는 경우에 나타나는 일들과 정확히 같은 일이 일어날 것이다. … 그런데 우리가 앞선 경우들에서 [관념] 연합의 미약한 추동력poussée을 현재의 대상과 동일한 대상에 관련된 이전 경험의 표지로 해석하는 법을 배웠기 때문에, 다른 경우들에서도, 즉 심적 에너지의 감소에 따라 일상적 환경이 드러내는 연합의 효력이 상당히 감소되는 경우에도, 흐릿한 과거의 바탕에서 끌어낸 개인적 사건과 상황이 일상적 환경 속에서 동일하게 반복된다는 인상을 갖게 되리라고 추측할 수 있다."[43]

마지막으로 드로마르와 알베스는 잘못된 재인에 관해 제시된 가장 통찰력 있는 분석들 가운데 하나를 자기-관찰의 형태로 포함하고 있는 아주 심층적인 작업에서[44] 이 현상을 '하부의 정신현상'과 '상부의 정신현상'

---

42) M. 레옹-켕베르(M. Léon-Kindberg), 「데자뷔의 감정과 잘못된 재인의 환상」(Le sentiment du déjà vu et l'illusion de fausse reconnaissance), 『정신의학 평론』(Revue de psychiatrie), 1903, pp.139~166.

43) 『심리학회지』(Zeitschr f. Psychologie), vol. XXXVI, 1904, pp. 321~343.

44) 가브리엘 드로마르(Gabriel Dromard)·알베스(Albès), 「잘못된 재인이라고 일컬어지는 환상에 대한 이론적 검토」(Essai théorique sur l'illusion dite de fausse reconnaissance), 『심리학 저

사이의 균열을 가져오는 '주의적 긴장'tonus attentionnnel의 감소를 통해 설명한다. 상부의 정신현상의 도움 없이 작동하는 하부의 정신현상은 현재적 대상을 자동적으로 지각할 것이다. 그러면 상부의 정신현상은 대상 자체를 바라보는 대신에 전자가 받아들인 이미지들을 고려하는 데 전념할 것이다.[45]

이전의 이론들과 마찬가지로, 우리는 이 이론들에서도 그 원리는 받아들인다. 잘못된 재인의 최초 원인은 심리적 삶이 내보이는 일반적 기조의 감소에서 찾아야 한다. 까다로운 점은, 여기서 삶에 대한 부주의가 보이는 아주 특별한 형태를 규정하고 또한 왜 그것이 현재를 과거의 반복으로 여기게 하는지를 설명하는 것이다. 지각이 요구하는 종합의 노력이 단지 이완되기만 한다면 실재는 꿈의 외양을 갖게 될 것이다. 그런데 이 꿈은 왜 이미 체험된 순간의 총괄적 반복이라는 형태로 나타나는 것일까? '상부의 정신현상'이 개입해 이러한 비주의적 지각에 자신의 주의를 중첩시킨다고 가정한다 해도, 기껏해야 주의깊게 고려된 기억이 생겨날 것이지, 기억으로 이중화된 지각이 생겨나지는 않을 것이다. 다른 한편, 하이만스가 가정하는 것과 같은 연합적 기억의 기능 저하는 단지 주변 환경에 대한 재인을 힘들게 할 뿐이다. 이렇게 친근한 것에 대한 재인이 힘겨워지는 것은, 모든 점에서 현재적 경험과 동일한 특정한 과거 경험을 기억하는 것과는 거리가 멀다. 요컨대 이 마지막 설명 체계를 첫번째 설명 체계와 결합하여, 잘못된 재인이 심리적 긴장의 감소와 더불어 이미지의 분열dédoublement에 동시에 기인한다는 점을 인정하고, 분열을 일으키는 감소가

널』, vol.II, 1904, pp.216~228.
45) '익명화' 역시 '생의 기조의 감소'를 통해 설명되었다. 이에 대해서는 뒤가, 「익명화의 사례」, 『철학 평론』, vol. XLV, 1898, pp.500~507를 보라.

어떤 것이어야 할지, 분열이 단순한 감소를 표현하는 것이라면 분열이란 무엇일지를 연구해야 할 것으로 보인다. 그러나 두 이론을 서로 인위적으로 접근시켜서는 안 된다. 우리가 생각하기로는, 기억의 작동 기작이 나타내는 두 방향을 심화시킨다면 접근은 저절로 이루어질 것이다.

설명 원리의 제안

그러나 우선 병적이거나 비정상적인 심리적 사실들에 대한 일반적 고찰
을 제시해 보려 한다. 이 사실들 중에는 명백히 정상적 삶의 빈곤화로부터 기인하는 것들이 있다. 지각마비^{anesthésies}, 기억상실^{amnésies}, 마비^{paralysies}, 결국 특정한 감각, 기억, 운동의 파괴로 특징지어지는 모든 상태들이 바로 이러한 것들이다. 이 상태들을 정의하기 위해서는 단순히 의식으로부터 무엇이 사라졌는지를 지적하면 될 것이다. 그것들은 부재로 이루어진다. 누구나 거기서 심리적 결핍을 발견할 것이다.

이와는 반대로, 정상적인 삶에 과도하게 덧붙는 식으로, 정상적인 삶을 쇠약하게 하기는커녕 오히려 더욱 비대하게 만드는 식으로 나타나는 비정상적 상태들이 있다. 정신착란, 환각, 강박관념은 양陽의 사태들이다. 이것들은 무언가의 부재^{absence}가 아니라 현전^{présence}으로 이루어진다. 이것들은 정신 속에 새로운 감각 방식과 사유 방식을 도입하는 것처럼 보인다. 이 상태들을 규정하려면 이것들이 무엇이 아닌지, 무엇을 제거하는지에 집중하기보다는, 이것들이 무엇인지, 무엇을 가져오는지의 측면에서 고찰해야 한다. 대부분의 정신이상 증상들이 이 두번째 범주에 속하는 것이기에, 많은 수의 심리적 이상상태^{anomalie}들과 특이성들에 대해서도 동일한 방식으로 말할 수 있을 것이다. 잘못된 재인도 그 중 하나이다. 우리가 조

5장 _ 현재의 기억과 잘못된 재인 **141**

금 후에 볼 것처럼, 이것은 참된 재인의 외양과는 다른 **특유한**^sui generis 외양을 드러낸다.

그럼에도 불구하고, 철학자는 다음과 같은 물음을 던질 수 있을 것이다. 정신의 영역 속에서 질환과 쇠퇴가 진정으로 무언가를 창조할 수 있는가? 여기서 비정상적 현상에 새로움이라는 외양을 부여하는 외관상 양의 성질들이, 그 본성을 파고 들어가 보면 [결국] 내적 공허, 정상적 현상의 결핍으로 환원되는 것은 아닐까? 사람들은 질환이 **감소**라고 말하는 데서 서로 의견을 같이한다. 물론 이것은 모호한 표현방식이다. 의식으로부터 아무것도 가시적으로 사라지지 않은 경우에는 어떤 점에서 의식이 감소되었다는 것인지 정확하게 나타낼 필요가 있을 것이다. 조금 전에 환기시켰던 것처럼, 우리는 이전에 이런 종류의 작업을 시도한 바 있다. 우리는 의식 상태들의 수에 영향을 미치는 감소 외에도, 그 상태들의 견고함이나 무게에 관련된 다른 감소가 있다고 말했다. 전자의 경우에 질환은 특정한 상태들을 완전히 제거하면서도 다른 상태들은 건드리지 않는다. 후자의 경우에는 어떤 심리상태도 사라지지 않지만, 모든 것이 상해를 입고, 모든 것이 그 무게추를, 즉 실재 속에 삽입되고 침투하는 역량을 잃어버린다.^46) 감소된 것은 '삶에 대한 주의'이고, 새로운 현상들이 나타나는 것은 단지 이러한 분리^détachement의 외적 양상일 뿐이다.

물론 [삶에 대한 주의라는] 관념이 이런 형태로도 세부적인 심리학적 설명에 쓰이기에는 여전히 너무 일반적이라는 것을 인정한다. [그러나] 적어도 이 관념은 설명을 찾기 위해 어떤 경로를 따라야 하는지를 알려 줄 것이다.

---

46) 『물질과 기억』 3장, 특히 pp. 192~193/290~291쪽을 보라.

실로 이 관념을 받아들인다면, 특별한 성질을 가진 것으로 나타나는 병적이거나 비정상적인 현상을 설명하기 위해 그것을 만들어 내는 능동적 원인을 찾을 필요는 없을 것이다. 겉보기와는 달리 이 현상에는 어떤 적극적인 측면도, 어떤 새로운 측면도 없기 때문이다. 이 현상은 평상시에 이미 만들어져 있었다. 그러나 **삶에 대한 주의**를 확보하기 위해 지속적으로 작동하는 억제의 기제들 중 하나가 이 현상이 원하는 순간에 나타나는 것을 방해하고 있었다. 우리가 생각하는 정상적인 심리적 삶은 어떤 기능들의 체계로, 이 기능들은 각기 자신의 구체적인 장치dispositif를 가지고 있다. 각각의 장치는 그 자체로 내버려 둘 경우 다른 장치들의 기능을 방해하고, 심지어 우리의 동적 균형, 지속적으로 갱신되는 실재에의 적응을 흐트러뜨릴 수 있는 일군의 무용하거나 해로운 효과를 야기할지도 모른다. 그러나 제거, 교정, 초점 맞추기의 작업이 끊임없이 계속된다. 정신적 건강santé morale은 정확히 이로부터 유래한다. 이 작업이 약화되는 곳에서는 여러 증상이 나타난다. 우리는 이 증상이 그 순간에 생겨났다고 생각하지만, 사실 그것은 언제나 거기에 있었다. 혹은 적어도 우리가 방임했더라면 그것은 거기에 있었을 것이다. 분명 병적 사실이 **특유한** 특성을 가진다는 점에 이론가가 충격을 받는 것은 자연스러운 일이다. 이 병적인 사실들은 복잡하지만 그 복잡함에 있어 특정한 질서를 보이기 때문에, 이론가의 일차적 작업은 병적인 사실을 그 요소들을 조직할 수 있는 작용인에 관련시키는 것이다. 그러나 정신의 영역에서 질환이 무언가를 만들어 낼 힘이 없다면, 질환은 정상적 상태에서 다른 운동기제들이 충만한 효과를 내는 것을 방해하는 특정한 운동기제들의 완화 혹은 정지로 이루어질 수밖에 없다. 따라서 심리학의 주요 작업은 여기서 특정한 현상이 환자에게 어떻게 생겨나는지를 설명하는 것이 아니라, 그것이 왜 건강한 사람들에게서 확인되지 않는지를 설명하는 것이다.

이미 우리는 꿈의 현상들을 이러한 관점에서 살펴본 바 있다.[47] 사람들이 일반적으로 꿈속에서 발견하는 것은 깨어 있을 때의 견고한 지각과 개념에 덧붙여지는 환영들, 깨어난 상태 너머에서 날아다니는 도깨비불들이다. [그들이 보기에] 꿈의 현상들은 특별한 종류의 사실들이며, 심리학은 꿈에 대한 연구를 별도의 장에 한정해야 할 것이고, 그렇게 한 후에는 그에 대해 언급하지 않아도 될지 모른다. 그리고 이렇게 생각하는 것은 자연스럽다. 깨어 있는 상태는 실천적으로 중요한 것인 반면, 꿈은 세상에서 가장 행동에 낯설고 가장 무용한 것이기 때문이다. 실천적 관점에서 꿈은 장식에 불과하기 때문에, 우리는 이론적인 관점에서 꿈을 우발적인 것accident으로 여기기에 이른다. 이러한 선입관에서 벗어나 보자. 그러면 반대로 꿈의 상태는 정상적 상태의 기체substratum로 나타날 것이다. 그것은 깨어 있는 상태에 덧붙여지는 것이 아니다. 오히려 깨어 있는 상태가 꿈의 삶에 해당하는 분산된diffuse 심리적 삶을 제한, 집중, 그리고 긴장시킴으로써 획득되는 것이다. 어떤 의미에서 꿈속에서 수행되는 지각과 기억은 깨어 있을 때의 지각과 기억보다 더 자연스럽다. 거기서 의식은 삶에 대한, 말하자면 수행할 행동에 대한 어떠한 고려도 없이, 지각하기 위해 지각하

---

47) [옮긴이] 이 책의 4장의 내용을 가리킨다. 꿈, 데자뷔 등의 주제에 있어 베르그손이 정상적 삶을 설명해야 할 대상으로 삼고 있다는 점에 주목하도록 하자. "심리학의 주요 작업은 여기서 특정한 현상이 환자에게 어떻게 생겨나는지를 설명하는 것이 아니라, 그것이 왜 건강한 사람들에게서 확인되지 않는지를 설명하는 것이다." 베르그손이 보기에 깨어 있음, 혹은 정상적 심리 상태는 어떠한 설명도 요구하지 않는 기본 상태가 아니라, 적극적인 작용과 설명을 필요로 하는 이차적인 상태이다. 꿈과 이상 상태는 오히려 정상 상태의 기저에 있는 정신적 운동이 정상적 의식의 균열을 통해 드러나는 것일 뿐이다. 동일한 관점에서, 『물질과 기억』은 설명을 요하는 것은 기억이 아니라 망각이라는 사실을 드러낸다. 깨어 있음, 정상적 심리 상태, 망각은 모두 행동을 위해 정신적 삶을 제한하는 '삶에 대한 주의'의 효과들이다.

고 기억하기 위해 기억하기를 즐긴다. 반면 깨어 있다는 것은 실천적 문제가 제기되는 지점에서 꿈이라는 흩어진 삶의 총체를 끊임없이 제거하고, 선택하고, 요약하는 것으로 이루어진다. 깨어 있다는 것은 의지한다는 것을 의미한다. 의지하기를 그치고 삶으로부터 떨어져서 무관심해지면, 그것만으로도 당신은 깨어 있을 때의 자아에서 꿈의 자아로 이행한다. 꿈의 자아는 깨어 있을 때의 자아보다 덜 **긴장**^{tendu}되어 있지만, 더 **확장**^{étendu}되어 있다. 따라서 깨어 있을 때의 작동기제가 두 작동기제 중에서 더 복잡하고, 더 섬세하고, 더 **적극적**이기도 하다. 설명을 요하는 것은 꿈이라기보다는 오히려 깨어 있음이다.

그런데 만일 꿈이 모든 점에서 정신이상과 유사하다면, 우리가 꿈에 대해 말했던 것을 정신이상의 사실들에도 적용할 수 있을 것이다. 과도하게 체계적인 관점에서 이 현상들의 연구에 착수하고 싶지는 않다. 이것들을 모두 같은 방식으로 설명할 수 있는지는 의심스럽다. 그리고 이 현상들 가운데 대다수는 여전히 잘 정의되어 있지 않기 때문에, 이것들에 대해 설명을 시도하는 것은 아직 이른 일이다. 우리가 앞서 예고했듯이, 우리의 주장은 단순한 방법론적 지침으로 제시된 것이고, 그 유일한 목적은 이론가들의 주의를 특정한 방향으로 돌리는 것일 뿐이다. 그럼에도 불구하고 지금으로서도 이 방법을 적용할 수 있는 것으로 보이는 병리적 사실이나 비정상적인 사실이 있다. 잘못된 재인은 [이 목록의] 가장 앞 줄에 위치한다. 우리가 보기에 지각과 기억의 작동기제는 이러한 것이어서, 만일 특별한 작동기제가 잘못된 재인을 막으러 곧장 개입하지 않는다면 자연스럽게 잘못된 재인이 결과로 나타나게 될 것이다. 따라서 중요한 문제는 왜 잘못된 재인이 특정한 순간에 특정한 사람들에게 나타나는지가 아니라, 왜 그것이 매 순간 모든 사람들에게 생겨나지 않는지를 아는 것이다.

129

기억은 어떻게 형성되는가?

기억이 실제로 어떻게 형성되는지를 살펴보자. 그러나 다음 사항에 대한 합의가 필요하다. 우리가 앞으로 다루는 기억은 언제나 하나의 심리 상태일 것이다. 이 심리 상태는 때로는 의식적이고, 때로는 절반 정도 의식적이며, 대부분의 경우에는 무의식적일 것이다. 뇌 속에 남겨진 흔적으로 이해된 기억에 대해서는 다른 곳에서 우리의 입장을 표명한 바 있다.[48] 우리는 다양한 기억들이 뇌 속에 국재화될 수 있다는 말을 뇌가 기억의 각 범주들에 대해 순수 기억을 시동적 지각이나 이미지로 변환시키는 특별한 장치를 소유하고 있다는 의미에서 이해해야 한다고 말했다. 이보다 더 멀리 나아가서 기억 전체가 뇌피질 속에 자리잡을 수 있다고 주장한다면, 의심의 여지없는 심리적 사실들을 의심스러운 원자론적 언어로 번역하는 데 그치게 되고, 관찰을 통해 반박된 결론들에 이르게 된다. 사실 우리는 기억에 대해 말할 때 의식이 소유하고 있는 무언가, 또는 말하자면 의식이 잡고 있는 끈을 끌어당겼을 때 언제나 되찾을 수 있는 무언가를 생각한다. 이때 기억은 의식과 무의식 사이를 왕래하며, 이 두 상태들 사이의 이행은 너무도 연속적이고 그 경계가 거의 드러나지 않아서 우리는 이것들 사이에 근본적인 본성의 차이를 가정할 아무런 권리도 없다. 우리가 다룰 기억은 바로 이러한 것이다. 다른 한편 논의를 압축하기 위해, 현재적인 무언가에 대한 모든 의식에, 즉 외적 지각뿐 아니라 내적 지각에도 지각이라는 이름을 부여하자. 우리가 주장하려는 바는 기억의 형성이 결코 지각의 형성 이후에 일어나는 일이 아니라는 것이다. 전자는 후자와 동시간적^{contemporaine}

130

---

48) [옮긴이] 이 책의 2장을 참조하라.

이다.[49] 지각이 생겨남에 따라 그에 대한 기억이 그 옆에 나타난다. 마치 그림자가 신체 옆에 나타나는 것처럼 말이다. 그러나 의식은 보통 이 기억을 포착하지 않는다. 마치 눈이 그림자를 향해 돌아설 때마다 그쪽으로 불을 비춘다면 그림자를 보지 못할 것처럼 말이다.

　실제로 기억이 지각 자체를 따라 생겨나는 것이 아니라고 가정해 보자. 나는 기억이 어떤 순간에 생겨나는지 물을 것이다. 그것은 지각이 사라지기를 기다렸다가 생겨나는 것인가? 이러한 생각이 바로 무의식적 기억을 심리 상태라고 하건, 아니면 거기서 뇌의 변양을 보건 간에, 일반적으로 사람들이 암묵적인 형태로 받아들이는 생각이다. [기억이 심리 상태일 경우] 현재적인 심리 상태가 먼저 존재할 것이고, 차후에 이 상태가 더 이상 존재하지 않게 되면 이 부재하는 상태에 대한 기억이 있게 될 것이다. [기억이 뇌의 변양일 경우] 먼저 특정한 세포들이 연루되는 사태가 일어나면 이것이 지각일 것이고, 차후에 지각이 사라지고 나서 이 세포들 속에 흔적이 남겨지면 이것이 기억일 것이다. 그러나 사태가 이와 같이 일어나려면 우리의 의식적 흐름이 명확히 구분된 상태들로 구성되어 있어서, 그것들이 각기 객관적으로 시작과 끝을 가져야 할 것이다. 이렇게 심리적

---

49) [옮긴이] 현재와 과거의 동시간성이라는 주장은 데자뷔 현상에 대한 베르그손의 분석의 핵심을 이루는 주장이다. 곧 보겠지만, 이러한 주장을 통해 베르그손은 앞서 제기된 데자뷔에 대한 설명의 난점, 즉 '두 이미지의 공존'과 '두 이미지의 시차' 사이에서 제기되는 난점을 해결하고자 한다. 베르그손은 『물질과 기억』에서부터 이미 지각과 기억, 즉 현재와 과거가 동일한 본성을 지닌 사태의 정도 차를 통해 이해되어서는 안 되며, 오히려 본성상의 차이를 지니는 두 사태로 이해되어야 한다고 주장한 바 있다. 이러한 주장을 통해 베르그손은 과거를 지나간 현재로, 미래를 도래할 현재로 이해하는 공간화된 시간 이해로부터 탈피하여 과거와 미래의 지위를 재규정할 수 있었던 것이다. 이 글에서 이루어지는 현재와 과거의 동시간성에 대한 검토는 현재와 과거 사이의 이러한 본성상의 차이가 구체적으로 어떻게 드러나며, 양자의 분절이 어떻게 이루어져 있는지를 보여 준다.

삶을 상태들로 분할하는 작업이 하나의 극을 여러 장면들로 분할하는 작업과 같이 결코 절대적이지 않다는 사실을, 이 작업이 과거에 대한 가변적이고 다양한 해석에 완전히 상대적이라는 사실을 어떻게 모를 수가 있겠는가? 나는 내가 위치한 관점에 따라, 내가 선택한 중심적 관심사에 따라 어제의 하루를 다양한 방식으로 절단하고 거기서 서로 다른 일군의 상황들 혹은 상태들을 포착한다. 이 분할들이 모두 동일한 정도로 인위적이지는 않다 하더라도, 어떤 분할도 즉자적으로 존재했던 것은 아니다. 심리적 삶의 전개는 연속적인 것이기 때문이다. 내가 시골에서 친구들과 보낸 오후는 점심 + 산책 + 저녁으로 분할될 수도 있고, 대화 + 대화 + 대화 등으로 분할될 수도 있다. 그리고 상호 침투하는 이 대화들 중 어떤 것에 대해서도 그것이 구분되는 실체를 형성한다고 말할 수 없다. 여러 가지 방식으로 분해^{désarticulation}된 체계를 만들 수 있다. [그러나] 이 중 어떤 체계도 실재의 명확한 분절^{articulation}에 상응하지는 않는다. 어떤 권리로 기억이 그 체계들 가운데 하나를 선택하여 심리적 삶을 명확히 구분되는 시기들로 분할한 다음, 각각의 시기가 끝나는 것을 기다려 지각내용을 정산한다고 가정할 것인가?

외적 대상에 대한 지각은 그 대상이 나타났을 때 시작되고 그것이 사라졌을 때 끝날 것이라고, 그리고 적어도 이 경우에는 기억이 지각을 대체하게 되는 정확한 순간을 지적할 수 있을 것이라고 주장할 것인가? 이것은 지각이 보통 잇따르는 여러 부분으로 구성되고, 이 부분들이 전체에 비해 개체성을 더 갖지도 덜 갖지도 않는다는 사실을 잊는 것이다. 지각의 각 부분에 대해서 우리는 원칙적으로 부분적 지각의 대상이 매 순간 사라진다고 말할 수 있다. 그렇다면 어째서 기억^{souvenir}은 [지각] 전체가 끝난 다음에만 생겨나는 것인가? 어떻게 기억작용^{mémoire}은 그 작업의 임의의 순간에 전체가 끝나지 않았고 무언가가 아직 남아 있다는 사실을 알 수 있단 말인가?

이에 대해 더 고찰해 볼수록, 기억이 지각 자체와 함께 생겨나지 않는다면 어떻게 생겨날 수 있는지를 이해하는 일은 더 힘들어질 것이다. 현재가 기억 속에 아무런 흔적도 남기지 않는 것이 아니라면, 그 이유는 현재가 그 분출 자체 속에서 과거를 향해 되돌아오는 한편 미래를 향해 도약하는 대칭적인 두 줄기로 매 순간 분열되기 때문이다. 우리가 지각이라고 부르는 이 후자의 줄기만이 우리의 관심을 끈다. 우리는 사물 자체를 붙잡고 있는 동안에는 사물에 대한 기억에 관심이 없다. 실천적 의식이 이 기억을 무용한 것으로 배제하기 때문에, 이론적인 성찰은 그것을 실존하지 않는 것으로 여긴다. 기억이 지각에 **잇따라 나타난다**는 환상은 이렇게 생겨난다.

그러나 이 환상은 훨씬 더 심원한 다른 원천을 갖는다.

이 환상은 우리가 상기된 의식적 기억을 마치 더 간소한 형태로 되살아난 지각처럼, 그리고 이 지각 이외에 아무것도 아닌 것처럼 느끼게 된다는 사실로부터 유래한다. [그러면] 지각과 기억 사이에는 본성의 차이가 아니라 강도 혹은 정도의 차이가 존재할 것이다. 지각이 강렬한 상태로, 기억이 미약한 상태로 규정되었기에, 지각에 대한 기억은 단지 약화된 지각일 수밖에 없다. 그래서 기억작용mémoire은 지각을 무의식 속에 기록하기 위해 지각이 기억souvenir으로 잠들기를 기다려야 했던 것처럼 보이게 된다. 이러한 이유로 우리는 어떤 지각에 대한 기억이 이 지각과 함께 생겨날 수도, 동시에 전개될 수도 없다고 판단하게 되는 것이다.

그러나 현재적 지각을 강렬한 상태로, 되살아난 기억을 미약한 상태로 여기는 이 주장, 지각에서 감소를 통해 기억으로 이행하기를 바라는 이 주장은 가장 기초적인 관찰과도 충돌한다. 우리는 이전 저작에서 그것을 보여 준 바 있다.[50] 강렬한 감각을 점진적으로 0까지 감소시켜 보라. 만일 감각에 대한 기억과 감각 자체 사이에 단지 정도의 차이만 있다면, 감각은 사라지기 전에 기억이 될 것이다. 그런데 아마 당신이 직면한 미약한 감각이 경험된 것인지 상상된 것인지 더 이상 말할 수 없는 순간은 도래하겠지만, 미약한 상태는 결코 과거 속으로 보내진 강렬한 상태에 대한 기억이 되지는 않는다. 따라서 기억은 [지각과는] 다른 것이다.

어떠한 감각에 대한 기억은 이 감각을 **암시**할 수 있는 것, 말하자면 그것을 다시 태어나게 할 수 있는 것이다. 다시 태어나는 감각은 처음에는 미약하지만, 그 다음에는 더 강렬해지고, 그것에 더 큰 주의를 가할수록 점점 더 강렬해진다. 그러나 기억은 자신이 암시하는 상태와는 별개의 것이다. 그리고 우리가 경험하는 것의 원인을 과거 속에 위치시키는 이유는 바로 마치 최면술사가 유발한 환각 뒤에서 최면술사를 느끼듯 암시된 감각 뒤에서 기억을 느끼기 때문이다. 실로 감각은 본질적으로 현실적이고 현재적인 것이다. 그러나 기억은 무의식의 바탕으로부터 겨우 떠올라 감각을 암시하는 바, 이는 더 이상 존재하지 않으면서도 여전히 존재하고자 하는 것의 표식에 해당하는 이러한 **특유한** 암시의 역량과 더불어 스스로를 드러낸다. 이 암시가 상상력을 건드리자마자, 암시된 사물은 시동적 상태로 그려진다. 우리가 경험하는 미약한 감각과 날짜를 특정하지 않은 채로 상기된 미약한 감각을 구분하는 일이 그렇게나 어려운 것은 바로 이 때문이다. 하지만 아무리 가감의 정도를 붙인다 해도 암시는 암시된 대상과는 다른 것이고, 어떤 감각이나 지각에 대한 순수 기억도 감각이나 지각 자체는 아니다. 그렇지 않다면, 최면에 걸려 잠든 사람에게 설탕이나 소금

---

50) [옮긴이] 『물질과 기억』 3장을 가리킨다.

을 입 속에 물고 있다고 암시하는 최면술사의 말이 이미 그 자체로 달거나 짜다고 말해야 할 것이다.

　이 환상의 토대를 더 파고들어 간다면, 그 근원에서 정신의 타고난 욕구를 발견할지도 모른다. 정신은 현재적 실재 속에 삽입되어 실재를 지각하고 실재에 대해 행동하는 우리 자신의 아주 작은 부분을 통해 우리의 내적 삶 전체를 표상하려 한다. 지각과 감각은 우리 안에서 가장 명료한 것인 동시에, 우리에게 가장 중요한 것이다. 그것들은 매 순간 우리 신체와 다른 물체들 간의 변화하는 관계를 나타낸다. 그것들은 우리의 행태를 결정하거나 그 방향을 설정한다. 다른 심리적 사실들 속에서도 흐릿해지거나 감소된 지각이나 감각만을 보려는 우리의 경향은 이로부터 유래한다. 우리들 중에 이 경향에 가장 많이 저항하는 사람들, 사유 속에서 이미지들의 작용이 아닌 다른 것을 본다고 생각하는 사람들조차도 지각에 대한 기억이 이 지각 자체와 근본적으로 구분된다고 스스로 납득하는 데 어려움을 겪는다. 그들에게도 어쨌든 기억은 분명히 지각의 항들로 표현될 수 있고, 이미지에 대해 어떤 조작을 수행함으로써 획득되는 것처럼 보인다. 그러면 이 조작은 어떤 것인가? **선험적으로**, 우리는 그것이 이미지의 내용의 **질**에 영향을 미치거나, 그 **양**에 영향을 미치거나, 아니면 그 둘에 동시에 영향을 미칠 수밖에 없다고 생각한다. 그런데 그것은 분명히 [이미지의] 질에 실질적으로 영향을 미치지는 않는다. 여기서 기억은 과거를 변질시키지 않은 채로 우리에게 나타나야 하기 때문이다. 따라서 그것은 [이미지의] 양에 영향을 미칠 것이다. 그런데 이 양은 외연적인 양이거나 강도적인 양일 수 있다. 이미지는 일정수의 부분을 포함하고, 일정 정도의 힘을 나타내기 때문이다. 첫번째 선택지를 고려해 보자. 기억이 이미지의 외연을 변화시키는가? 분명히 아니다. 만일 기억이 과거에 무언가를 덧붙인다면 그것은 부정확한 이미지가 될 것이고, 만일 그로부터 무언가를 삭제한다면 불완전한 이미지가 될 것이기 때문이다. 따라서 이 변양이 [이미지의] 강도에 영향을 미친다는 가설이 남게 된다. 그리고 이 변양이 명백히 증가는 아니기 때문에, 그것은 감소이다. 이것이 바로 기억을 점진적 제거를 통한 이미지의 약화로 간주하게끔 만드는 거의 무의식적이고 본능적인 논변이다.

이러한 결론에 다다르게 되면, 기억에 대한 우리의 심리학 전체가 이로부터 영향을 받게 된다. 우리의 생리학에도 그 영향이 느껴진다. 뇌의 지각 메커니즘을 어떤 방식으로 생각하건 간에, 우리는 기억에서 동일한 메커니즘이 새로운 방식으로 진동하고, 동일한 사실이 완화된 채로 반복되는 것만을 발견하게 된다. 그러나 경험은 정반대를 말하고 있는 것처럼 보인다. 경험이 우리에게 보여 주는 것은, 시각을 가지고 있으면서도 시각적 기억을 잃을 수 있고 청각을 가지고 있으면서도 청각적 기억을 잃을 수 있다는 것, 그리고 정신적 실명이나 정신적 난청이 필연적으로 시각이나 청각의 상실을 함축하는 것은 아니라는 것이다. 만일 지각과 기억이 여기서 동일한 중추들과 관련되고, 동일한 메커니즘을 작동시킨다면, 이러한 일이 가능할 것인가? 그러나 우리는 지각과 기억 사이의 근본적 구분을 받아들이기보다는 그것을 도외시하고 만다.

따라서 추론은 서로 수렴하는 두 가지 경로를 통해, [한편으로는] 우리의 심리적 삶을 명확하게 구분된 상태들로 재구성하는 한에서, 그리고 [다른 한편으로는] 이 모든 상태들을 이미지로 표현 가능한 것으로 판단한다는 점에서, 기억을 약화된 지각으로, 지각과 동시간적이기보다는 지각에 잇따르는 무언가로 만들기에 이른다. 우리 지성에 자연적인 이러한 논변을 배제하도록 하자. 이것은 언어에 알맞은 것이고, 아마도 실천에 필수

불가결한 것일 테지만, 내적 관찰에 의해 암시된 것은 아니다. 기억은 매 순간 지각에 덧붙고, 지각과 함께 태어나고, 지각과 동시에 전개되고, 지각이 없어도 존속하는 것처럼 보인다. 그것은 지각과 다른 본성에 속하기 때문이다.

현재의 기억

그러면 기억은 무엇인가? 심리 상태에 대한 모든 명료한 기술은 이미지들로 이루어진다. 그리고 우리는 방금 이미지에 대한 기억은 이미지가 아니라고 말했다. 따라서 순수 기억은 단지 모호한 방식으로만, 은유적 용어로만 기술될 수 있을 것이다. 따라서 우리가 『물질과 기억』에서 설명했던 것처럼,[51] 기억과 지각의 관계는 거울의 이면에서 포착된 이미지와 거울 앞에 위치한 대상의 관계와 같다고 말하도록 하자. 대상은 보이는 만큼이나 만져진다. 우리가 대상에 대해 행동하는 것과 마찬가지로 대상은 우리에게 작용할 것이다. 대상은 가능적 행동을 잉태하고 있다. 그것은 **현실적**actuel이다. [반면에] 이미지는 **잠재적**virtuelle이고, 대상과 아무리 유사하더라도 대상이 행하는 것을 전혀 행할 수 없다. 우리의 현실적 실존은 시간 속에 펼쳐짐에 따라 잠재적 실존, 거울 속의 이미지를 동반하게 된다. 따라서 우리 삶의 모든 순간은 두 측면을 제공한다. 그것은 현실적이면서 잠재적이다. 즉, 한편으로는 지각이고 다른 편으로는 기억이다. 그것은 나타나는 동시에 분할된다. 혹은 오히려 그것은 이 분할 자체로 이루어진다. 언제나 전진하고 있는 현재적 순간, 이미 더 이상 존재하지 않는 직접적 과

---

51) 『물질과 기억』 p.139/217~218쪽, p.144/224쪽. 이하. 또한 1장 전체를 참고하라.

거와 아직 존재하지 않는 직접적 미래 사이에서 소실되는 한계점인 현재적 순간은, 만일 그것이 바로 지각을 기억으로 끊임없이 반영하는[reflechit] 동적인 거울이 아니라면 그저 단순한 추상으로 환원될 것이기 때문이다.

이러한 분열을 자각할지도 모르는 정신을 상상해 보자. 지각과 행동의 반영물[reflet]이 지각이 완성되고 행동이 완수된 후가 아니라 지각하고 행동하는 것과 동시에 우리에게 되돌아온다고 가정해 보자. 그러면 우리는 우리의 실재적 존재와 그 잠재적 이미지를, 즉 한편으로는 대상과 다른 한편으로는 반영물을 동시에 보게 될 것이다. 게다가 반영물은 대상과 혼동되지 않을 것이다. 대상은 지각이 갖는 모든 특성을 가지고 있는 반면, 반영물은 이미 기억이기 때문이다. 반영물이 당장에 기억이 아니라면, 그것은 앞으로도 결코 기억이 되지 않을 것이다. 나중에 이 반영물이 정상적 기능을 수행할 때, 그것은 과거의 표식을 가지고 우리의 과거를 표상할 것이다. 그러나 그것은 형성되는 순간에 포착되었을 때에도 [이미] 자신의 본질을 구성하는 과거의 표식을 갖고 있을 것이다. 이 과거는 어떤 것인가? 그 과거는 날짜를 갖지 않으며, 가질 수도 없다. 그것은 과거 **일반**이다. 그것은 어떤 구체적인 과거도 될 수 없다.[52] 엄밀히 말해 과거가 단순히 어떤 포착된 광경, 어떤 경험된 감정으로 이루어진 것이었다면, 사람들은 거기에 속아 자신이 보고 있는 것을 이미 봤다고, 경험하고 있는 것을 이미 경험했다고 생각할 수 있을지도 모른다. 그러나 전혀 그렇지 않다. 매 순간 지각과 기억으로 분열되는 것은 우리가 보고, 듣고, 경험하는 것의 총체, 즉 우리를 둘러싼 모든 것과 우리 자신의 모습 전체이다. 만일 우리가

---

52) [옮긴이] 이 점에 대해서는, 이 장의 '잘못된 재인의 독특한 특성들' 절에서 제시된 아르노의 사례에 대한 베르그손의 분석을 참조하라. "잘못된 재인에서 환상을 일으키는 기억들은 결코 과거의 어느 한 지점에 국재화되지 않는다. 그것은 비규정적 과거, 과거 일반에 거주한다."

이 분열을 의식한다면, 바로 우리 현재의 총괄^{intégralité}이 지각인 동시에 기억으로 나타날 것이다. 그러나 우리는 역사의 동일한 순간을 두 번 살지 않으며, 시간이 그 흐름을 거슬러 올라가지 않는다는 것을 잘 알고 있다. 어떻게 해야 할까? 이 상황은 기이하고, 역설적이다. 그것은 우리의 모든 습관을 전복한다. 하나의 기억이 거기에 있다. 그것이 기억인 이유는, 일반적으로 이 이름으로 불리는 상태들, 즉 대상이 사라진 후에만 의식에 그려지는 상태들의 특징적 표식을 지니고 있기 때문이다. 그러나 그 기억은 전에 있었던 것이 아니라 단지 지금 있는 것을 표상한다. 그것은 자신이 재생하는 지각과 함께 **발맞추어**^{pari passu} 나아간다. 그것은 현재적 순간 속에 존재하는 지금 이 순간에 대한 기억이다. 그것은 형식에 있어서는 과거이지만, 질료에 있어서는 현재이다. 그것은 **현재의 기억**이다.

현재의 분열

상황의 곁에 머물러 있는 이 기억은 상황이 진전됨에 따라 그 각각의 단계에 '이미 본 것(데자뷔)'^{déjà vu}이라는 외양, 이미 알려진 것^{déjà connu}이라는 외양을 부여한다. 그런데 이 상황은 그 끝에 도달하기 전에도 이미 그 순간의 관심에 따라 우리 경험의 연속성 속에서 절단되어 하나의 전체를 형성하는 것처럼 보인다. 만일 우리가 어떤 상황 전체를 경험하지 않았더라면, 어떻게 이미 그 상황의 일부분을 경험했겠는가? 감겨 있는^{enroulé} 것을 인식한^{connaissions} 것이 아니라면, 펼쳐지는^{se déroule} 일을 재인한다고^{reconnaîtrions} 말할 수 있을까? 적어도 매 순간 우리는 뒤따르는 순간에 대해 예상할 수 있지 않은가? 이 도래할 순간은 이미 현재적 순간에 의해 잠식되고 있다. 전자의 내용은 후자의 내용과 분리불가능하다. 만일 현재적 순간이 틀림없이 나의 과거를 되풀이하는 것이라면, 어떻게 도래할 순간이 또한 그렇지 않을 수 있겠는가? 나는 현재적 순간을 재인하므로 분명히 도래할 순간도 재인하게 될 것이다. 따라서 나는 끊임없이 곧 일어날 일에 대하여 그 일을 앞으로 재인하게 될 인물, 즉 결과적으로 그 일을 [지금 이미] 알고 있는 인물의 태도를 취하게 된다. 그러나 이것은 인식의 **태도**일 뿐이다. 그것은 인식의 질료 없는 형식이다. 일어날 일을 예상할 수 없기에, 나는 내가 앞으로 일어날 일을 모른다는 것을 안다. 그러나 나는 내가 그 일을 지각할 때 그것을 재인하게 될 것이라는 의미에서 미래에는 그것을 이미 알고 있는 상태가 될 것임을 예상하고 있다. 게다가 도래할 이 재인은 나의 재인 능력이 항상적으로 행하는 약동 덕에 불가피한 것으로 느껴지는 바, 이로부터 나의 현재에 대한 소급적 효과가 행사되어 나는 내가 어떤 내용을 모른다는 것을 알고 있으면서도 동시에 그 내용을 알고 있다고 느끼는 이상한 상황에 처하게 된다.[53]

139 예전에 외웠으나 이제는 잊어버린 구절이 놀랍게도 어느날 기계적으로 반복된다고 가정해 보자. 우리는 각 단어를 발음하자마자 재인하기 때문에, 발음하기 전에도 그 단어를 지니고 있다고 느끼게 된다. 그러나 우리가 그 단어를 되찾는 것은 그것을 발음하고 있을 때뿐이다. 현재가 지각과 기억으로 연속적으로 분열되고 있음을 의식하는 사람은 이와 동일한

---

53) [옮긴이] 베르그손은 여기서 데자뷔 현상이 보여 주는 미래의 불가피성이라는 느낌을 우리의 인식이 가진 예측의 구조로부터 기인하는 것으로 설명하고 있다. 사실상 우리는 매 순간 도래할 사건을 예측하고 특정한 기대를 가지고 미래를 맞이한다. 우리의 실제 지각은 이러한 기대 위에 중첩되는 것이기 때문에, 우리는 대상을 인식하기(connaître)보다는 재인(reconnaître)한다. 따라서 엄밀히 말하자면 우리는 언제나 현재 우리가 지각하고 있는 상황을 '이미 본(데자뷔)' 것이다. 이 분석은 심리적 이상상태를 정상상태의 한계경험으로부터 찾으려는 베르그손의 설명 방식을 잘 드러내 주는 사례이다.

상태에 처하게 될 것이다. 그가 자기 자신을 분석해 보기만 하면, 그는 자기 자신을 자동적으로 자신의 배역을 연기하면서 자신의 말을 듣고 자신의 연기를 보고 있는 배우에 비유할 것이다. 그가 자신이 경험한 것을 더 깊이 파고들수록, 그는 한층 더 두 인물로 분리되어 하나가 다른 하나에게 보여지게 될 것이다. 그는 한편으로 자신이 여전히 이전의 자신과 동일하다는 것을 알고 있다. 그는 여전히 상황의 요구에 따라 사유하고 행동하는 자아, 자신의 의지가 행하는 자유로운 노력으로 실재적 삶에 삽입되고 거기에 적응하는 자아이다. 이것이 그의 현재적 지각이 보장하는 것이다. 그러나 이 현재에 대한 기억이 또한 거기에 있어서, 그로 하여금 자신이 이미 말한 것들을 총괄적으로 반복하고 이미 본 것들을 정확히 다시 보고 있다고 믿게 만든다. 현재의 기억은 이렇게 그를 자신의 배역을 암송하는 배우로 변형시킨다. 거기서부터 서로 다른 두 자아가 나온다. 그 중 하나는 자신의 자유를 의식하여, 다른 하나의 자아가 기계적으로 연기하는 장면에 대해 독립적인 관객을 자처한다. 그러나 이 분열은 결코 끝까지 가지 않는다. 그것은 [분열이라기보다는] 오히려 한 인물이 자신에 대한 두 관점 사이에서 진동하는 것이고, 정신이 지각에 불과한 지각과 그 고유한 기억이 덧붙여진 지각 사이를 왕래하는 것이다. 전자는 우리가 자신의 자유에 대해 갖는 습관적 감정을 포함하며 아주 자연스럽게 실재적 세계 속에 삽입된다. 후자는 우리가 배운 배역들을 반복하고 있다고 믿게 만들고, 우리를 자동인형으로 전환시키며, 우리를 극장의 세계, 혹은 꿈의 세계로 옮겨 놓는다. 과감하게 수행되었을 뿐 아니라 강력하게 강제되기도 했던 일련의 재빠른 행동을 통해서만 피할 수 있었던 긴급한 위험을 짧은 시간 동안 헤쳐 나온 적이 있는 사람은 누구라도 이와 동일한 종류에 속하는 무언가를 경험한다. 그것은 실재적이라기보다는 잠재적인 분열이다. 우리

140

는 행동하지만, 또한 '행동된다'. 우리는 스스로 선택하고 의지한다고 느끼지만, 강제된 대상을 선택하고 불가피한 대상을 의지한다. 이로부터 의식상태들의 상호침투가 유래하는데, 이 상태들은 직접적 의식 속에서는 뒤섞이고 심지어 일체가 되기도 하지만 그래도 논리적으로는 서로 양립 불가능한 것들이다. 그래서 반성적 의식은 이 의식 상태들의 상호침투를, 자아가 서로 다른 두 인물로 분열된다는 식으로 표상할 것이다. 이 자아들 중 하나가 모든 자유를 책임질 것이고, 다른 하나는 필연성을 간직할 것이다──전자는 자유로운 관객으로 후자의 자아가 자신의 배역을 자동적으로 수행하는 것을 바라보게 될 것이다.

우리는 방금 정상적인 상태에서 우리 현재의 분열을 목격할 수 있을 경우 우리 자신이 스스로에게 어떻게 드러날 것인지 세 가지 주요한 양상을 기술했다. 그런데 이것은 정확히 잘못된 재인이 갖고 있는 특징들이다. 이 특징들은 잘못된 재인이 더 명확하고 더 완전할수록, 그리고 그 현상을 경험하는 사람이 그것을 더 심층적으로 분석할수록 두드러지게 나타난다.

실제로 여러 사람들이 자동현상이라는 감정과 배역을 연기하는 배우에 비교될 수 있는 상태에 대해 말한 바 있다. 말해지고 행해지는 것, 사람들이 스스로 말하고 행하는 내용이 '불가피한 것'처럼 보이게 된다. 사람들은 자신의 고유한 운동, 자신의 사유, 자신의 행동을 목격하게 된다.[54] 사태는, 실제로 그런 것은 아니지만 **마치** 사람들이 둘로 분열되는 것**처럼** 일어난다. 이 현상을 겪는 사람들 중 하나는 다음과 같은 글을 썼다. "이러한 분열의 감정은 감각 속에만 존재하는 것이다. 물질적 관점에서 두 인물

---

54) 특히 베르나르-르루아가 수집한 관찰들을 보라. 베르나르-르루아, 『잘못된 재인의 환상』, p.182, 185, 176, 232, etc.

은 하나일 뿐이다."[55] 그가 이 말로 의미하는 바는 아마도 그가 이중성이라는 감정을 경험하기는 하나, 그 이중성의 감정에는 하나의 동일한 인물이라는 의식이 동반된다는 점일 것이다.

다른 한편으로 우리가 처음에 말했던 것처럼, 이 현상을 겪는 사람은 종종 일어날 일을 미리 말하는 것은 불가능하다고 느끼면서도 그것을 안다고 믿는 인물과 같은 독특한 영혼 상태에 놓이게 된다. 그들 중 하나는 다음과 같이 말한다. "언제나 다음에 일어날 일을 예측할 수 있을 것만 같다. 그러나 그것을 실제로 예고할 수는 없을 것이다." 또 다른 사람은 일어날 일을 "기억의 가장자리에 있는 어떤 이름을 상기하는 것처럼"[56] 상기한다. 가장 오래된 관찰 중 하나는 자신의 주변인들이 무엇을 행할지 모두 예상하고 있다고 생각하는 환자의 사례이다.[57] 이것은 잘못된 재인이 갖는 또 하나의 특성이다.

그러나 [잘못된 재인의] 가장 일반적인 특성은 우리가 처음에 말했던 것이다. 환기된 기억은 과거 속의 지지대 없이 공중에 매달려 있다. 그것은 이전의 어떤 경험에도 상응하지 않는다. 사람들은 그 기억을 알고 그것을 확신하고 있으나, 이 확신은 추론의 결과가 아니다. 확신은 무매개적이다. 그것은 환기된 기억이 단지 현재적 지각의 복제물임에 틀림없다는 감정과 뒤섞인다. 그러면 이것은 '현재의 기억'인가? 사람들이 그런 표현을 사용하지 않는다면, 그것은 아마도 이 표현이 모순적으로 보이기 때문일 것이다. 기억은 과거의 반복으로만 생각되고, 표상은 그것이 나타내는 것과 독립적으로 과거의 표식을 소유할 수 있다는 것이 인정되지 않으며, 마

---

55) 베르나르-르루아, 『잘못된 재인의 환상』, p. 186.
56) 랄랑드, 「기억착오들」, 『철학 평론』, vol. XXXVI, 1893, p. 487.
57) 옌센, 『일반정신의학회지』(*Allg. Zeitschr. f. Psychiatrie*), vol. XXV, 1868, p. 57.

지막으로 사람들은 제대로 알지 못한 채로 이론에 빠져 모든 기억이 그것이 재생하는 지각보다 나중의 것이라고 간주한다. 그러나 사람들은 [현재의 기억과] 유사한 표현을 사용하기도 한다. 사람들은 어떤 간격으로도 현재와 분리될 수 없을 과거에 대해 이야기한다. "나는 내 안에서 일종의 촉발déclenchement이 생겨나, 예전의 그 순간과 내가 처해 있던 순간 사이의 과거 전체를 제거해 버렸음을 느꼈다."[58] 실로 이 현상의 특징이 바로 여기에 있다. '잘못된 재인'에 대해 말할 때, 우리는 그 과정이 참된 재인을 진짜로 모방하는 것도 아니고 참된 재인인 양 환상을 일으키는 것도 아님을 명확히 해야 한다. 실로 정상적 재인이란 무엇인가? 그것은 두 가지 방식으로 생겨날 수 있다. 그것은 현재 지각에 동반되는 친근감에 의해 이루어거나, 현재적 지각이 반복하는 것처럼 보이는 과거 지각의 환기에 의해 이루어진다. 그런데 잘못된 재인은 이 두 작업 가운데 어느 쪽도 아니다. 첫번째 종류의 재인을 특징짓는 것은, 재인된 대상이 지각되었을 법한 이전의 특정한 개인적 상황에 대한 모든 회상이 배제된다는 것이다. 내 서재, 내 탁자, 내 책들이 내 주위에 친근한 분위기를 형성하는 것은, 그것들이 내 역사의 어떤 특정한 사건에 대한 기억도 전혀 떠오르게 하지 않는다는 조건 하에서이다. 만일 그것들이 자신들이 연관되어 있는 어떤 사건에 대한 정확한 기억을 환기한다면, 나는 그것들을 그 사건의 일부를 이루었던 것으로 재인할 것이다. 하지만 [기억을 환기하는] 이 재인은 전자의 재인에 따로 덧붙는 것이고, 개인적인 것이 비개인적인 것으로부터 구분되듯 전자의 재인과는 근본적으로 구분된다. 그런데 잘못된 재인은 이 친근감과는 다른 것이다. 그것은 언제나 어떤 개인적 상황에 관련되어, 그 상황

---

58) F. 그레그(F. Gregh), 베르나르-르루아, 『잘못된 재인의 환상』에서 인용, p.183.

만큼이나 정확하고 특정한 다른 개인적 상황을 재생하고 있다고 확신케 한다. 그러면 잘못된 재인이 두번째 종류의 재인, 즉 현재 처해 있는 상황과 유사한 상황에 대한 회상을 함축하는 재인이라는 가설이 남을 것이다. 그러나 이 경우 회상되는 것은 언제나 유사한 상황이지, 동일한 상황이 아니라는 사실에 주목하자. 두번째 종류의 재인이 이루어지기 위해서는 두 상황에 공통적인 표상뿐 아니라, 두 상황을 구분하는 표상도 필요할 것이다. 만일 내가 어떤 연극을 두번째로 본다면, 나는 각각의 단어와 각각의 장면을 하나하나 재인하게 된다. 결국 나는 연극 전체를 재인하기에 이르고, 내가 이미 그 연극을 보았음을 상기하게 된다. 그러나 처음으로 연극을 보았을 때 나는 다른 장소에 있었고, 내 옆 사람도 달랐고, 다른 생각을 하면서 연극을 보러 왔다. 어쨌든 그때의 나는 지금의 나일 수 없었다. 나는 그 사이의 간격을 살았기 때문이다. 따라서 두 이미지가 동일한 것이라 해도 그것들은 동일한 틀 속에서 나타나지 않으며, 틀의 차이에 대한 모호한 감정이 이미지의 동일성에 대한 의식을 가장자리 장식처럼 둘러쌈으로써 매 순간 그 둘을 구분할 수 있게 해준다. 반대로, 잘못된 재인에서는 이미지들 자체만큼이나 그것을 둘러싼 틀도 동일하다. 나는 동일한 감각, 동일한 생각을 가지고 동일한 광경을 목격한다. 요컨대, 이 순간 나는 내 역사의 그 시기에 내가 위치했던 동일한 지점, 동일한 날짜, 동일한 순간에 있다. 따라서 여기서 그것을 환상이라고 말하는 것은 어려울 것이다. 환상을 일으키는 인식은 실재적 인식의 모방인데, 우리가 다루고 있는 현상은 우리 경험의 다른 어떤 현상도 모방하지 않기 때문이다. 그리고 그것을 잘못된 재인이라고 말하기도 어려울 것이다. 특정한 종류의 참된 재인이 있어서 이것이 그 재인의 정확한 모조물인 것이 아니기 때문이다. 실제로 그것은 그 유에 있어서 유일한 현상으로, 이는 '현재의 기억'이 스스로 머물러 있어야 하는 무의식으로부터 갑자기 솟아올랐을 때 생겨날 현상이다. 그것은 기억과 같은 효과를 만들어 낼지도 모른다. 기억은 지각의 표식과는 구별되는 다른 독특한 표식을 제공하기 때문이다. 그러나 그것은 과거의 경험에 관련된 것일 수는 없을 것이다. 우리가 잘 알고 있는 것처럼, 역사의 동일한 순간을 두 번 살 수는 없기 때문이다.

분열과 무의식

이 기억이 왜 일상적으로는 감춰져 있고, 어떻게 예외적인 상황에서는 드러나는지를 아는 일이 남아 있다. 일반적으로 볼 때, 과거는 **권리상** 현재를 이해하고 미래를 예측하는 데 도움이 되는 한에서만 의식으로 돌아온다. 그것은 행동의 정찰병이다. 표상 기능이 마치 그 자체로서 자기목적적인 양, 우리 자신이 마치 관념과 이미지의 흘러감을 보는 일에 전념하는 순수 정신이라도 되는 양 표상 기능을 고립된 상태로 연구할 때, 우리는 잘못된 길로 접어든다. 그런 가정하에서 현재적 지각은 어떤 유용한 속셈도 없이, 아무 이유 없이, 단지 즐거움만을 위해 ——물체의 세계를 지배하는 것과 유사한 인력의 법칙을 정신적 세계에 도입하는 즐거움을 위해 —— 자신과 유사한 기억을 자신에게로 끌어당기게 될지도 모른다. 물론 우리가 '유사성의 법칙'에 반대하는 것은 아니다. 그러나 우리가 다른 곳에서 지적했던 것처럼, 임의의 두 관념과 우연히 취해진 두 이미지는 아무리 멀다고 가정하더라도 항상 어떤 측면에서는 닮아 있다. 사람들은 언제나 그 둘 모두가 포함될 공통적인 유를 찾아낼 것이기 때문이다. 따라서 단지 유사한 것이 유사한 것에 대해 행사하는 기계적 인력만 있다면, 아무 지각이나 아무 기억을 불러낼 수 있을 것이다. 진실을 말하자면, 만일 어떤 지각이 어떤 기

145

억을 불러낸다면, 그것은 과거 상황에 선행하는 사태, 동시적인 사태, 뒤따라 일어난 사태를 통해 현재 상황을 다소간 규명하고 그 상황을 해결하는 방법을 보여 주기 위해서이다. 유사성을 통해 수천의 기억을 환기하는 것이 가능하지만, 다시 나타나게 될 기억은 [임의적으로 유사한 기억이 아니라] 특정한 구체적 측면에서 지각과 유사한 것, 준비되고 있는 행동을 조명하고 인도할 수 있는 것이다. 그리고 엄밀히 말해 이 기억 자체는 드러나지 않을 수도 있다. 자신을 드러내지 않고서도 자신과 함께 인접하게 주어졌던 사태들, 선행했던 것과 뒤따르던 것, 결국 현재를 이해하고 미래를 예측하기 위해서 중요하게 인식해야 할 것을 다시 불러내는 것으로 충분하다. 심지어 이 모든 것들 중에 어떤 것도 의식에 나타나지 않으면서 결론만, 즉 말하자면 행해야 할 특정한 절차에 대한 정확한 암시만 주어지는 상황을 생각해 볼 수도 있다. 대부분의 동물에게 사태는 아마도 이런 방식으로 일어날 것이다. 그러나 의식이 더 전개될수록 의식은 기억의 작업을 더 많이 조명하고, 또한 목적에 해당하는 인접성에 의한 연합 뒤에서 수단에 해당하는 유사성에 의한 연합을 더 많이 드러나게 할 것이다. 유사성에 의한 연합이 한 번 의식에 자리잡고 나면, 일군의 잉여 기억들조차 어떤 유사성의 힘을 빌려 나타날 수 있을 것이다. 현실적 이득이 없는 것들조차 말이다. 우리가 행동하면서도 조금은 꿈꿀 수 있다는 사실은 이렇게 설명된다. 그러나 상기의 법칙을 결정했던 것은 행동의 필요성이다. 이것만이 의식의 열쇠를 쥐고 있다. 그리고 꿈의 기억들은 출입할 권한을 주는 유사성 관계 속에서 어떤 느슨함과 비규정을 이용하는 경우에만 도입된다. 요컨대, 우리 기억의 총체가 매 순간 무의식의 바닥으로부터 계속해서 밀어내는 힘을 행사하고 있음에도 불구하고, 삶에 대한 주의를 기울이는 의식은 현재 행동에 협력할 수 있는 기억만을 정당하게 통과시킨다. 유 146

사성이라는 일반적 조건이 정립되어야 했다는 점을 이용하여 다른 많은 기억이 슬그머니 잠입하지만 말이다.

그런데 현재의 기억보다 현재적 행동에 무용한 것이 또 있겠는가? 다른 어떤 기억도 이보다는 많은 권리를 가지고 있을 것이다. 그것들은 현실적 이득이 없어도 적어도 특정한 정보를 가져다주기 때문이다. 현재의 기억만이 우리에게 아무것도 가르쳐 주지 않는다. 그것은 단지 지각의 복사물이기 때문이다. 우리는 실재적 대상을 붙잡고 있다. 잠재적 이미지를 가지고 뭘 하겠는가? 그림자를 잡으려고 사냥감을 놓치는 것과 마찬가지이다.

이런 이유로 우리의 주의가 이보다 더 완강히 외면하는 기억은 존재하지 않는다.

삶에 대한 부주의

그런데 여기서 논의되고 있는 주의attention는 사람에 따라 그 강도, 방향, 지속이 바뀌는 개인적 주의가 아니다. 그것은 말하자면 종種의 주의, 심리적 삶의 특정 영역을 향해 자연적으로 기울어지고 다른 영역들로부터는 자연적으로 멀어지는 주의이다. 아마도 우리의 개인적 주의는 마음대로 이 영역들 각각의 내부로 향할 수 있을 것이다. 하지만 그때 그것은 단지 종적 주의에 중첩되고 있는 것이다. 특정한 대상을 보기 위해 개인의 눈이 행하는 선택이, 인간의 눈이 빛을 보기 위해 결정적으로 행했던 스펙트럼의 일정 영역에 대한 선택에 중첩되듯 말이다. 그런데 개인적 주의의 가벼운 약화는 단지 정상적인 산만함에 불과한 반면, 모든 종적인 주의의 쇠퇴는 병리적이거나 비정상적인 사태로 나타난다.

잘못된 재인은 이러한 이상 현상의 하나이다. 그것은 삶에 대한 일반적 주의의 일시적인 쇠약에 기인한다. 그때 의식의 시선은 더 이상 자신의 자연적 방향을 향해 있지 않기 때문에, 산만해져 아무런 이득 없이 포착되는 것을 고려할 수 있게 된다. 그러나 여기서 '삶에 대한 주의'를 어떻게 이해해야 하는가? 잘못된 재인에 이르게 하는 이 특별한 종류의 산만함은 어떤 것인가? 주의와 산만은 모호한 용어다. 이 구체적인 사례 속에서 이것들을 더 명확하게 정의할 수 있을까? 우리는 그렇게 하고자 시도할 것이다. 그러나 이렇게 불명확한 주제에 대해서 완전한 명료함과 확정적 정확성에 도달하게 되리라고 주장하지는 않겠다.

약동의 불충분성

사람들은 우리의 현재가 무엇보다도 미래에 대한 예견이라는 점에 충분히 주목하지 않았다. 반성적 지각이 우리의 내적 삶에 대해 보여 주는 바는 아마도 한 상태가 다른 상태에 잇따라 나타나는 상황일 것이다. 이 상태들은 각기 한 점에서 시작하여 다른 점에서 끝나는 잠정적으로 자기충족적인 상태일 것이다. 언어의 길을 준비하는 반성은 사태가 이러하길 바란다. 반성은 구분하고, 떼어 놓고, 병치시킨다. 반성은 규정된 것 속에서만, 그리고 또한 부동적인 것 속에서만 편안함을 느낀다. 그것은 실재에 대한 정적인 개념규정에 멈춰 선다. 그러나 직접적 의식은 완전히 다른 것을 포착한다. 내적인 삶에 내재적인 직접적 의식은 내적인 삶을 바라보기보다는 느낀다. 그런데 직접적 의식은 내적인 삶을 운동으로, 끊임없이 뒤로 물러서는 미래에 대한 계속적인 잠식으로 느낀다. 게다가 이런 감정은 완수해야 할 특정한 행위에 대한 것일 때 아주 명료해진다. 활동의 끝점

이 우리에게 즉시 나타난다. 그리고 우리는 행동하는 내내 잇따르는 상태들보다는, 현재 위치와 우리가 다가가고 있는 끝점 사이에서 줄어드는 간격을 의식한다. 더욱이 이 목표 자체는 단지 잠정적인 목표로만 지각된다. 우리는 그 뒤에 다른 것이 있음을 안다. 첫번째 장애물을 넘기 위해 우리가 행하는 약동 속에서 우리는 이미 두번째 장애물을 뛰어넘기를 준비하고, 무한정하게 잇따라 나타날 다른 장애물들을 기대한다. 마찬가지로, 어떤 문장을 들을 때 우리는 고립된 단어들에 따로 주의를 기울이지 않는다. 우리에게 중요한 것은 전체의 의미이다. 우리는 처음부터 이 의미를 가설적으로 재구성한다. 우리는 [차후에] 문장이 펼쳐지면서 우리의 주의를 이러저러한 방향으로 밀어감에 따라 이 방향이 다양하게 굴절될 것을 각오하고 [우선은] 우리의 정신을 어떤 일반적인 방향으로 던진다. 여기서도 현재는 그 자체로 포착된다기보다는 그것이 잠식하는 미래 속에서 포착된다. 이 약동은 그것이 가로지르거나 뛰어넘게 만든 모든 심리 상태들에 특정한 외양을 부여하지만, 그 외양은 한결같은 것이어서 우리는 우리가 익숙해져 있는 그것의 현전보다는 그것이 없을 때의 부재를 지각한다. 우리는 친숙한 단어에 주의를 기울였을 때 단어가 때때로 보여 주는 이상한 특징에 주목할 수 있었다. 그때 그 단어는 새로운 것처럼 나타난다. 실제로 그것은 새로운 것이다. 우리의 의식은 그때까지 결코 그것을 정지점으로 만들어 본 적이 없었다. 의식은 문장의 끝에 도달하기 위해 그 단어를 지나쳤던 것이다. 우리의 심리적 삶 전체의 약동은 말의 약동만큼 쉽게 억제될 수 있는 것은 아니다. 그러나 일반적 약동이 약화되는 곳에서, [약동이] 가로지른 상황은 틀림없이 문장의 운동 한가운데에서 부동화된 단어의 소리만큼이나 이상해 보일 것이다. 그것은 더 이상 실재적 삶과 일체를 이루지 않는다. 우리의 과거 경험 중에서 가장 비슷한 것을 찾는다면, 그것을 꿈에 비유할 수 있을 것이다.

그런데 대부분의 경험자들이 잘못된 재인 도중에 그리고 그 후에 경험한 것들을 기술하면서 꿈의 인상에 대해 말하고 있음에 주목해야 한다. 폴 부르제Paul Bourget가 말하듯, 그 현상은 "현실이 곧 하나의 꿈이라는 일종의 분석 불가능한 감정"을 동반한다.[59] 몇 년 전 내가 넘겨받았던 영어로 작성된 한 자기관찰에서, 나는 이 현상 전체에 "어둑어둑한"shadowy이라는 수식어가 사용되고 있음을 발견했다. 나중에 다시 그 현상을 상기했을 때 그것이 "반쯤은 잊혀진 꿈의 왕국"처럼 나타났다는 표현이 덧붙여져 있다. 서로 알지 못하고 서로 다른 언어로 말하는 여러 관찰자들이 여기서 서로 같은 단어로 번역될 수 있는 용어로 자기 자신을 표현하고 있다. 따라서 꿈의 인상은 거의 일반적인 것이라고 할 수 있다.

또한 잘못된 재인을 겪는 사람들이 종종 친근한 단어를 낯설게 느끼는 경향이 있다는 점에 주목해야 한다. G. 하이만스가 행한 조사는 이 두 가지 성향이 서로 연결되어 있다는 것을 보여 주었다.[60] 그는 첫번째 현상[잘못된 재인]을 설명하는 시중의 이론들이 왜 그 현상이 두번째 현상[친근한 단어를 낯설게 느끼는 현상]에 연결되어 있는지 이유를 설명하지 못한다는 지적을 정확히 덧붙인다.

이런 조건에서 잘못된 재인의 제일 원인을 우리 의식이 행하는 약동의 일시적인 정지에서 찾을 수 있지 않을까? 약동의 정지는 아마도 우리 현재의 물질성에서 아무것도 바꾸지 않을 테지만, 현재를 현재가 일체를 이루고 있는 미래와 현재의 정상적 귀결일 행동으로부터 분리하여, 그것

149

---

59) 베르나르-르루아가 수집한 관찰. 『잘못된 재인의 환상』, p. 169.
60) 『심리학회지』, vol. 36, 1904, pp. 321~343 ; 그리고 vol. 43, 1906, pp. 1~17.

에 단순한 그림, 자기 자신에게 스스로를 내보이는 광경, 꿈으로 전환된 실재성과 같은 외양들을 부여한다. 내가 겪은 개인적인 인상을 기술해 보고자 한다. 나는 잘못된 재인을 경험해 보지 못했다. 그러나 잘못된 재인을 연구하는 동안 나는 종종 관찰자들이 기술한 영혼 상태에 스스로 위치해 보려 했고, 스스로 그 현상을 실험적으로 유발해 보려고 시도했다. 나는 그 시도에 완전히 성공하지는 못했다. 그러나 나는 여러 번 반복해서 그에 근접하는 어떤 것, 그러나 매우 희미한 어떤 것을 얻어 냈다. 이렇게 하기 위해 나는 단지 새로울 뿐 아니라 일상적 삶의 흐름과는 뚜렷이 구분되는 어떤 장면을 마주해야 했다. 예컨대 우리가 여행에서 목격한 광경이 그러할 것이고, 무엇보다도 여행이 즉흥적인 경우 더 그러할 것이다. 그때 첫번째 조건은 우리가 거기 **있다는 사실**에 대한 **놀라움**이라고 부를 수 있을 만한 아주 구체적인 어떤 놀라움을 경험했다는 것이다. 이 놀라움에 그것과는 상당히 다른 감정, 그럼에도 불구하고 그 놀라움과 친연성이 있는 어떤 감정이 덧붙는다. 이것은 **미래가 닫혀 있다**는 감정, 즉 상황이 모든 것으로부터 분리되어 있지만 우리 자신은 그 상황에 밀착해 있다는 감정이다. 이 두 감정이 상호침투함에 따라, 실재는 그 견고함을 잃고 현재에 대한 우리의 지각에도 배후에 존재할 다른 무언가가 덧붙여지는 경향이 있다. [이때] 드러나는 것이 '현재의 기억'일까? 나는 감히 그것을 확언하지는 않을 것이다. 그러나 그때 우리는 잘못된 재인으로 향하는 길 위에 있는 것처럼 보이며, 거기에 도달하기 위해서 할 일은 얼마 남지 않은 것처럼 보인다.

그런데 왜 **현재의 기억**이 드러나기 위해서 **의식의 약동**이 약화되거나 정지하는 것을 기다려야 하는가? 우리는 어떤 표상을 무의식으로부터 나오게 하거나 다시 무의식으로 떨어지게 하는 기작에 대해 아무것도 알지 못한다. 우리가 할 수 있는 전부는 그 작업을 상징화하는 잠정적 도식의 힘을 빌리는 것이다. 우리가 처음에 사용했던 도식으로 돌아가 보자. 무의식적 기억들의 총체가 의식을 밀어붙이고 있다고 생각해 보자──의식은 원리적으로 행동에 협력할 수 있는 것만을 통과시킨다. 현재의 기억도 다른 기억들처럼 노력하고 있다. 게다가 그것은 다른 것들보다 우리에게 더 가깝다. 그것은 우리의 현재 지각 위로 기울어져, 언제나 그리로 막 진입할 찰나에 있다. 지각은 간격을 유지하는 연속적인 전진운동을 통해서만 [현재의 기억이 실현되는 것을] 모면한다. 다른 말로 해보자. 기억은 지각의 매개를 통해서만 현실화된다. 따라서 현재의 기억은 현재의 지각 속에 끼어들 수 있는 경우에만 의식에 침투할 것이다. 그러나 현재의 지각은 언제나 그보다 앞서 있다. 지각에 활기를 불어넣는 약동으로 인해, 지각은 현재에 있다기보다는 미래에 있다. 갑자기 이 약동이 멈춘다고 가정해 보자. 그러면 기억은 지각에 합류할 것이고, 현재는 인식되는connu 동시에 재인될reconnu 것이다.

따라서 결국 잘못된 재인은 삶에 대한 가장 해롭지 않은 형태의 부주의일 것이다. 근본적 주의의 기조가 항구적으로 감퇴한다면 다소간 심각하고 지속적인 심리적 동요가 나타날 수 있다. 그러나 이 주의가 일상적으로는 정상적인 기조로 유지되고 있으면서도, 그 결핍이 완전히 다른 방식으로 나타나는 일도 가능하다. 일반적으로 아주 짧고 간헐적인 기능 정지를 통해서 말이다. 정지가 이루어지자마자, 잘못된 재인이 파도처럼 의식에 도달하여 잠시 동안 의식을 뒤덮고는 다시 멀어진다.

우리 작업의 처음에서부터 예감되었던 마지막 가설을 통해 결론을 내리도록 하자. 만일 삶에 대한 부주의가 그 심각함의 정도가 다른 두 가지 형식을 취할 수 있다면, 더 가벼운 두번째 부주의는 다른 하나의 부주의로부터 보호되기 위한 수단이라고 권리상 가정할 수 있지 않을까? 주의의 결핍이 깨어 있는 상태에서 꿈의 상태로의 결정적인 이행이라는 증상으로 나타날 위험이 있을지도 모르는 경우에, 의식은 장애를 몇몇 지점에 국한시켜 주의에 그만큼의 짧은 정지점들을 마련해 주는 것이다. 이런 방식으로 주의는 나머지 시간 동안에는 내내 실재와의 접촉을 유지할 수 있을 것이다. 잘못된 재인의 아주 명료한 몇몇 사례들이 이 가설을 확증해 줄 것이다. 이 현상을 겪는 사람은 먼저 꿈속에서처럼 모든 것에서 분리되었다고 느낀다. 조금 후에 그가 다시 자신을 회복하기 시작하면, 그는 잘못된 재인에 도달한다.[61]

따라서 이러한 것이 바로 잘못된 재인을 야기하는 의지의 동요일 것이다. 심지어 이를 잘못된 재인의 제일 원인이라 할 수 있을 것이다. 이차적 원인에 대해 말하자면, 그것은 다른 곳에서, 즉 지각과 기억의 결합 작용에서 찾아져야 한다. 잘못된 재인은 이 두 기능이 [상호 조절되지 않은 채로] 그 고유한 힘에 내맡겨져 자연적으로 작동하였을 때 야기된다. 끊임없이 행동을 향해 긴장된 의지가 현재를 무한정 미래 속으로 밀어냄으로써 현재가 스스로를 향해 돌아서는 것을 막지 않는다면, 이 현상은 매 순간 일어날 것이다. 생의 약동을 현시하는 **의식의 약동**은 그 단순성으로 인해 분석을 벗어난다. [하지만] 적어도 우리는 의식의 약동이 완화되는 순간들 속에서 그 약동이 지금껏 유지해 왔던 동적 균형의 조건을 연구할 수 있고, 그렇게 해서 그 약동의 본질을 드러내 보이는 하나의 현시manifestation를 분석할 수 있을 것이다.

---

61) 특히 앞서 언급된 크레펠린, 드로마르와 알베스의 논문들에서 이루어진 자기 관찰들을 보라.

6장 _ 지성적 노력[1]

'의식의 평면들'

우리가 여기서 논의하고자 하는 문제는 현대 심리학이 제기하는 식의 주의attention의 문제와는 구분되는 것이다.[2] 과거 사실을 다시 떠올릴 때, 현재 사실을 해석할 때, 어떤 담화를 이해할 때, 다른 사람의 사유를 따라갈 때, 자신의 사유에 귀를 기울일 때, 요컨대 지성이 복잡한 표상 체계에 몰두할 때, 우리는 서로 다른 두 태도를 취할 수 있다고 느낀다. 그것들은 각기 긴장과 이완이라는 태도로, 이 두 태도는 무엇보다도 하나에서는 노력감이 드러나고 다른 하나에서는 그렇지 않다는 점에서 서로 구별된다. 이 두 경우에 표상의 작용jeu은 동일한 것일까? [이 두 경우에서 나타나는] 지성적 요소들은 동일한 부류에 속하며 동일한 관계를 맺고 있을까? 자신을 그저 살도록 내버려 두는 사유와 집중하고 노력하는 사유를 구분하기 위해

---

1) 이 연구는 1902년 1월 『철학 평론』에 실렸다.
2) [옮긴이] 그렇다고 해서 베르그손이 여기서 주의의 문제를 다루지 않는다고 생각해서는 안 될 것이다. 이 장의 4번 각주를 참조하라.

필요한 모든 것을 표상 자체에서, 표상이 수행하는 내적 반응에서, 표상을 구성하는 더 단순한 상태들의 형식, 운동, 집합에서 발견할 수 있지 않을까? 심지어 우리가 이 노력에 대해 갖는 감정에는 아주 독특한 어떤 **표상의 운동**에 대한 의식이 어느 정도 개입되어 있는 것이 아닐까? 이러한 것들이 우리가 제기하고자 하는 물음들이다. 그것들은 모두 단 하나의 물음으로 환원된다. **지성적 노력이 갖는 지성적인 특성은 어떤 것인가?**

이 문제를 어떤 방식으로 해결하건 간에, 우리는 현대 심리학자들이 제기하는 식의 주의의 문제는 건드리지 않을 것이다. 사실상 심리학자들은 무엇보다도 감각적 주의, 즉 단순한 지각이 행하는 주의에 관심을 보였다. 그런데 주의가 동반된 단순한 지각은 몇몇 알맞은 상황에서는 주의를 기울이지 않는 경우에도 동일한──혹은 거의 동일한── 내용을 제시할 수 있을 것이기에, 사람들은 주의의 구체적인 특성을 이 내용 밖에서 찾아야 했다. 리보가 제안한 바와 같이, [주의의 현상에] 동반되는 운동적 현상들, 그리고 무엇보다도 정지작용에 결정적인 중요성을 부여해야 한다는 생각이 심리학에서 고전적인 입장이 되어 가고 있다.[3] 그러나 지성적 집중 상태가 복잡화됨에 따라, 그 상태는 거기에 동반되는 노력과 한층 더 밀접하게 연결된다. 정신의 작업 중에서는 쉽고 수월하게 수행된다고 여겨질 수 없는 것들이 있다. 노력 없이 새로운 기계를 발명하거나, 제곱근을 푸는 일이 가능할까? 따라서 여기서 지성 상태는 말하자면 제 위에 노

---

3) [옮긴이] 리보는 주의작용을 정신작용이 아니라 신체가 갖는 특정한 태도에 대한 의식이라고 규정한다. 리보에 따르면, 우리가 주의를 기울일 때, 우리의 신체는 우선 진행되는 운동을 억제하고 멈춰서는 정지작용을 수행한다. 베르그손이 보기에 리보는 주의작용의 출발점으로서 운동의 억제 현상을 아주 잘 인지하였으나, 그것을 서술하는 데 그쳤기 때문에 노력감을 동반하는 주의작용이 가진 유효하고 적극적인 면모를 파악하지 못했다. 리보에 대한 베르그손의 평가에 대해서는 『물질과 기억』 2장 p.110/176~177쪽을 참고할 것.

력의 표식을 새겨 지니고 있다. 달리 말하면, 지성적 노력이 갖는 지성적인 특성은 바로 여기에 존재한다. 물론 이 특성이 복잡하고 고상한 표상들의 경우에 존재한다면, 더 단순한 상태들에서도 그것의 일부분을 찾아낼 수 있어야 할 것이다. 따라서 감각적 주의에서는 이 요소가 단지 부수적이고 소극적인 역할만을 수행하고 있다 해도, 감각적 주의에서 그 흔적을 발견해 내는 것이 불가능한 일은 아닐 것이다.[4]

논의를 단순화하기 위해, 우리는 여러 종류의 지성 작업을, 가장 쉬운 재생에서부터 시작하여 가장 어려운 생산이나 발명으로 나아가면서 하나하나 검토할 것이다. 따라서 우리는 먼저 기억의 노력, 더 정확히 말하면 상기의 노력을 다루어 보겠다.

이전의 글에서[5] 우리는 아직 판명한 이미지들로 번역되지 않은 '순수기억'에서부터 시동적 감각들과 시작된 운동들로 현실화된 이 동일한 기억에 이르기까지, 일련의 '의식의 평면들'을 구분해야 한다는 것을 보였다. 우리는 어떤 기억에 대한 의지적인 환기란 이 의식의 평면들을 특정한 방향으로 차례로 가로지르는 것이라고 말한 바 있다. 우리의 저작과 동시에 출판되었던 S. 비타젝[S. Witasek]의 매우 흥미롭고 시사적인 논문[6]에서는

---

4) [옮긴이] 여기서 베르그손은 기계적인 방식으로 이루어지는 감각적 주의에서 주의의 핵심적 특성을 찾는 당대 심리학의 일반적 경향에 반하여 주의의 문제를 다른 방식으로 제기한다. 앞에서 지적되었듯이 감각적 주의가 겨냥하는 지각내용은 주의를 기울이느냐의 여부와 독립적으로 남아 있기에, 주의에 동반되는 노력감과 이러한 노력을 이끄는 정신의 활동, 즉 의지의 힘은 주의의 문제와 직접적인 관련이 없는 항임에도 자의적으로 도입되거나(멘 드 비랑의 경우) 주의의 문제에 외적인 것으로 배제되고 만다(리보나 윌리엄 제임스의 경우). 이에 반해 베르그손은 주의의 노력감이 그 내용과 일체를 이루는 지성적 표상을 살펴봄으로써 의지적 주의에서 주의가 갖는 핵심적인 특성을 발견하는 한편, 감각적 주의에서도 이러한 노력감의 흔적을 발견함으로써 감각적 주의를 의지적 주의의 한 형태로 파악하고자 하는 것이다.

5) 『물질과 기억』 2장과 3장.

6) 『심리학회지』, 1896년 10월.

동일한 과정이 "비직관적인 것에서 직관적인 것으로의 이행"이라고 정의되었다. 여기서는 우리 저작의 몇몇 논점들로 되돌아가는 한편 비타젝의 저작을 또한 참고하여, 먼저 기억을 상기하는 경우에 자생적spontanée 표상과 의지적 표상이 어떻게 다른지를 연구해 보려 한다.

노력을 결여한 상기

일반적으로 우리가 하나의 구절을 암기하려 하거나 기억 속에서 일군의 인상들을 붙잡으려 할 때, 우리의 유일한 목표는 외우는 내용을 잘 간직하는 것이다. 우리는 외운 내용을 나중에 어떻게 상기해야 하는지에 대해서는 거의 걱정하지 않는다. 우리는 상기의 기작에 무관심하다. 본질적인 것은 필요할 때 어떤 방식으로든 그 기억을 상기할 수 있다는 사실이다. 이런 이유로 우리는 [그것을 기억하기 위해] 아주 다양한 방법을 동시적으로, 혹은 순차적으로 사용하는 것이다. 우리는 기계적 기억과 지성적 기억을 동시에 사용하여, 청각적·시각적·운동적 이미지들을 병렬시킴으로써 이미지들을 날것 그대로 붙잡기도 하고, 아니면 반대로 기억들을 그 기억들의 의미를 표현하는 하나의 단순 관념으로 대체함으로써 필요한 경우 전체 계열을 재구성할 수 있게끔 만들기도 한다. 바로 이런 이유로, 상기의 순간이 도래할 때 우리는 지성에만 호소하는 것도 아니고, 자동성에만 호소하는 것도 아니다. 여기서 자동성과 반성은 내밀하게 뒤섞이고, 이미지가 이미지를 불러내는 것과 동시에 정신은 덜 구체적인 표상들을 대상으로 작업한다. 정신이 복잡한 기억의 모든 부분을 기계적으로 상기할 때 취하는 태도와, 이와 반대로 그 부분들을 능동적으로 재구성할 때 취하는 태도 사이의 차이를 정확하게 규정하려 할 때 우리가 겪는 극도의 어려움은 바로 여기서 온다. 상기에는 거의 언제나 기계적 상기의 몫과 지성적 재구성의 몫이 함께 존재하며, 이것들은 너무나 잘 혼합되어 하나가 어디서 시작되고 다른 하나가 어디서 끝나는지 말할 수 없다. 그럼에도 불구하고, [한편으로는] 순간적이고 가능한 한 기계적인 상기를 목적으로 하여 복잡한 구절을 외우려는 것과 같이 예외적인 경우들이 나타난다. 다른 한 편으로, 외울 구절의 내용이 결코 단번에 상기될 필요가 없고, 반대로 점진적이고 반성적인 재구성의 대상이 되어야 하리라고 생각되는 경우들도 있다. 따라서 이 극단적인 경우들을 먼저 검토해 보자. 우리는 상기해야 할 방식에 따라 보존이 완전히 다른 방식으로 이루어진다는 점을 보게 될 것이다. 다른 한편, 우리가 기억을 획득할 때 상기를 위한 지성적 노력을 촉진하기 위해, 혹은 반대로 이 노력을 불필요하게 만들기 위해 행하는 **특유한**sui generis 작업은 이 노력의 본성과 조건을 알려 줄 것이다.

로베르 우댕은 그의 책『술회』의 한 흥미로운 구절에서 그가 어떻게 어린 아들의 순간적인 직관 기억을 발달시켰는지를 설명한다.[7] 그는 아들에게 5-4라는 도미노 패를 보여 주는 것으로 시작하여, 세지 않고 점의 총 개수를 말하도록 했다. 그리고 나서 그는 이 패에 다른 패인 4-3을 덧붙이고, 다시 한번 즉각적인 대답을 요구하였다. 첫 교습은 여기에서 끝났다. 이튿날, 그의 아들은 단번에 3~4개의 패를 더하는 데 성공했고, 이틀 뒤에는 5개의 패를 더하는 데 성공했다. 매일 전날보다 더 많은 패를 더하는 일을 계속하여 그의 아들은 결국 12개의 도미노 위에 있는 점의 개수를 순간적으로 더할 수 있게 되었다. "이런 결과가 나오자, 우리는 훨씬 더 어려운 작업에 착수해 한 달 이상 거기에 몰두했다. 내 아들과 나는 장난감 가게

---

7) 로베르 우댕(Robert Houdin), 『술회』(Confidences), Paris, 1861, t.I, p.8 이하.

나 다양한 상품을 갖춘 가게 앞을 빠르게 지나가면서 그 가게를 주의 깊게 살펴보았다. 몇 걸음을 더 걸어간 뒤에, 우리는 주머니에서 연필과 종이를 꺼내 지나가면서 알아볼 수 있었던 많은 수의 물건들을 적는 경쟁을 했다. … 때로 내 아들은 40개의 물건을 적어 내기도 했다." 이러한 특별한 교육의 목표는 아이가 극장에서 관객들이 가지고 있는 모든 물건을 한눈에 포착할 수 있도록 만드는 것이었다. 그러고 나서 아이는 눈을 가린 채로 아버지와 약속한 신호에 따라 관객 중 한 명이 임의로 선택한 대상을 묘사함으로써 마치 투시력이 있는 체했다. 이러한 시각적 기억은 더욱 발달하여 아이는 몇 초 동안 책장 앞을 지나간 후에 책의 제목은 물론 그 책들의 위치까지도 기억할 정도가 되었다. 이 아이는 말하자면 전체에 대한 정신적 사진을 찍었고, 이것은 부분들에 대한 즉각적 상기를 가능케 했던 것이다. 그런데 첫번째 교습에서 도미노의 점을 셈하는 것이 금지되었다는 사실로부터, 우리는 이 기억 교육의 주된 원동력이 어디에 있는지 알게 된다. 시각적 이미지에 대한 모든 **해석**이 시각 행위로부터 배제되었던 것이다. 이렇게 해서 지성은 시각적 이미지의 평면 위에 머물러 있을 수 있었다.

이와 동일한 종류의 기억을 청각에 부여하기 위해서는 지성이 청각적 이미지 혹은 발음 이미지의 평면에 머물러 있어야 한다. 언어 교육을 위해 제안된 방법들 가운데 가장 중요한 것은 프렌더개스트의 방법[8]이다. 이 방법의 원리는 다방면에서 사용되었다. 그것은 우선 문장을 발음하게 하면서, 학생이 그 의미를 모색하지 못하게 만드는 것이다. 고립된 단어들

---

8) 토머스 프렌더개스트(Thomas Prendergast), 『마스터리 선집 안내서』(*Handbook of the mastery series*), London, 1868.

이 아니라 언제나 완전한 명제를 기계적으로 반복해야 한다. 만일 학생이 의미를 추측하려 한다면 결과를 망쳐 버릴 것이다. 그가 잠시라도 머뭇거린다면 처음부터 다시 시작해야 한다. 단어의 위치를 변화시키고, 문장들 간에 단어를 서로 교체함으로써, 말하자면 지성이 개입하지 않은 채로 의미가 귀에 스스로 드러나도록 만드는 것이다. 이 방법의 목표는 기억 전체 mémoire 로부터 순간적이고 용이한 상기를 가능케 하는 것이다. 그리고 그 기법은 감각과 운동의 평면에 외적인 추상적 요소들을 개입시키지 않고, 정신을 가능한 한 소리 이미지나 발음 이미지 속에서만 움직이도록 하는 것으로 이루어진다.

따라서 어떤 복잡한 기억은 그 기억의 요소들이 하나의 동일한 의식의 평면 위에 펼쳐지려는 경향이 클수록 더 용이하게 상기된다. 그리고 실제로 우리들은 각자 스스로 이 사실을 관찰할 수 있었다. 중학교 때 암기했던 한 편의 시가 우리의 기억 속에 남아 있지 않은가? 그것을 암송해 볼 때 우리는 단어가 단어를 호출하고 있으며, 의미를 생각해 보는 것은 상기의 작동기작에 도움이 된다기보다는 방해가 된다는 사실을 알아차린다. 이런 경우 기억은 청각적일 수도 있고, 시각적일 수도 있다. 그러나 그 기억은 언제나 그와 동시에 운동적이기도 하다. 심지어 우리는 청각적 기억과 발음의 습관을 구분하는 데 어려움을 느낀다. 우리가 도중에 암송을 그치는 경우 느끼게 되는 '미완'의 감정은 때로는 시의 나머지 부분이 우리의 기억 속에서 계속해서 낭송되기 때문인 것 같기도 하고, 때로는 발음 운동이 그 약동의 끝까지 진행되지 않아서 그것을 완수하고자 하기 때문인 것 같기도 하며, 대개의 경우에는 양자 모두의 탓인 것 같기도 하다. 그러나 이 두 종류의 기억 ——청각적 기억과 운동적 기억 ——은 동일한 질서에 속하고, 똑같이 구체적이며, 똑같이 감각에 인접해 있다는 점에 주목

159

해야 할 것이다. 앞서 사용한 표현으로 다시 돌아온다면, 그것들은 동일한 '의식의 평면'에 위치한다.

상기의 노력

반대로 상기가 노력을 동반한다면, 그것은 정신이 하나의 평면에서 다른 평면으로 움직이기 때문이다.

순간적인 상기가 목적이 아닌 경우에는 어떻게 암기해야 하는가? 기억술의 논문들이 이 점을 다루고 있으나, 우리는 각자 그것을 간파하고 있다. 우리는 암기할 대목을 주의 깊게 읽고, 그 대목의 내적 구성을 고려하면서 여러 문단이나 절로 나눈다. 이렇게 해서 우리는 글 전체에 대한 도식적 이해를 얻게 된다. 그러고 나서 우리는 그 도식 안에 가장 두드러지는 표현들을 집어넣는다. 우리는 주도적인 관념에 부차적인 관념들을, 부차적인 관념들에 대표적인 주요 단어들을, 마지막으로 이 단어들에 마치 사슬처럼 그것들을 연결하는 매개적 단어들을 결부시킨다. "기억술의 재주는 한 편의 산문 속에서 전체 페이지를 이끌어 가는 이러한 두드러진 관념, 짧은 문장, 단순한 단어를 포착하는 데 있다."[9] 어떤 논문은 이와 같이 말한다. 다른 논문은 다음과 같은 규칙을 제시한다. "짧고 중요한 공식들로 축소시켜라…, 각각의 공식 속에서 암시적인 단어에 주목하라… 이 단어들을 전부 서로 연관시키고 그렇게 해서 관념의 논리적 연쇄를 형성하라."[10] 따라서 우리는 여기서 더 이상 이미지들을 서로 기계적으로 결부시

---

9) 막심 오디베르(Maxime Audibert), 『일반 기억술 서설』(*Traité de mnémotechnie générale*), Paris, 1840, p.173.
10) A. 앙드레(A. André), 『합리적 기억술』(*Mnémotechnie rationnelle*), Angers, 1894.

켜 앞에 오는 이미지가 다음에 오는 이미지를 이끌어 내도록 만드는 것이 아니다. 우리는 다수의 이미지들이 단일하고 단순하고 불가분적인 표상으로 응축되는 것처럼 보이는 하나의 점으로 옮겨 간다. 우리가 기억에 맡기는 것은 이러한 [하나의] 표상이다. 차후에 상기의 순간이 도래하면, 우리는 피라미드의 꼭대기에서 바닥을 향해 다시 내려갈 것이다. 우리는 전체가 하나의 유일한 표상 속에 압축되어 있던 상위의 평면으로부터 점점 더 낮은 평면들, 즉 단순한 표상이 이미지들로 흩어지고 이미지들이 문장과 단어들로 전개되는, 점점 더 감각에 가까운 평면들로 이행할 것이다. 물론 그러한 상기는 더 이상 직접적이지도, 용이하지도 않을 것이다. 그것은 노력을 동반할 것이다.

아마도 이러한 두번째 방법에서는 상기하는 데 시간이 더 들겠지만, 암기하는 데에는 시간이 덜 들 것이다. 종종 주목되어 온 것처럼, 기억의 완벽함이라는 것은 [기억을] 보유하는 능력의 증가라기보다는, 관념을 세분하고 조정하고 연결시키는 능력의 증가이다. 윌리엄 제임스가 인용하는 한 설교자는 처음에 강론 하나를 외우는 데 3, 4일이 걸렸다. 나중에 그 일은 이틀도 걸리지 않았고, 그러고 나서는 하루가 걸렸고, 종국에는 주의 깊게 **분석적으로** 단 한 번 읽기만 하는 것으로도 충분하게 되었다.[11] 그에게서 나아진 것이 있다면, 그것은 분명히 모든 관념, 이미지, 단어를 한 점에 수렴케 하는 능력의 증가일 뿐이다. 그것은 나머지의 것들이 전부 그 잔돈에 불과할 하나의 금화piece를 획득하는 것이다.

이러한 단일한 금화는 어떤 것일까? 어떻게 그렇게 다양한 이미지들이 하나의 단순한 표상 속에 함축적으로 수용될 수 있는가? 우리는 차후

161

---

11) 윌리엄 제임스, 『심리학의 원리들』, vol. I, p. 667 주석.

에 이 지점으로 되돌아올 필요가 있을 것이다. 지금으로서는 단지 다양한 이미지들로 전개될 수 있는 이 단순한 표상을 알아보게 할 수 있게끔, 그것에 이름을 부여하는 것으로 만족하도록 하자. 우리는 그리스어 어감에 기대어, 그것을 **역동적 도식**schéma dynamique[12]이라고 부를 것이다. 우리가 이 말을 통해 의미하는 바는, 이 표상이 이미지들 자체를 포함하고 있는 것은 아니지만 그 이미지들을 재구성하기 위해 필요한 바에 대한 지시[indication]를 포함하고 있다는 것이다. 그것은 각각의 이미지를 빈약하게 만들어 버림으로써 획득되는 이미지들의 추출물이 아니다. 그렇다면 이 도식이 많은 경우 그 이미지들을 총괄적으로 되찾을 수 있게 해준다는 사실을 이해하지 못하게 될 것이다. 또한 그것은 이미지들의 총체가 의미하는 바에 대한 추상적 표상도 아니다. 혹은 적어도 그러한 추상적 표상이기만 한 것은 아니다. 아마도 의미라는 관념은 거기서 큰 비중을 차지할 것이다. 하지만 이미지들의 의미를 이미지로부터 완전히 떼어 내는 경우 이미지들의 의

---

12) [옮긴이] 이 절의 초반부에서 베르그손은 노력이 드는 상기의 경우 상기할 내용 전체를 요약하는 도식이 개입함을 지적하였다. 도식(schéma), 즉 스케마(σχῆμα)는 대상이 소유한 외적인 형태, 혹은 형식을 가리킨다. 즉 도식은 적절한 이미지들을 받아들여 그 이미지들로 채워지는 하나의 틀이다. 그런데 베르그손은 여기서 역동적(dynamique)이라는 표현을 덧붙임으로써 도식이라는 표현이 갖는 정적이고 견고한 어감을 완화시키고 노력이 드는 지성 활동 속에서 도식이 작동하는 방식을 보여 주려 한다. 역동적이라는 표현의 어원이 되는 뒤나미스(δύναμις)는 '가능'을 의미하는 뒤나마이(δύναμαι) 동사에서 파생된 표현으로, 일반적으로 힘, 능력 등으로 번역되면서 힘이 갖는 역동성과 동시에 그 힘이 실현할 수 있는 것으로 소지하고 있는 가능성을 가리킨다. 특히 아리스토텔레스에서 뒤나미스는 실현된 현실태(ἐν έργεια)와 대비되어 어떤 대상이 자신의 기능(ἔργον)을 실현할 잠재적 가능성으로서의 잠재태를 의미한다. 역동적 도식이라는 합성어는 도식이 단순히 이미지들을 받아들이는 추상적이고 부동적인 형식이 아닐뿐더러, 오히려 이미지의 실현을 이끄는 잠재적인 가능성과 적극적인 운동성을 포함하고 있다는 점을 강조하기 위한 표현이다. '기억 이론들의 역사'에 대한 1903~1904년 콜레주 드 프랑스 강의에서 베르그손은 역동적 도식과 순수기억을 동일시한다.

미라는 관념이 무엇이 될 것인지 말하기가 어려울뿐더러, 동일한 논리적 의미가 완전히 다른 이미지들의 계열에 속할 수 있다는 것, 따라서 의미만으로는 [가능한] 다른 이미지들의 계열을 완전히 배제한 채로 특정한 이미지들의 계열을 붙잡아 재구성하게끔 만들기에 불충분하다는 것은 명백하다. 도식은 정의하기 어려운 것이지만 우리들 각자는 그것을 자각하고 있으며, 만일 우리가 다양한 종류의 기억을, 특히 기술적이거나 전문적인 기억을 서로 비교한다면 이 도식의 본성을 이해하게 될 것이다. 여기서 이것을 세부적으로 다룰 수는 없다. 그러나 우리는 최근 몇 년 간 특별히 주의 깊고 통찰력 있는 연구의 대상이었던 체스 기사들의 기억에 대해서 짧게 언급하고자 한다.[13]

도식의 개입

주지하다시피, 어떤 체스 기사들은 체스판을 보지 않은 채로 동시에 여러 판의 체스 게임을 진행할 수 있다. 그의 상대방 중 하나가 말을 움직일 때마다, 사람들은 그에게 움직인 말의 새로운 위치를 전해 준다. 그러면 그는 자신의 말 가운데 하나를 움직여 달라고 요청한다. 이런 식으로 '눈을 감고' 경기하는 체스기사들은 매 순간 모든 체스판 위에 있는 모든 말의 각각의 위치를 정신적으로 표상하면서, 때로는 능숙한 체스 기사들을 상대로 해서도 다면기多面棋를 승리로 이끌곤 한다. 텐Hippolyte Taine은 지성에 대한 그의 저작의 유명한 한 대목에서 그의 친우들 중 한 명이 제공한 정

---

13) 알프레드 비네(Alfred Binet), 『뛰어난 계산가들과 체스 기사들의 심리학』(*Psychologie des grands calculateurs et joueurs d'échecs*), Paris, 1894.

보에 따라 이러한 능력을 분석한 바 있다.[14] 그에 따르면 이것은 순수하게 시각적인 기억이다. 체스 기사는 일종의 내적인 거울에 비춰 보듯 수가 놓일 때마다 각각의 체스판과 그 위에 놓인 체스말들의 이미지를 끊임없이 지각하는 것이다.

그런데 상당수의 '보지 않는 체스 기사들'에 대해 비네가 행한 조사는 아주 분명한 결론을 보여 주는 것처럼 보인다. 그것은 체스판과 체스말의 이미지가 '거울 속에서와 같이' 있는 그대로의 모습으로 기억에 제공되는 것이 아니라 매 순간 재구성의 노력을 요구한다는 것이다. 이 노력은 어떤 것인가? 기억 속에 실제로 현전해 있는 요소들은 어떤 것인가? 여기서 비네의 조사는 뜻밖의 결과를 보여 주었다. 우선 상담에 참여한 체스 기사들은 하나같이 체스말 자체에 대한 정신적인 영상은 유용하기보다는 방해가 된다고 이야기한다. 그들이 각각의 체스말로부터 포착해 내서 표상하는 것은 체스말의 외관이 아니라 그것의 힘, 범위, 가치, 결국 그것의 기능이다. 비숍은 다소간 괴상한 외형을 가진 나무 조각이 아니다. 그것은 '사선의 힘'이다. 룩은 '직선으로 전진하는' 특정한 힘이고, 나이트는 '어림잡아 세 개의 폰과 등가적이고 완전히 고유한 법칙에 따라 움직이는 말'이다. 체스말에 대해서는 이상과 같다. 이제 게임에 대해 살펴보자. 체스 기사의 정신에 현전하는 것은 힘들의 조합, 혹은 더 정확히 말하면 우호적이거나 적대적인 힘들 사이의 관계이다. 체스 기사는 그 게임의 역사를 시작에서부터 정신적으로 되풀이한다. 그는 현재 상황에까지 이르게 된 잇따르는 사건들을 재구성한다. 이렇게 그는 전체에 대한 표상을 획득한다. 이 표상은 그로 하여금 임의의 순간에 그 요소들을 시각화하는 것을 가능

---

14) 이폴리트 텐(Hippolyte Taine), 『지성에 대하여』(*De l'intelligence*), Paris, 1870, t.I, p.81 이하.

케 한다. 게다가 이러한 추상적 표상은 **하나**를 이루고 있다. 그것은 모든 요소들의 상호적 침투를 함축하고 있다. 이를 증명하는 것은, 체스 기사에게 각각의 게임이 고유한 판세physionomie를 가진 것으로 드러난다는 점이다. 그것은 **특유한** 인상을 준다. 상담에 참여한 인물들 중 한 사람은 "나는 음악가들이 화음을 한꺼번에 포착하는 것처럼 그것을 포착한다"라고 말했다. 그리고 여러 게임을 서로 헷갈리지 않고 기억해 둘 수 있게 해주는 것은 바로 이 판세의 차이다. 따라서 여기에도 전체에 대한·표상적 도식이 있으며, 이 도식은 추출물도, 요약도 아니다. 그것은 일단 되살아난 이미지가 그러할 것과 마찬가지로 완전하지만, 이미지가 서로 외적인 부분들로 전개시킬 것들을 상호적 함축의 상태로 포함하고 있다.

　단순한 기억을 힘겹게 환기할 때 들이는 노력을 분석해 보라. 여러분은 어떤 표상에서 출발하여 서로 아주 다른 역동적 요소들이 서로의 안에 주어져 있다고 느낀다. 이러한 상호적 함축implication, 결과적으로 이러한 내적 복잡화complication는 필수적인 것일뿐더러 도식적 표상의 본질적 특성이기 때문에, 단순한 이미지를 환기하는 경우에는 [오히려] 도식이 이미지보다 훨씬 복잡한 것일 수도 있다. 이에 대한 사례를 너무 멀리서 찾지는 않을 것이다. 얼마 전에 나는 이 논문의 개요를 종이에 적고 참고문헌의 목록을 작성하면서 프랜더개스트Prendergast의 이름을 적어 넣으려 했다. 그는 내가 조금 전에 인용했던 직관적 방법의 저자였으며, 나는 이전에 기억에 대해 많은 저작을 읽어 보면서 그의 저작물도 읽어 본 적이 있었다. 그러나 나는 그의 이름을 다시 생각해 낼 수도, 그의 이름이 인용된 것을 이전에 어떤 작품에서 보았는지도 상기할 수 없었다. 나는 기억나지 않는 이 이름을 다시 불러내기 위해 시도했던 일을 단계별로 적어 두었다. 나는 우선 나에게 남아 있었던 일반적 인상에서 출발했다. 그것은 기묘함의 인상이었지만, 무규정적인 기묘함은 아니었다. 그것은 마치 야만, 탈취라는 어떤 근음根音과도 같은 것으로, 먹이를 습격해서 발톱으로 꽉 죄어 끌고가는 맹금이 주었을 법한 감정이었다. 이제 와서 생각해 보건대, 내가 찾던 이름의 첫 두 음절이 대략적으로 형상화했던 단어인 **붙들다**prendre가 내 인상에서 큰 비중을 차지했었으리라. 그러나 이러한 유사성이 [그때 느꼈던] 그렇게도 정확한 감정의 뉘앙스를 설명하는 데 충분했을 것인지 모르겠다. 그리고 지금 내가 '프렌더개스트'Prendergast를 생각할 때 '아르보가스트' Arbogaste라는 이름이 왜 이렇게 끈질기게 떠오르는지를 살펴본다면, 나는 내가 붙들다prendre라는 일반적 관념과 아르보가스트의 이름을 한데 뒤섞었던 것은 아닌가 자문하게 된다. 이 후자의 이름은 내가 로마 역사를 배웠던 때부터 남아 있던 것으로, 내 기억 속에서 모호한 야만의 이미지를 환기시켰다. 그러나 나는 이에 대해 확신할 수 없다. 내가 단언할 수 있는 전부는 내 정신 속에 남겨져 있던 인상이 절대적으로 **특유한** 것이었고, 그 것은 수많은 장애물을 극복해 가면서 고유명사로 변형되려는 했다는 것이다. 이러한 인상이 내 기억에 되돌려 주었던 것은 특히 문자 d와 r이었다. 그러나 이 문자들은 시각적 이미지나 청각적 이미지, 혹은 심지어 완수된 운동적 이미지로서 되돌려진 것은 아니었다. 이 문자들은 무엇보다도 내가 찾던 단어의 발음에 도달하기 위해 따라야 할 특정한 **노력의 방향**을 지시하는 것으로서 나타났다. 잘못된 것이었긴 하지만, 이것들이 길을 알려주는 것 같았기 때문에 나에게는 이것들이 틀림없이 [내가 찾으려는] 단어의 첫 문자인 것처럼 보였다. 나는 이 문자에 차례로 다양한 모음을 붙여 봄으로써, 내가 첫번째 음절을 발음하는 데 성공하여 나를 그 단어의 끝까지 데려가 줄 약동을 획득하게 될지도 모른다고 생각했다. 이 작업은 성공적으로 막을 내릴 수 있었을까? 나는 알지 못한다. 하지만 그 이름이 기억의 교육에 대한 케이^{David Kay}의 책에 있는 한 주석에 인용되어 있으며 내가 그를 거기에서 알게 되었다는 사실이 갑작스레 내 정신에 떠올랐을 때, 이 작업은 여전히 그다지 진척되지 않은 상태였다. 나는 즉각 거기서 그 이름을 찾아 보았다. 아마도 유용한 기억이 갑작스럽게 되살아났던 것은 우연의 결과였을 것이다. 그러나 어쩌면 도식을 이미지로 전환시키려 했던 그 작업이 그 목표를 초과하여, 이미지 자체를 불러내는 대신에 본래 그 주위를 둘러싸고 있었던 상황을 불러낸 것일지도 모른다.

166

이미지로의 전개

이 사례들에서 기억의 노력은 단순한 도식, 아니면 적어도 집중되어 있는 도식을 서로 다소간 독립적인 판명한 요소들로 이루어진 하나의 이미지로 **전개시키는 것**을 본질로 삼는 것처럼 보인다. 노력하지 않은 채로 기억이 무턱대고 방황하도록 내버려 둔다면, 동일한 의식의 평면에 위치해 있는 이미지들이 연이어 나타날 것이다. 반대로 기억하려는 노력을 기울이자마자 우리는 상위의 층위로 움츠러든 다음 환기해야 할 이미지를 향해 점진적으로 하강할 것이다. 전자의 경우 우리가 단일한 평면 위에서 이미지들을 서로 연합하면서 예컨대 수평적이라고 부를 수 있을 법한 운동에 따라 움직인다면, 후자의 경우에는 수직적인 운동이 우리를 한 평면에서 다른 평면으로 이행하게 한다고 말해야 할 것이다. 전자의 경우 이미지들은 서로 동질적이지만, 서로 다른 대상을 나타낸다. 후자의 경우 작업의 모든 순간에 하나의 동일한 대상이 표상되지만, 그 대상은 때로는 도식, 때로는 이미지라는 서로 이질적인 지성 상태를 통해 다른 방식으로 표상된다. 하강 운동이 뚜렷해짐에 따라 도식은 이미지 쪽에 가까워진다. 요컨대 우리 각자는, 전자의 경우에는 표면에서 외연적으로 이루어지고 후자의 경우에는 깊이에 따라 강도적으로 이루어지는 하나의 작업을 명확히 자각하고 있다.[15]

게다가 이 두 작업이 독자적으로 수행되어 순수한 상태에서 발견되는 일은 드물다. 상기 행위는 대부분 이미지를 향한 도식의 하강운동과 이미지들 사이에서 이루어지는 이동운동을 동시에 포함한다. 그런데 이것은 우리가 이 연구의 초입에서부터 지적한 바 있듯이 기억 활동이 일반적으로 노력을 요하는 부분과 자동적으로 이루어지는 부분을 [동시에] 지니고 있다는 말이다. 나는 지금 예전에 했던 긴 여행에 대해 생각하고 있다. 이 여행 중의 사건들은 임의의 순서로 정신 속에 떠올라 기계적으로 서로를 호출한다. 그러나 만일 내가 그 여행의 특정 시기를 기억하기 위해 노력을 기울인다면, 그 이유는 내가 그 시기 전체로부터 그것을 구성하는 부분들로 이행하기 때문이다. [시기] 전체는 우선 나에게 특정한 정감적 색조를 갖춘 분할되지 않은 도식과 같은 것으로 나타난다. 때로는 이미지들이 단순히 서로를 불러일으킨 뒤에 도식의 힘을 빌려 그 이미지들을 완성시키기를 요구하기도 한다. 그러나 내가 노력감을 느낀다면 그것은 [언제나] 도식에서 이미지로 향하는 경로 위에서이다.

지금으로서는 상기의 노력이란 요소들이 상호침투하는 도식적 표상을 부분들이 서로 병렬되는 이미지화된 표상으로 전환시키는 것이라고 결론을 내려 두자.

---

15) [옮긴이] 『물질과 기억』은 기억의 원뿔 속에서 이루어지는 이 두 운동을 각기 물리학적 운동에 비견하여 회전(rotation) 운동과 병진(translation) 운동이라 명명한다. 『물질과 기억』 3장, p.188/284쪽을 참조하라.

지성적 노력

이제 지성작용^{intellection} 일반의 노력, 즉 이해하고 해석하기 위해 기울이는 노력을 연구할 필요가 있을 것이다. 나는 여기서 몇몇 지적을 하는 데 그치고, 나머지에 대해서는 이전의 저작을 참고할 것이다.[16]

지성작용의 활동은 끊임없이 수행되고 있기 때문에, 여기서 지성적 노력이 어디서 시작하고 어디서 끝나는지를 말하기란 쉽지 않다. 그럼에도 불구하고 [한편으로는] 노력을 요하지 않는 특정한 방식의 이해와 해석이 존재하며, [다른 한편으로는] 노력을 필연적으로 함축하는 것은 아니지만 일반적으로 노력이 기울여지는 곳에서 관찰할 수 있는 다른 방식의 이해와 해석도 존재한다.

첫번째 부류의 지성작용은 다소간 복잡한 지각이 주어졌을 때 적절한 행위를 통해 거기에 자동적으로 반응하는 것으로 이루어진다. 어떤 일상적 대상을 재인한다는 것은 그것을 사용할 줄 안다는 것이 아니라면 무엇이겠는가? 그리고 '그것을 사용할 줄 안다는 것'은, 그것을 지각할 때 습관이 이 지각에 결부시킨 작용을 기계적으로 그리는 것이 아니라면 무엇이겠는가? 주지하다시피 정신맹^{cécité psychique}의 초기 관찰자들은 정신맹에 **실행증**^{失行症, apraxie}이라는 이름을 부여했다. 그들은 이 말을 통해 일상적 대상을 재인하는 데 있어서의 무능력이란 무엇보다도 그것을 사용하는 데 있어서의 무력함이라는 것을 표현하고 있다.[17] 게다가 완전히 자동적인

---

16) 『물질과 기억』, pp. 89~141/147~221쪽.

17) 아돌프 쿠스마울(Adolf Kussmaul), 『말의 장애들』(*Les troubles de la parole*), Paris, 1884, p. 233; 알렌 스타(Allen Starr), 「실행증과 실어증」(Apraxia and Aphasia), 『의학 기록』(*Medical Record*), 1888년 10월. ——다음을 참고하라. 레오폴트 라쿠어(Leopold Laquer), 『신경학

이러한 지성작용은 일반적으로 생각되는 것보다 훨씬 더 범위가 넓다. 일상적인 대화는 대부분 평범한 물음에 대한 기성의 답변으로 구성되어 있으며, 이런 답변은 지성이 물음이나 답변의 의미에 관심을 두지 않는 경우에도 물음에 뒤따라 나올 수 있다. 정신이상자들이 스스로 무슨 말을 하는지 알지 못하면서도 단순한 주제에 대해서는 그럭저럭 앞뒤가 맞는 대화를 행할 수 있는 것은 이런 이유에서이다.[18] 이러한 사실은 여러 번 주목되었다. 우리는 말하자면 소리의 음악적 양립 가능성 혹은 양립 불가능성에 따라 단어를 연결할 수 있으며, 이런 방식으로 엄밀한 의미에서의 지성이 개입하지 않아도 말이 되는 문장을 구성할 수 있다. 이런 사례들에서 감각에 대한 해석은 운동에 의해 즉각적으로 수행된다. 우리가 말한 바와 같이 정신은 하나의 동일한 '의식의 평면'에 머물러 있다.

진정한 지성작용은 이와는 완전히 다른 것이다. 그것은 지각 혹은 이미지와 그 의미signification 사이를 왕래하는 정신의 운동이다. 이 운동의 본질적 방향은 어떤 것인가? 사람들은 여기서 우리가 이미지에서 시작해서 그 의미로 거슬러 올라간다고 생각할지도 모른다. 먼저 주어지는 것은 이미지이고, '이해한다'는 것은 결국 지각이나 이미지를 해석하는 것이기 때문이다. 증명을 따라가건, 책을 읽건, 연설을 듣건 간에, 언제나 지각이나 이미지가 지성에 제시되어 지성에 의해 관계로 번역된다. 마치 지성은 구

논총』(*Neurolog. Centralblatt*), 1888년 6월; 빅토르 노데(Victor Nodet), 『실인증자들』(*Les agnoscies*), Paris, 1899; 에두아르 클라파레드(Edouard Claparède), 「실인증에 대한 일반적 논평」(Revue générale sur l'agnosie), 『심리학 연보』(*Année psychologique*), VI, 1900, p. 85 이하.

18) 조지 로버트슨(George M. Robertson), 「반사적 발화」(Reflex Speech), 『정신과학 저널』 (*Journal of mental Science*), 1888년 4월; 샤를 페레(Charles Féré), 「반사언어」, 『철학 평론』, 1896년 1월.

체에서 추상으로 나아가야 했던 것처럼 보인다. 그러나 그것은 외양에 불과하다. 그리고 실제 해석 작업 속에서 정신이 반대 방향으로 작동한다는 것을 알아채기란 어렵지 않다.

수학 연산의 경우 이는 명백하다. 스스로 다시 셈해 보지 않고서 계산을 따라가는 일이 가능할까? 직접 문제를 풀어 보지 않고 문제의 해답을 이해할 수 있을까? 계산 내용은 칠판에 적혀 있고 문제의 해답은 책에 인쇄되어 있거나 구두로 진술된다. 그러나 그때 우리가 보는 숫자는 단지 잘못된 길로 가고 있지 않다는 것을 확인하기 위해 참조하는 표지판일 뿐이다. 우리가 읽거나 듣는 문장은 그것을 스스로 다시 찾을 수 있을 때에만, 말하자면 우리 자신의 심부에서 그것이 알려 주는 수학적 진리의 표현을 끌어냄으로써 문장을 다시 만들어 낼 수 있을 때에만 우리에게 완전한 의미를 갖는다. 우리는 보거나 들은 증명 내용을 따라 몇몇 시사점을 얻었고 몇몇 지표점을 선택하였다. 우리는 이러한 시각적이거나 청각적인 이미지로부터 관계에 대한 추상적 표상으로 도약하였다. 그리고 나서 우리는 이 [추상적] 표상에서 출발하여 그것을 이미지화된 단어로 전개시키고, 이 이미지화된 단어는 우리가 읽거나 들은 단어에 합류해 그것을 완전히 뒤덮는다.

그런데 이는 모든 해석 작업에 대해서 마찬가지인 것이 아닐까? 사람들은 때때로 읽기와 듣기가 보거나 들은 단어에 기대어 그 각각의 단어로부터 상응하는 관념들로 상승한 뒤에 이 다양한 관념들을 서로 병렬시키는 일인 양 생각한다. 단어의 독해와 청취에 대한 실험적 연구는 사태가 전혀 다른 방식으로 일어난다는 것을 보여 준다. 먼저, 일상적으로 책을 읽을 때 우리가 단어에서 보는 것은 대수롭지 않은 것들로 한정된다. 우리는 몇몇 글자만을, 아니 그보다도 덜한 몇몇 세로획이나 특징적인 선만을 본다. (물론 에르트만Benno Erdmann과 닷지Raymond Dodge가 비판을 제기하기는 했으나) 커텔James McKeen Cattell, 골드샤이더와 뮐러, 그리고 필스버리Walter Bowers Pillsbury의 실험은 이 점에 대해서 결정적인 것처럼 보인다. 말의 청취에 대한 베글리William Chandler Bagley의 실험 역시 매우 교훈적이다. 베글리의 실험은 우리가 발음된 단어들 중 일부만을 듣는다는 것을 정확하게 보여 준다. 그러나 이 모든 과학적 실험과 독립적으로, 우리는 각기 알지 못하는 언어의 단어를 판명하게 지각할 수 없다는 사실을 확인할 수 있었다. 사실을 말하자면 날것의 시각과 청각은 이런 경우에 단지 몇몇 지표점만을 제공하는 데 그친다. 더 정확히 말하면 그것들은 우리의 기억으로 채워지게 될 하나의 틀을 그려 내는 데 그친다. 여기서 우리가 보고 듣는 것으로 시작하여 일단 지각이 구성된 뒤에야 지각을 재인하기 위해 유사한 기억에 접근시킨다고 믿는 것은 재인의 기작을 기이한 방식으로 오해하는 일일 것이다. 사실을 말하자면 기억이 우리를 보고 듣도록 만든다. 지각만으로는 지각을 닮은 기억을 환기할 수 없을지도 모른다. 이를 위해서는 지각이 이미 형태를 갖추고 충분히 완성되어 있어야 할 것이기 때문이다. 그런데 지각은 기억 자체를 통해서만 완전한 지각이 되어 판명한 형태를 획득하게 된다. 기억은 지각 속에 침투해 그 질료의 대부분을 제공한다. 그런데 사정이 이러하다면, 형태와 소리의 재구성에서 우리를 이끄는 것은 무엇보다도 의미여야 할 것이다. 우리가 읽은 문장으로부터 보는 것, 발음된 문장으로부터 듣는 것은 바로 상응하는 관념의 질서 속에 위치하기 위해 필요한 것이다. 그러고 나서 우리는 관념, 즉 추상적 관계에서 출발함으로써, 그것을 가설적 단어로 상상적으로 구현하여matérialisons 우리가 보고 들은 것 위에 놓아 보려 한다. 따라서 해석은 사실 재구성이다. 이미지와 처음으로 접촉할 때, 이 접촉은 추상적 사유에 그것의 방향을 새겨 넣는다. 그러고 나면 추상적 사유는 표상된 이미지들로 전개되고, 이 표상된 이미지들은 지각된 이미지들과 접촉하여 그것들을 뒤따라가서 뒤덮으려고 노력한다. 그 중첩이 완벽한 경우, 지각은 완전하게 해석될 것이다.

모국어를 들을 때에는 이러한 해석 작업이 너무 용이해서, 우리는 그것을 다양한 국면들로 분해할 겨를이 없다. 그러나 우리가 불완전하게 알고 있는 외국어로 이야기할 때, 우리는 이 작업에 대한 명확한 의식을 갖는다. 그때 우리는 직접적으로 들린 소리가 단지 지표점의 구실을 한다는 것을, 우리가 귀가 들은 것이 암시하는 다소간 추상적인 표상의 질서 속에 단번에 위치한다는 것을, 그리고 일단 이 지성적인 기조^{ton}가 채택되고 나면 우리는 개념화된^{conçu} 의미를 가지고 지각된^{perçu} 소리를 만나러 나아간다는 것을 잘 이해하게 된다. 해석이 정확하기 위해서는 접합^{jonction}이 이루어져야 한다.

우리가 실제로 단어에서 관념으로 나아갈 경우 해석이 가능하다고 생각하는가? 문장 속의 단어들은 절대적인 의미를 갖지 않는다. 각 단어는 앞 단어와 뒷 단어에서 특정한 의미의 뉘앙스를 빌려 온다. 문장 속의 단어들이 모두 독립적인 이미지나 관념을 환기할 수 있는 것도 아니다. 그것들 중 대다수는 관계를 표현하는 것들이고, 전체 속에서의 위치나 문장 속의 다른 단어들과의 연결을 통해서만 그렇게 할 수 있다. [이 경우] 끊임없이 단어에서 관념으로 나아가려 하는 지성은 항상 당혹해하고, 말하자면 방황하게 될 것이다. 가설적으로 재구성되어 추정된 의미에서 출발하여 실제로 지각된 파편적 단어들 쪽으로 내려오는 경우, 그러니까 끊임없이 단어들을 참조하되 지성이 따라갈 길의 특수한 곡선을 이루는 모든 굴곡을 그려 내는 단순한 표지판처럼 이용하는 경우에만 지성작용은 분명하고 확실할 수 있다.

여기서 감각적 주의의 문제를 논의할 수는 없다. 그러나 나는 노력감이 동반되거나 동반될 수 있는 의지적 주의가 바로 이 점에서 기계적 주의와 차이를 보인다고 생각한다. 의지적 주의는 서로 다른 의식의 평면에 위치한 심리적 요소들을 사용한다는 점에서 기계적 주의와 다른 것이다. 우리가 기계적인 주의를 기울일 경우에는, 판명한distincte 지각에 알맞은 운동과 태도가 혼동된confuse 지각의 호출에 응답한다. 그러나 루이스가 말한 것처럼[19] 의지적 주의에는 언제나 어떤 '선지각'préperception이 동반되어야 하는 것처럼 보인다. 의지적 주의는 언제나 때로는 예상된 이미지이고 때로는 더 추상적인 무언가——지각하게 될 것의 의미에 관련된, 그리고 이 지각과 과거 경험의 특정 요소들 사이에 있을 법한 관계에 관련된 가설——인 어떤 표상을 동반한다. [또한] 사람들은 주의의 변동이 갖는 진정한 의미에 대해 논쟁한 바 있다.[20] 어떤 사람들은 그 현상이 중심에서부터 기원한다고 여긴 반면, 다른 사람들은 그 기원이 주변적인périphérique 것에 있다고 여겼다.[21] 그러나 전자의 주장을 받아들이지 않더라도, 그 주장

---

19) 조지 헨리 루이스(George Henry Lewes), 『삶과 마음의 문제들』(Problems of life and mind), London, 1879, t.III, p.106.

20) [옮긴이] 여기서 주의의 변동(oscillations)은 때에 따라 주의력이 간헐적이고 불연속적으로 그 정도를 달리하는 현상을 가리킨다. 1906~1907년 콜레주 드 프랑스에서 '의지에 관련된 이론들'에 대해 이루어진 강의에서 베르그손은 이러한 주의 변동 현상이 지각에 중첩됨으로써 지각을 풍부하게 하는 '기억의 불연속적 분출'에 기인하는 것이라고 설명한다.

21) [옮긴이] 1902년 『철학 평론』에 실렸던 이 글의 원본은 이 두 입장의 사례로 각기 니콜라이 랑에(Nicolai Lange), 「감각적 주의와 능동적 통각 이론에 대한 기여」(Beiträge zur Theorie der sinnlichen Aufmerksamkeit und der activen Apperception), 『철학 연구』, vol.VII와 후고 뮌스터베르크(Hugo Münsterberg), 『실험심리학에 대한 기여』(Beiträge zur experimentellen Psychologie, Heft 2, 1889)를 언급하고 있다. 전자는 시각적 주의력과 청각적 주의력의 가감이 서로 독립적으로 이루어지지 않는다는 사실로부터 중심적인 주관적 주의력의 존재를 끌어내려 하는 반면, 후자는 주의력의 감소를 근육감각의 피로감을 통해 설명하려 한다. 후자의 설명에 대한 베르그손의 비판에 대해서는 이 장의 각주 27을 참조하라.

으로부터 일부분은 받아들여 지각을 향해 내려가는 이미지들의 특정한 원심적 투사 없이는 주의가 이루어지지 않음을 인정해야 할 것처럼 보인다. 주의의 노력은 이런 방식으로 설명될 수 있다. 몇몇 저자들이 주장하는 것처럼 그 노력이 이미지를 더 강렬하게 만드는 것이든, 아니면 적어도 더 명석판명하게 만드는 것이든 간에 말이다. 만일 날것의 지각이 여기서 단순한 암시의 수단이자 기억에 던져진 호출이 아니라면, 주의를 통해 지각이 점진적으로 **풍부해진다는** 것을 이해할 수 있을까? 특정 부분들에 대한 날것의 지각은 전체에 대한 도식적인 표상을 암시하며, 따라서 부분들 서로 간의 관계를 암시한다. 우리는 이러한 도식을 기억-이미지들로 전개함으로써 이 기억-이미지들을 지각된 이미지들과 일치시키고자 한다. [두 이미지를] 일치시키는 데 이르지 못하는 경우, 우리는 다른 도식적인 표상으로 옮겨 간다. 그리고 이 작업이 갖는 적극적이고positive 유용한 측면은 언제나 도식에서 지각된 이미지로 나아가는 데 있다.

따라서 해석하고 이해하고 주의를 기울이려는 지성적 노력은 도식을 전개하는 이미지를 향한 '역동적 도식'의 운동이라 할 수 있다. 그것은 지각된 대상이 암시하는 추상적인 관계를 이 대상을 뒤덮을 수 있는 구체적인 이미지들로 계속해서 변형시키는 것이다. 아마 이 작업에서 항상 노력감이 발생하는 것은 아닐 것이다. 이 작업이 어떤 구체적인 조건을 만족시켜야 노력감이 생겨날 수 있을지에 대해서는 조금 뒤에 살펴볼 것이다.[22] 그러나 우리는 이런 종류의 전개 과정 속에서만 지성적 노력을 의식한다. **지성작용의 노력감은 도식에서 이미지로 향하는 경로 위에서 발생한다.**

174

---

22) [옮긴이] 이 장의 '도식과 이미지의 작업' 절(197쪽 이하)을 보라.

발명의 노력

이러한 법칙을 가장 고차적인 형태의 지성적 노력에 대해서 확인하는 일이 남아 있다. 그것은 발명의 노력이다. 리보가 주목했던 것처럼, 상상력을 통해 창조한다는 것은 어떤 문제를 해결하는 것이다.[23] 그런데 문제가 이미 해결되었다고 가정하는 것이 아니라면, 달리 어떻게 문제를 풀 수 있을 것인가? 리보의 말에 따르면, 우리는 하나의 이상, 즉 달성된 특정 결과를 떠올려 본 뒤, 어떤 요소들의 조합을 통해 이러한 결과를 달성할 수 있을 것인지를 차후에 모색한다. 우리는 단번에 완전한 결과로, 실현해야 하는 목표로 이행한다. 그러므로 발명의 노력 전체는 우리가 건너뛴 간극을 채우고, 이번에는 그 목표를 실현할 수 있을 법한 수단들의 연속된 흐름을 따라 동일한 목표에 다시금 도달하려는 시도이다. 그러나 여기서 어떻게 수단 없는 목표를, 부분 없는 전체를 포착할 수 있을 것인가? 이것이 이미지의 형태를 띠고 있을 수는 없다. 결과의 달성을 보여 주는 이미지는 그 내부에서 결과를 달성하기 위해 필요한 수단들도 보여 줄 것이기 때문이다. 따라서 우리는 전체가 하나의 도식으로 제공된다는 것을, 그리고 발명이란 정확히 이 도식을 이미지로 전환시키는 것임을 인정해야 한다.

175 　　어떤 기계를 설계하는 발명가는 [먼저] 이루어야 할 작업을 떠올린다. 이 작업의 추상적인 형태는 시행착오와 실험을 통해 그의 정신 속에 구체적인 형태를 잇따라 불러 일으키는데, 처음에는 전체 운동을 실현시켜 줄 다양한 요소운동의 구체적인 형태가, 그 다음으로는 이 부분적 운동을 만

---

23) 리보, 『창조적 상상력』(*L'imagination créatrice*), Paris, 1900, p. 130.

들어 낼 수 있는 부속품들과 이 부속품들이 이루는 조합의 형태가 떠오르게 된다. 발명은 바로 이 순간 구체화된다. 도식적인 표상은 이미지화된 표상이 된다. 소설을 쓰는 작가, 인물과 상황을 창조해 내는 극작가, 교향곡을 작곡하는 음악가, 서정시를 짓는 시인, 이들 모두는 우선 정신 속에 단순하고 추상적인 무언가를, 말하자면 비물체적인incorporel 무언가를 가지고 있다. 음악가와 시인에게 그것은 소리나 이미지로 펼쳐 내야 하는 새로운 인상이다. 소설가와 극작가에게 그것은 사건들로 전개해야 하는 주제, 생동감 있는 인물로 구현해야 하는 개인적이거나 사회적인 감정이다. 그들은 전체의 도식 위에서 작업하며, 요소들의 판명한 이미지에 도달했을 때 결과물이 달성된다. 폴랑은 매우 흥미로운 사례를 통해 어떻게 문학과 시에서의 발명이 이렇게 '추상에서 구체로' 즉 요컨대 전체에서 부분들로, 그리고 도식에서 이미지로 진행될 수 있는지를 보여 주었다.[24]

게다가 도식은 작업 과정 중에 부동적인 채로 남아 있는 것이 아니다. 도식은 이미지들로 자신을 채우려 하면서 이 이미지들에 의해 수정된다. 때때로 [달성된] 최종적인 이미지 속에는 최초의 도식에 속하는 것이 전혀 남아 있지 않는 경우도 있다. 발명가가 기계의 세부적 형태를 실현해 감에 따라, 그는 그가 얻고자 했던 것의 일부를 포기하거나, 원하던 것과는 다른 것을 얻게 된다. 마찬가지로 소설가와 시인이 창조해 낸 인물들도 그들이 본래 표현하려 했던 관념이나 감정에 반작용을 가할 것이다. 예견되지 않은 것imprévu의 몫은 바로 여기에 있다. 말하자면 그것은 이미지가 도식을 향해 되돌아서서 도식을 수정하거나 사라지게 하는 운동

---

24) 프레데리크 폴랑(Frédéric Paulhan), 『발명의 심리학』(Psychologie de l'invention), Paris, 1901, 4장.

속에 있다. 하지만 엄밀한 의미에서의 노력은, 불변하는 것이건 변화하는 것이건 간에 도식으로부터 그 도식을 채우는 이미지들로 향하는 경로 위에 있다.

또한 도식이 언제나 명시적으로 이미지에 선행하는 것도 아니다. 리보는 창조적 상상력의 두 가지 형태를 구분해야 한다는 것을 보여 주었다. 그것은 한편으로는 직관적이고, 다른 한편으로는 반성적이다. "전자는 통일에서 세부로 나아간다 […] 후자는 세부에서 막연하게 예감된 통일을 향해 움직인다. 그것은 실마리의 구실을 하는 하나의 편린을 통해 시작되고, 조금씩 완성된다 […] 케플러는 그의 삶의 일부를 괴상한 가설들을 시험하는 데 바쳤다. 그러던 어느 날 그가 화성의 타원 궤도를 발견하자, 이전에 했던 모든 작업이 구체화되고 하나의 체계로 조직화되었다." 달리 말하면, 판명한 개념으로 즉각 주어질 수 있는 부동적이고 경직된 형태를 가진 단일한 도식 대신에, 탄력적이거나 유동적인 도식이 있을 수 있다. 정신은 이 탄력적이거나 유동적인 도식의 윤곽을 붙잡을 수 없다. 정신은 도식을 구현하기 위해 호출되는 이미지들 자체를 통해 비로소 그 윤곽을 판정하게 되기 때문이다. 그러나 도식이 고정되어 있건 움직이건 간에, 지성적인 노력감은 그 도식이 이미지로 전개되는 동안 솟아난다.

이러한 결론을 이전의 결론에 연결시킴으로써, 우리는 지성 작업, 즉 특정한 경우엔 노력감을 동반할 수 있는 정신의 운동을 공식화할 수 있게 될 것이다. **지성적으로 작업한다는 것은 서로 다른 의식의 평면을 가로질러 추상에서 구체를 향해, 도식에서 이미지를 향해 하나의 동일한 표상을 이끌어 가는 것이다.** 이제 (아마도 언제나 노력감을 포함할 것이지만, 때때로 너무 가볍거나 친숙해서 판명하게 지각되지는 않는) 이러한 정신의 운동이 어떤 특별한 경우에 지성적 노력에 대한 명확한 의식을 가져다 주는지를 알아보는 일이 남아 있다.

도식과 이미지의 작업

단순한 양식bon sens은 이 물음에 다음과 같이 답한다. 노력은 단지 작업이
존재할 뿐 아니라 그 작업이 어려운 경우에 존재한다. 그러나 작업의 어려
움을 알려주는 표지는 무엇인가? 그 표지는 작업이 '저절로 이루어지지
않는다'는 것, 작업이 방해를 겪거나 장애물을 맞닥뜨린다는 것, 결국 목
표를 달성하기 위해 생각보다 더 많은 시간이 든다는 것이다. 노력은 지연
과 더딤을 함축하는 말이다. 다른 한편 도식 속에 자리 잡아 이미지가 나
타나기를 무한정 기다리거나 작업을 무한정 지연시키며 노력을 의식하지
않을 수도 있다. 따라서 [노력이 나타나기 위해서는] 기다림의 시간이 특정
한 방식으로 **채워져야** 한다. 즉 기다림의 시간 속에서 완전히 구체적인 다
양한 상태가 잇따라 나타나야 한다. 이 상태는 어떤 것들인가? 우리는 여
기에 도식에서 이미지로 향하는 운동이 존재하며, 정신은 도식을 이미지
로 전환할 때에만 일한다는 것을 알고 있다. 따라서 정신이 통과하는 상태
들은 이미지들이 도식 속에 삽입되기 위해 행하는 시도에, 혹은 적어도 몇
몇 경우에서는 도식이 이미지들로 표현되기 위해 받아들이는 변양에 상
응한다. 지성적 노력의 특징은 이렇게 아주 특별한 주저hésitation에 있음에
틀림없다.

　이 점을 설명하기 위해 가장 좋은 방법은 듀이가 노력의 심리학에 대
한 연구[25]에서 진술한 흥미롭고 심오한 생각을 여기서 되풀이하면서, 그

---

25) 존 듀이(John Dewey), 「노력의 심리학」(The psychology of effort), 『철학 논평』(*Philosophical*

것을 조금 전에 살펴보았던 고려사항에 적용시켜 보는 일일 것이다. 듀이에 따르면, 노력은 이미 들인 습관을 사용하여 새로운 동작을 배우려 할 때마다 존재할 것이다. 더 구체적으로 말하면, 신체 동작의 경우 이미 익숙해진 몇몇 운동을 이용하거나 수정하지 않고서는 [새로운] 동작을 배울수 없다. 그러나 이전의 습관이 거기에 있어서, 그 습관을 이용해 새로 만들어 내려는 새로운 습관에 저항한다. 노력은 서로 다르면서도 유사한 이두 습관 간의 투쟁을 드러내는 것일 뿐이다.

이러한 생각을 도식과 이미지라는 용어를 이용하여 표현해 보자. 그것을 새로운 형태로 듀이가 특히 관심을 가졌던 신체적 노력에 적용해 보고, 여기서 신체적 노력과 지성적 노력이 서로를 해명해 주지는 않을지 살펴보도록 하자.

춤과 같은 복잡한 동작을 혼자서 익히려 할 때 우리는 어떻게 행동하는가? 우리는 먼저 춤추는 것을 관찰한다. 그 춤이 왈츠라고 해보면, 우리는 이런 식으로 왈츠의 움직임에 대한 시지각을 획득한다. 우리는 이 지각을 기억에 맡겨 놓는다. 그리고 그때부터 우리의 목표는, 기억 속에 간직된 시지각과 유사한 인상이 우리의 눈에 나타나게끔 하는 움직임을 우리의 다리로 수행하는 일이 될 것이다. 그러나 이 인상은 어떤 것이었던가? 그것이 왈츠의 움직임에 대한 명확하고 결정적이고 완벽한 이미지라고 말할 수 있을까? 그렇게 말한다면 왈츠를 출 줄 모를 때에도 왈츠의 움직임을 정확하게 지각할 수 있음을 인정하게 될 것이다. 그런데 춤을 배우기 위해 먼저 춤추는 것을 보아야 한다면, 반대로 왈츠를 세부적으로, 심지어는 전체적으로도 잘 볼 수 있으려면 이미 어느 정도 왈츠를 추는 습관

Review), 1897년 1월.

을 소유하고 있어야 한다는 점은 명백하다. 따라서 우리가 사용하게 될 이미지는 확정된 시각적 이미지가 아니다. 그것이 확정된 이미지가 아닌 이유는, 그 이미지가 자신이 책임지고 주도하는 학습 과정 동안 변화함으로써 더 정확해질 것이기 때문이다. 그리고 또한 그것은 시각적 이미지이기만 한 것도 아니다. 그 이미지가 학습 과정 중에 적절한 운동적 이미지들이 획득됨에 따라 완벽해진다면, 그 이유는 그 이미지에 의해 환기되었으나 그보다 더 정확한 이 운동적 이미지들이 그 이미지에 침투하고, 심지어는 그것을 대신하려는 경향이 있기 때문이다. 사실을 말하자면 이 표상에서 유용한 부분은 순수하게 시각적이지도, 순수하게 운동적이지도 않다. 그것은 시각적인 동시에 운동적인 것이다. 그것은 수행해야 할 운동의 잇따르는 부분들 사이의, 무엇보다도 시간적인, **관계**의 도면dessin이다. [사물보다는] 관계가 묘사되어 있는 이러한 종류의 표상은 우리가 도식이라고 불렀던 것과 매우 유사하다.

그런데 우리가 춤출 줄 알게 되려면, 완전한 것으로 가정된 이 도식이 신체로부터 도식을 본딴 잇따르는 움직임을 만들어 낼 수 있게 되어야 한다. 다른 말로 하면, 수행해야 할 운동에 대한 점점 더 추상적인 표상인 도식이, 수행되는 운동에 상응하는 그 모든 운동 감각들로 채워져야 할 것이다. 도식은 이 감각에 대한 표상들을, 또는 바스티안Henry Charlton Bastian처럼 말하자면 총체적 운동을 구성하는 부분적이고 요소적인 '운동감각적kinesthésiques 이미지들'을 하나씩 떠올림으로써만 그렇게 할 수 있다. 이러한 운동적 감각sensations motrices의 기억은 재활성화됨에 따라 실재적인 운동 감각으로, 결과적으로는 수행된 운동으로 전환된다. 그래도 우리는 이 운동적 이미지들을 미리 소유하고 있었어야 한다. 이 말은 왈츠의 움직임과 같은 복잡한 운동의 습관을 들이기 위해서는, 왈츠를 분해하는 요소적인 운 180

동의 습관을 이미 가지고 있어야 한다는 말이다. 실제로 일상적으로 걷고, 발끝으로 서고, 회전하는 데 사용하는 움직임이 왈츠를 배우는 데 이용되는 움직임이라는 것을 알아차리기는 쉽다. 그러나 우리는 그것을 있는 그대로 이용하지 않는다. 그것을 다소간 수정하고 각기 왈츠라는 일반적인 운동의 방향으로 굴절시키면서 무엇보다도 새로운 방식으로 조합해야 한다. 따라서 한편으로는 새로운 총체적 운동에 대한 도식적인 표상이 있고, 다른 한편으로는 총체적 운동을 분석하여 얻어 낸 요소적 운동과 동일하거나 유사한 예전 운동의 운동감각적 이미지들이 있다. 왈츠의 학습이 이루어지는 과정은 이미 오래된 다양한 운동감각적 이미지들을 새로운 방식으로 체계화함으로써, 그 이미지들이 도식 속으로 한꺼번에 삽입될 수 있게 해주는 것이다. 여기서도 그 과정은 도식을 이미지들로 전개하는 것이다. 그러나 이전의 구성 방식groupement이 새로운 구성 방식에 저항한다. 예컨대 걷는 습관은 춤추려는 시도를 저지한다. 보행의 총체적인 운동감각적 이미지는, 보행의 요소적인 운동감각적 이미지들과 몇몇 다른 이미지들을 가지고 즉각 춤의 총체적인 운동감각적 이미지를 구성하는 것을 방해한다. 춤의 도식은 단번에 적절한 이미지들로 채워지지 않는다. 이 지연은 도식이 다양한 요소적 이미지들을 점진적으로 새로운 **타협안**에 이르게 해야 한다는 필요성을 통해 야기되며, 또한 많은 경우 도식을 이미지들로 전개 가능한 것으로 만들기 위해 도식에 부과되는 변양을 통해 유발된다. 이러한 지연 ——숱한 시행착오와 다소간 유용한 시도들, 도식에 대한 이미지들의 적응과 이미지들에 대한 도식의 적응, 이미지들 서로 간의 간섭과 중첩 등으로 이루어지는 이러한 **특유한** 지연 ——은 고된 시도와 편안한 수행 사이, 어떤 동작의 학습과 이 동작 자체 사이의 간극을 측정하는 것이 아닐까?

노력감

그런데 배우고 이해하는 데 들이는 모든 노력에서, 즉 요컨대 모든 지성적 노력에서 사태가 동일한 방식으로 일어난다는 것을 알아차리기는 쉽다. 기억하기 위한 노력은 어떠한가? 우리는 그 노력이 도식에서 이미지로 이행할 때 발생한다는 것을 보여 주었다. 그런데 단 하나의 이미지만이 그 자리를 채우러 나타나기 때문에 도식에서 이미지로의 전개가 즉각적인 경우가 있고, 서로 유사한 다양한 이미지들이 경쟁적으로 나타나는 경우도 있다. 일반적으로 서로 다른 많은 이미지들이 경쟁하는 이유는 그것들 중 어떤 것도 도식의 조건에 완벽히 들어맞지는 않기 때문이다. 그렇기 때문에 이런 경우 도식이 이미지로 전개되기 위해서는 스스로 변형되어야 할 수도 있다. 이처럼 내가 어떤 고유명사를 상기하고자 할 때, 나는 우선 그것에 대해 내가 간직하고 있던 일반적 인상과 관계한다. 이 일반적 인상이 '역동적 도식'의 역할을 수행할 것이다. 그러면 즉시, 예컨대 특정한 알파벳 문자에 상응하는 다양한 요소적 이미지들이 내 정신에 나타난다. 이 문자들은, 서로 결합되려고 하건, 아니면 서로를 대체하려고 하건 간에, 어쨌든 도식의 지시에 따라 조직화되려 한다. 그러나 때때로 이 작업 과정 속에서 실현 가능한 조직화 형태에 도달하는 것이 불가능하다는 사실이 드러나곤 한다. 여기서부터 도식의 점차적인 변형이 일어나게 되는데, 이 것은 도식이 불러일으켰음에도 변형되거나 사라져야 할 수도 있는 이미지들 자체에 의해 요구되는 것이다. 그러나 이미지들이 단순히 서로 간에 정돈되건, 아니면 도식과 이미지들이 서로 양보해야 하건 간에, 상기의 노력은 언제나 도식과 이미지 사이의 간극과 그에 뒤따르는 양자 사이의 점진적 접근을 함축한다. 이 접근이 왕래, 진동, 투쟁, 협상을 더 많이 요구할

182

수록 노력감은 더욱 뚜렷해질 것이다.

이 작용은 발명의 노력에서 가장 잘 드러난다. 여기서 우리는 우선 아마도 가변적이겠지만 조직화될 요소들에 선행하기는 하는 조직화의 형식을, 다음으로는 요소들 사이의 경합을, 마지막으로는 발명이 이루어지는 경우 형식과 질료 사이의 상호적 적용을 나타내는 균형을 명확하게 감각하게 된다. 도식은 때에 따라 변한다. 그러나 각 시기에 그것은 상대적으로 고정된 채로 남아 있으며, 이미지들은 거기에 맞추어 자신을 조정해야 한다. 사태가 일어나는 양상은 마치 둥근 고무 조각을 동시에 여러 방향으로 잡아당겨 이러저러한 기하학적 다각형의 형태를 취하게 하는 것과 같다. 일반적으로 고무의 어떤 지점을 늘이면 다른 지점이 쪼그라들 것이다. 반복적으로 되풀이하고, 매번 획득된 결과를 고정해야 한다. 이러한 작업을 거치며 처음에 그 다각형에 지정했던 형태를 수정해야 할 수도 있다. 발명의 노력도 마찬가지이다. 그것이 단지 몇 초 걸리는 일이건, 몇 년 걸리는 일이건 간에 말이다.

그런데 도식과 이미지들 사이의 이러한 왕래, 도식 속에 들어가기 위해 상호 결합하고 상호 투쟁하는 이미지들의 작용, 결국 표상들의 이러한 **특유한** 운동이 우리가 노력에 대해 갖는 **노력감**의 일부를 이루는 것인가? 만일 이 운동이 지성적 노력감을 경험할 때마다 나타나고 노력감이 결여되었을 때에는 부재한다면, 이것이 노력감 자체와 아무런 관련이 없다고 할 수 있을까? 그러나 다른 한편으로 표상의 작용, 즉 관념의 운동이 어떻게 어떤 감정의 구성 요소가 될 수 있을 것인가? 현대 심리학은 정감affection의 모든 정감적 측면을 주변적 감각으로 해소시키는 경향이 있다.[26] 그리고 그렇게 멀리 가지 않는다 하더라도 정감은 표상으로 환원될 수 없는 것처럼 보인다. 그러면 모든 지성적 노력을 물들이는 정감적 뉘앙스와 지성적 노력을 분석할 경우 발견되는 표상의 구체적 작용 사이의 관계는 정확히 어떠한 것인가?

주의, 반성, 지성적 노력 일반에서 우리가 겪는 정감이 주변적인 감각들로 해소될 수 있다는 것을 인정하기란 어렵지 않다. 그러나 이로부터 우리가 지성적 노력의 특징으로 강조한 '표상의 작용'이 이러한 정감 속에서 감지되지 않는다는 결론이 따라 나오지는 않을 것이다. 감각의 작용이 표상의 작용에 반응하여, 말하자면 다른 어조로 그것의 메아리를 만들어 낸다고 말하는 것으로 충분할 것이다. 여기서 실제로 문제가 되는 것이 표상이 아니라 **표상의 운동**이고, 표상들 서로 간의 투쟁 혹은 간섭이라면 이러한 점을 이해하기가 더 쉬울 것이다. 이러한 정신적 동요가 감각적 배음^뱝을 동반한다고 여겨질 수 있다. 이러한 지성의 비결정성^indécision이 신체의 **불안정성**^inquiétude으로 이어진다고 말할 수도 있다. 지성적 노력을 특징짓는 감각들은 이러한 중단과 불안정성 자체를 표현하는 것일지도 모른다. 일반적으로 볼 때 분석이 감정^émotion 속에서 발견하는 주변적 감각들은 언제나, 이 감정이 결부되어 있고 이 감정을 낳은 표상들을 다소간 상징한다고 말할 수 있지 않을까? 우리는 사유를 외적으로 **작동시키려는**^jouer 경향을 가지고 있고, 이렇게 수행되는 작용에 대해 우리가 갖는 의식은 일종의 반향을 통해 사유 자체로 다시 돌아오게 된다. 이로부터 나오는 감정은 보통 하나의 표상을 중심으로 갖고 있지만, 그 감정 속에는 무엇보다도 이 표상을 연장하는 감각들이 가시적으로 드러난다. 게다가 여기서 감각과 표상은 너무나 완벽하게 연결되어 있어, 어디서 표상이 끝나고 어디서

184

---

26) [옮긴이] 예컨대 베르그손이 '의지에 대한 이론들'에 대한 1906~1907년 콜레주 드 프랑스 강의에서 언급하는 윌리엄 제임스와 후고 뮌스터베르크의 이론은 근육의 노력감을 주변적인 근육 감각의 총체로 환원한다.

감각이 시작하는지 말할 수 없다. 이런 이유로 중간에 위치하여 그것들을 상쇄시키는 의식은 그 감정을 감각과 표상을 매개하는 **특유한** 상태로 만든다.[27] 그러나 우리는 이러한 관점에 치중하지 않고 언급하는 데서 그칠 것이다. 우리가 여기서 제기한 문제는 현 단계의 심리학에서는 만족스러운 방식으로 해결될 수 없다.

노력의 결과물

결론을 내리기 전에 남아 있는 일은, 정신적 노력에 대한 이러한 견해가 지성 작업의 주요한 결과들을 해명해 준다는 점을, 그리고 동시에 그 견해가 사실에 대한 단순한 확인에 가장 가깝고 **이론**과는 가장 먼 것이라는 점을 보여 주는 것이다.

　사람들은 노력이 표상을 더 명석판명하게 한다는 점을 인정하는 데서 의견이 일치한다. 그런데 표상은 그 표상 속에서 더 많은 수의 세부적 내용을 찾아낼수록 더 명석해지고, 그 표상을 고립시켜 다른 표상들과 더 잘 구분할수록 더 판명해진다. 정신적 노력이 도식과 이미지들 사이의 일

---

27) [옮긴이] 노력감을 주변적 감각들로 해소하려는, 바로 앞 각주에서 언급된 윌리엄 제임스와 후고 뮌스터베르크의 이론에 대해, 베르그손은 이러한 입장이 신체의 주변부에서 일어나는 감각들이 노력감에 개입함을 올바르게 지적했으나 노력감을 신체의 주변적 부분에서 일어나는 피로감으로 과도하게 환원시킴으로써 오류를 범했다고 평한다. 신체에 가해지는 수동적 운동에서는 노력감 없이도 피로감이 생겨날 수 있으며, 주변적 피로감이 왜 다양한 감각이 아니라 노력감이라는 하나의 감정으로 경험되는지를 설명해야 하기 때문이다. 앞선 구절에서 잘 설명되어 있는 것처럼, 베르그손이 보기에 노력감은 현상태의 감각이 상징하는 종래의 표상과 새로 달성하고자 하는 미래의 표상(곧, 의지) 사이의 간극으로부터 온다. 다양한 감각들로 연장되는 이러한 단일한 표상의 존재가 노력감의 통일성을 가능케 하는 것이다. 베르그손의 이러한 설명은 그가 쾌락이나 고통과 같은 정감(affection)을 감각으로 환원하는 대신 감각과 의지 사이의 관계로 파악하려 한다는 것을 드러내 준다.

련의 작용과 반작용으로 이루어진다면, 이 내적 운동을 통해 한편으로는
표상이 더 잘 고립되고, 다른 한편으로는 그 내용이 더 충실해질 것이라는
점을 이해할 수 있다. 표상이 다른 모든 표상들로부터 고립되는 이유는,
조직화하는 도식이 자신을 전개할 수 없는 이미지들을 거부하고, 이렇게
해서 의식의 현실적 내용에 진정한 개체성을 부여하기 때문이다. 그리고
다른 한편 표상이 점증하는 수의 세부적 내용으로 채워지는 이유는, 도식
의 전개가 도식에 동화될 수 있는 모든 기억과 이미지를 흡수함으로써 이
루어지기 때문이다. 이처럼 상대적으로 단순한 지성적 노력, 즉 지각에 기
울여진 주의의 경우, 우리가 말했듯 날것의 지각은 먼저 그것을 해석하기
위한 가설을 암시하며, 그때 이 도식은 다양한 기억을 자기 자신에게로 끌
어당겨 지각 자체의 이러저러한 부분들과 일치시키기를 시도하는 것처럼
보인다. 지각은 이미지들의 기억을 통해 환기된 그 모든 세부적 내용으로
풍부해지는 한편, 도식이 작동하기 시작하면서 지각 위에 붙여 놓았다고
할 수 있는 단순한 이름표에 의해 다른 지각과 구분될 것이다.

  사람들은 주의를 단일관념편집증^{monoidéisme}의 상태라고 규정하곤 했
다.[28] 그리고 다른 한편으로 정신적 상태의 풍부함은 그것이 드러내는 노
력의 정도에 비례한다는 것이 주목되어 왔다. 이러한 두 가지 관점은 쉽게
양립할 수 있다. 모든 지성적 노력 속에는 가시적이건 잠재적이건 간에 서
로를 밀어내고 도식 속으로 밀려드는 다수의 이미지가 존재한다. 그러나
도식은 하나이고 상대적으로 불변하기 때문에, 도식을 채우려는 다수의
이미지는 서로 유사하거나 조화를 이루어야 한다. 따라서 정신적 노력은
지성적 요소들이 조직화되는 도중에만 존재하는 것이다. 이런 의미에서   186

---

28) 리보, 『주의의 심리학』(*Psychologie de l'attention*), Paris, 1889, p. 6.

모든 정신적 노력은 단일관념편집증을 향한 경향이다. 그러나 그때 정신이 향하는 단일성^{unité}은 추상적이고 건조하고 공허한 단일성이 아니다. 그것은 조직된 다수의 요소에 공통적인 '지도적 관념'$^{idée\ directrice}$이 갖는 단일성이다. 그것은 생의 단일성 자체이다.

지성적 노력의 문제가 불러오는 주된 난점들은 이러한 단일성의 본성에 대한 오해로부터 기인한다. 이런 노력이 정신을 '집중시키고' 정신이 '단일한' 표상에 관계하도록 한다는 점은 의심의 여지가 없다. 그러나 이 표상이 하나라는 것에서부터 그것이 **단순한** 표상이라는 것이 따라 나오지는 않는다. 반대로 그것은 복합적일 수 있다. 그리고 우리는 정신이 노력을 기울일 때에는 언제나 복잡성이 존재하며, 심지어 지성적 노력의 특징이 바로 거기에 있음을 보여 준 바 있다. 이런 이유로 우리는 지성 자체로부터 떠나지 않고서도 지성적 요소들 상호 간의 특정한 결합이나 간섭을 통해 지성의 노력을 설명할 수 있다고 믿었던 것이다. 이와는 반대로, 만일 여기서 단일성과 단순성을 혼동하여 지성적 노력이 단순한 표상에 관계하고 그 표상의 단순성을 보존할 수 있다고 생각한다면, 어떤 점에서 힘이 들 때의 표상을 쉬운 일의 표상과 구분할 것인가? 어떤 점에서 긴장 상태는 지적 이완의 상태와 다르단 말인가? [그렇게 생각하는 경우] 차이는 표상 자체의 외부에서 찾아져야 할 것이다. 그 차이는 표상에 수반되는 정감이나 지성에 외적인 '힘'의 개입에 놓여야 할 것이다. 그러나 이 수반되는 정감도, 이렇게 추가된 규정 불가능한 힘도 지성적 노력이 어떤 점에서, 그리고 왜 효과가 있는지를 설명하지 못할 것이다.[29] 이 효력을 해명해야 할 순간이 오면, 표상이 아닌 것은 모두 제거하고 표상 자체와 마주하여 순수하게 수동적인 표상과 이 표상과 동일하지만 노력을 동반하는 표상 사이의 **내적** 차이를 찾아보아야 할 것이다. 그러면 우리는 이 표상이 복합물이며, 두 경우에서 표상을 구성하는 요소들이 서로 간에 동일한 관계를 맺고 있지 않다는 사실을 반드시 알게 될 것이다. 그러나 내적 조직이 차이를 보인다면, 지성적 노력의 특징을 내적 조직의 차이가 아닌 다른 곳에서 찾을 이유가 있겠는가? 결국 이러한 차이를 언제나 인지하게 될 것이라면, 왜 거기서 시작하면 안 될까? 그리고 표상을 구성하는 요소들의 내적 운동이 지성적 노력 속에서 노력이 행하는 수고와 효력을 모두 해명해 준다면, 이 운동에서 지성적 노력의 본질 자체를 발견하지 않을 도리가 있겠는가?

이 문제의 형이상학적 중요성

여기서 우리가 도식과 이미지의 이원성을, 그리고 이와 동시에 이 요소들 중 어느 하나가 다른 하나에 미치는 작용을 가정하고 있다고 말할 것인가?

그러나 먼저 우리가 말하고 있는 도식에는 신비스러운 면도, 심지어 가설적인 면도 전혀 없다. 이 도식에는 일상적인 심리학의 경향과 충돌할 수 있는 면모가 전혀 없다. 일상적인 심리학은 우리의 모든 표상을 이미지로 환원하는 것은 아니라 해도, 적어도 어떤 표상이건 실재적이거나 가능적인 이미지와 관련지어 규정한다. 우리가 이 연구 전체에 걸쳐 검토하는 것과 같은 정신적 도식도 실재적이거나 가능적인 이미지들과 관련하여 규정된다. 그것은 이미지들에 대한 기대로 이루어진다. 그것은 때로는 기

---

29) [옮긴이] 앞서 언급하였듯이, 베르그손은 여기서 모든 의지를 배제하고 그것을 주변적 감각들로 환원하는 입장(윌리엄 제임스)과 알 수 없는 어떤 외적인 힘으로서의 의지를 도입하는 입장(멘 드 비랑)을 동시에 배격하고, 표상의 운동 자체에 내적인 노력감에서 의지의 징표를 찾아내려 한다. 이 장의 4번 각주를 참조하라.

억의 경우에서처럼 어떤 정확한 이미지의 도래를 준비하고, 때로는 창조적 상상력의 경우에서처럼 도식에 와서 삽입될 수 있는 이미지들 간의 다소간 연장된 작용을 조직하기 위한 지성적 태도로 이루어진다. 도식은 닫힌 상태에서 이미지인 것이 열린 상태로 존재하는 것이다. 도식은 이미지가 정적인 상태에서 **완성된 것**으로서 제시하는 것을 **생성**^{devenir}의 용어로 동적으로 제시한다. 이미지를 환기할 때 현전하며 작용하는 도식은 일단 자신의 작업을 완수하여 이미지들이 환기되고 나면 그 뒤로 숨어서 사라지게 된다. 확고한 윤곽을 가진 이미지는 있었던 것을 묘사한다. 이런 종류의 이미지에 대해서만 작업하는 지성이 할 수 있는 일이라고는 단지 자신의 과거를 있는 그대로 다시 시작하거나, 과거로부터 응고된 요소들만을 붙잡아 모자이크 작업을 통해 그것들을 다른 질서로 재조합하는 일에 불과할지도 모른다. 그러나 자신의 과거 경험을 현재의 선을 따라 다시 구부려 이용할 수 있는 유연한 지성에게는 이미지 말고도 언제나 이미지들로 실현될 수 있으나 그럼에도 언제나 이미지들과는 구분되는 다른 질서의 표상이 필요하다. 도식은 이와 다른 것이 아니다.

따라서 이러한 도식의 존재는 하나의 사실이다. 이와 반대로 모든 표상을 외적 대상을 본떠 만든 견고한 이미지로 환원시킨다면, 그것이 바로 가설일 것이다. 이러한 가설의 불충분함이 현재 우리가 다루고 있는 물음에서만큼 명백하게 드러나는 곳은 없다는 점을 덧붙이자. 만일 우리의 정신적 삶 전체가 이미지들로 이루어진다면, 정신의 집중 상태는 어떤 점에서 산만한 지성 상태와 구분될 수 있겠는가? [그것을 구분하려면] 어떤 경우에는 이미지들이 공통적인 의도 없이 잇따라 일어나고, 또 다른 경우에는 동시적인 것이건 잇따르는 것이건 모든 이미지들이 설명할 수 없는 우연으로 인해 결집되어 단 하나의 동일한 문제에 점점 더 근접하는 해결책을 도출하게 된다고 가정해야 할 것이다. 그것이 우연이 아니며, 이미지들은 이미지들 간의 유사성으로 인해 연합의 일반 법칙에 따라 서로를 기계적으로 호출하게 된다고 말할 것인가? 그러나 지성적 노력이 발휘되는 경우, 잇따라 나타나는 이미지들이 서로 아무런 외적 유사성도 갖지 않을 수도 있다. 이 경우 유사성은 전적으로 내적인 것이다. 이 유사성은 의미의 동일성, 특정한 문제를 푸는 동등한 능력으로, [이때] 이미지들은 그것들이 갖는 구체적인 형태의 차이에도 불구하고 특정 문제에 직면하여 유사하거나 상보적인 위치를 차지한다. 따라서 문제가 정신에 표상되어야 하며, 이는 이미지의 형태와는 완전히 다른 방식으로 나타나야 한다. 문제 자체가 이미지라면, 그것은 자신과 닮고 또 서로 닮은 이미지들을 환기할 것이다. 그러나 반대로 문제의 역할은 난점을 해결하는 역량에 따라 이미지들을 호출하고 결집시키는 것이기 때문에, 그것은 이미지들의 명시적인 외적 형태가 아니라 이미지들이 가진 이러한 역량을 고려해야 한다. 따라서 문제가 이미지화된 표상과의 연관을 통해서만 규정될 수 있다 하더라도, 그것은 이미지화된 표상과는 다른 형태의 표상이다.

　도식이 이미지들에 가하는 작용을 개념화하기 어렵다는 이유로 우리에게 반대하는 것은 소용없는 일이다. 이미지가 이미지에 가하는 작용은 이보다 더 명백한 것인가? 이미지들이 그들의 유사성 덕분에 서로를 끌어당긴다고 할 때, 그것은 사실에 대한 단순한 확인 너머로 나아가는 것이 아닌가? 우리가 요구하는 전부는 단지 경험의 어떤 부분도 무시하지 말라는 것이다. 이미지가 이미지에 가하는 영향 외에도, 도식이 이미지에 대해 행사하는 인력이나 추동력이 있다. 표면에 있어서 단 하나의 평면 위에서 전개되는 정신의 활동 말고도, 깊이에 있어서 하나의 평면에서 다른 평면으로 나아가는 정신의 운동이 있다. 연합의 기작 옆에는 정신적 노력의 기작이 있다. 이 두 경우에 각기 작동하는 힘은 단순히 강도에 있어서 차이 나는 것이 아니다. 그것들은 방향에 있어서 차이가 난다. 그것들이 어떻게 작동하는지를 아는 문제에 관해서라면, 그것은 심리학에만 관련된 문제가 아니다. 그것은 인과성이라는 일반적이고 형이상학적인 문제에 결부되어 있다. 우리가 생각하기로는 추동력과 인력 사이에, '작용인'과 '목적인' 사이에 매개적인 어떤 것, 어떤 형태의 활동성이 있다. 철학자들은 빈곤화와 분리를 통해 서로 대립되는 극단적인 두 한계지점으로 이행함으로써 이 활동성으로부터 한편으로는 작용인의 관념을, 다른 한편으로는 목적인의 관념을 도출해 냈던 것이다. 이러한 [활동성의] 작업은 생의 작업 자체로서, 덜 실현된 것에서 더 실현된 것으로, 강도적인 것l'intensif에서 연장적인 것l'extensif으로, 부분들의 상호적 함축에서 그 병치로 나아가는 점진적인 이행으로 이루어진다. 지성적 노력은 이런 부류에 속하는 것이다. 지성적 노력을 분석함으로써, 우리는 가장 추상적이기에 가장 단순하기도 한 사례들을 통해 생의 활동성[30]의 특징이라 할 수 있을 법한 비물질적인 것의 점증적인 물질화를 가능한 한 가까이서 파악하게 되었다.

---

30) [옮긴이] 1902년에 발표되었던 판본에서는 작용인과 목적인 사이에 존재하는 "실재적 인과성"이 언급될 뿐, 그것이 '생의 활동성'으로 특징지어질 수 있다는 서술은 이루어지지 않는다. 5년 뒤, 1907년 출간된 『창조적 진화』의 1장은 기계론적 인과성과 목적론적 인과성 사이에서 그 유명한 '생의 약동'을 발견하게 될 것이다. 1919년 이 글이 『정신적 에너지』에 수록되며 추가된 "생의 활동성"이라는 표현은 베르그손이 여기서 『창조적 진화』의 귀결들을 인수하고 있다는 점을 명확히 보여 준다.

7장_뇌와 사유 : 철학적 환상[1)]

뇌와 사유의 관계

정신적 상태와 그에 상응하는 뇌의 상태가 등가적이라는 생각은 현대철학의 상당 부분에 침투해 있다. 사람들은 이 등가성 자체에 대해 논의하기보다는 오히려 이러한 등가성의 원인과 의미에 대해 논의하였다. 어떤 사람들이 보기에 이 등가성은 뇌의 상태가 특정한 경우 그 윤곽을 비추는 정신적 인광을 수반한다는 사실로부터 기인할 것이다. 다른 사람들은 뇌의

---

1) 「정신생리학적 오류추리」(le paralogisme psycho-physiologique)라는 제목으로 1904년 '제네바 철학 학회'에서 발표되고 『형이상학과 윤리학 논평』(la Revue de métaphysique et de morale)에 실린 논문.
    [옮긴이] 자비에 레옹(Xavier Léon)에게 보내는 1904년 1월 24일의 편지에 따르면, 이 글은 본래 '실재론과 관념론의 공통적 궤변에 대하여'라는 제목으로 발표될 예정이었다. 하지만 베르그손은 궤변(sophisme)이라는 표현을 오류추리(paralogisme)라는 표현으로 수정함으로써 여기서 논의되고 있는 철학적 환상이 단순히 기만적인 주장이 아니라 정신생리학적 탐구의 구조 자체에 본성적으로 내재되어 있는 자연스러운 오류임을 드러낸다. 이 글을 『정신적 에너지』에 수록하면서 베르그손은 다시 한 번 이 글의 제목을 '뇌와 사유'로 수정하는데, 이는 여기서 다루어지는 철학적 환상이 단순히 정신생리학이라는 개별 학문에 국한되는 것이 아니라 뇌와 사유라는 두 탐구 대상의 관계 자체에 내재되어 있음을 강조하려는 것으로 보인다.

상태가 심리 상태를 창조하는 것이 아니라 전자와 후자가 각기 서로 일대일로 상응하는 두 계열의 현상들에 속한다는 점에서 등가성이 유래한다고 본다. 그러나 이 두 입장은 모두 등가성을, 혹은 더 자주 사용되는 표현으로는, 두 계열 간의 **평행론**을 받아들인다. 관념들을 고정시켜 두고자, 우리는 이러한 견해를 다음과 같이 공식화할 것이다. '뇌의 상태가 상정되면, 일정한 심리 상태가 따라나온다.' 혹은 '인간의 뇌를 이루는 원자들의 교차를 목격하는 한편 정신생리학의 열쇠를 가지고 있는 초인간적 지성은 활동 중인 뇌 속에서 그에 상응하는 의식 속에서 일어나는 일을 전부 읽어 낼 수 있을 것이다.' 혹은 마지막으로 '의식은 뇌 속에서 일어나는 일 밖에 아무것도 더 말해 주지 않는다. 그것은 단지 뇌 속에서 일어나는 일을 다른 언어로 표현할 뿐이다.'

이 입장이 완전히 형이상학적인 기원을 갖는다는 점에는 의심의 여지가 없다. 이것은 데카르트주의로부터 직접적으로 유래하는 것이다. 데카르트의 철학에 (물론 많은 제약사항과 함께) 암묵적으로 내포되어 있었고 그의 계승자들이 추출해 내어 극단적으로 밀고 나갔던 이 입장은 18세기 의철학자들을 거쳐 오늘날의 정신생리학에 이르게 되었다. 생리학자들이 별다른 논의 없이 이 입장을 수용했다는 것을 이해하기는 어렵지 않다. 먼저 그들에게는 선택지가 없었다. 이 문제는 형이상학에서 유래한 것인데, 형이상학자들은 그들에게 다른 해결책을 제시해 주지 않았기 때문이다. 다음으로, 생리학의 관점에서는 이 입장에 동조하여 **마치** 이것이 언젠가 심리적 활동에 대한 총괄적인 생리학적 번역을 틀림없이 가져다 **줄 것인 양** 처신하는 것이 유리했다. 생리학은 이런 조건에서만 진전되어 뇌 속에서 사유의 조건을 찾는 분석을 언제나 더 멀리 밀고 나갈 수 있었다. 이것은 훌륭한 연구 원칙이었고 [오늘날에도] 여전히 훌륭한 원칙일 수 있다. 이는 생리학에, 그리고 다른 어떤 과학적 연구에도, 너무 빨리 한계를 지정해서는 안 된다는 것을 의미한다. 그러나 정신생리학적 평행론을 독단적으로 옹호하는 것은 이와는 전혀 다른 일이다. 그것은 더 이상 과학적 규칙이 아니라 하나의 형이상학적 가설이다. 최대한 이해가능한 방식으로 제시해 보자면 그것은 순전히 수학적인 틀로 구성된 과학에 대한 형이상학, 즉 데카르트의 시대에 생각되던 과학에 대한 형이상학이다. 우리가 생각하기로, 사실들은 수학적 기작을 암묵적으로 염두에 두지 않고서 검토하기만 한다면 이미 심리 상태와 뇌 상태의 상응에 관하여 더 섬세한 가설을 암시해 준다. 뇌의 상태는 심리 상태에서 미리 이루어져 있는^{préformées} **작용**만을 표현할 것이다. 즉, 뇌의 상태는 심리 상태의 운동적 분절을 그려 낼 것이다. 어떤 심리적 사태를 상정해 보라. 그러면 아마 거기에 수반되는 뇌의 상태를 결정할 수 있을 것이다. 그러나 그 역은 참이 아니며, 동일한 뇌의 상태에 아주 다양한 심리 상태가 상응할지도 모른다. 우리는 이러한 답변으로 되돌아 가지 않을 것이다. 이 답변은 이미 이전 저작에서 제기된 바 있다[2]. 우리가 여기서 제시할 증명은 이와는 독립적인 것이다. 우리는 여기서 정신생리학적 평행론의 가설을 [다른] 가설로 대체하려 하는 것이 아니라, 정신생리학적 평행론의 가설이 현재 형태로는 근본적인 모순을 함축하고 있음을 확증하려는 것이다. 게다가 이 모순은 교훈으로 가득 차 있다. 이 모순을 잘 들여다본다면 문제의 해결책을 어떤 방향에서 찾아야 하는지를 간파하는 동시에, 형이상학적 사유의 가장 미묘한 환상 가운데 하나인 어떤 메커니즘을 발견할 수 있다. 따라서 이 모순을 지적하

---

2) [옮긴이] 『물질과 기억』 3장을 참조하라. 후에 베르그손은 이러한 논의를 발전시켜 뇌를 '판토마임의 기관'이라고 명명한다. 판토마임의 기관과 관련해서는 이 책의 2장을 참조하라.

는 일이 순전히 비판적이거나 파괴적인 작업은 아니다.

　우리의 주장은 다음과 같다. 평행론은 용어의 애매함에 기초하고 있기에 정확하게 표현된다면 스스로 붕괴될 것이고, 정신생리학적 평행론을 독단적으로 단언하는 것은 하나의 표기체계에서 반대되는 표기체계로 은밀하게 이행하면서 그 전환을 고려하지 않는 변증법적 기교를 내포하고 있다. 이 궤변^{sophisme}이 전혀 고의적인 것이 아님을 말할 필요가 있을까? 그것은 물음을 제기하는 데 사용된 용어 자체에 의해 암시되어 있다.

194　그리고 그것은 우리의 정신에는 너무나 자연스러운 것이어서, 우리는 불가피하게 그 오류를 범하고 만다. 만일 우리가 평행론을 철학이 사용하는 두 개의 표기체계로 **차례차례** 공식화하기를 스스로 강제하지 않는다면 말이다.

실재론과 관념론

외부 대상에 대해 이야기할 때, 우리는 두 가지 표기체계 사이에서 선택권을 가지고 있다. 우리는 이 대상과 거기서 일어나는 변화를 **사물**로 취급할 수도 있고, **표상**으로 취급할 수도 있다. 그리고 자신이 선택한 체계에 엄밀히 머물러 있기만 한다면, 이 두 표기체계는 둘 다 수용가능하다.

　먼지 이 둘을 정확하게 구분해 보자. 실재론이 사물에 대해 말하고 관념론이 표상에 대해 말할 때, 그것들은 단순히 용어에 대해 논쟁하고 있는 것이 아니다. 여기서 그것들은 서로 다른 두 표기체계, 즉 실재에 대한 분석을 이해하는 서로 다른 두 방식이다. 관념론자의 관점에서는 실재 속에 내 의식이나 의식 **일반**에 나타나는 것 이상의 것이 전혀 없다. 표상의 대상이 될 수 없는 물질의 속성에 대해 이야기하는 것은 부조리할 것이다. 사물 속에는 잠재성이 없다. 혹은 적어도 확정적으로 잠재적인 것은 없다. 존재하는 모든 것은 현실적인 것이거나, 현실적으로 될 수 있는 것이다. 요컨대 관념론은, 물질의 모든 본질적 면모가 우리가 그에 대해 갖는 표상 속에 나열되어 있거나 나열될 수 있음을, 그리고 실재의 분절이 곧 우리 표상의 분절 자체임을 함축하는 표기체계이다. 실재론은 반대의 가설에 기초를 둔다. 물질이 표상과 독립적으로 존재한다고 말하는 것은, 물질에 대한 우리의 표상 아래에 접근 불가능한 표상의 원인이 있고, 현실적 지각의 배후에 숨겨진 힘과 잠재성이 있다고 주장하는 것이다. 결국 그것은 표상 속의 가시적인 분할과 분절이 순전히 우리의 지각 방식에 상대적인 것임을 단언하는 것이다.

195

의심의 여지 없이, 실재론과 관념론이라는 두 경향에 대하여 철학사를 통틀어 발견되는 것과 같은 더 심오한 정의를 내릴 수 있을 것이다. 우리 스스로도 이전의 작업[3]에서 '실재론'과 '관념론'이라는 용어를 상당히 다른 의미로 사용한 바 있다. 따라서 우리는 조금 전에 진술했던 정의에 전혀 집착하지 않는다. 이 정의는 무엇보다도 버클리의 관념론과 그에 대립되는 실재론의 특징을 나타낼 것이다. 아마도 이는 관념론의 영역이 표상가능의 영역에 한정되는 반면 실재론은 표상을 초과하는 것을 요구한다는, 오늘날 사람들이 이 두 경향에 대해 품고 있는 생각을 충분히 정확하게 표현해 줄 것이다. 그러나 우리가 개괄하려는 논증은 실재론과 관념론의 어떤 역사적 개념화와도 독립적인 것이다. 우리가 제시한 두 정의의 일반성에 대해 이의를 제기하려는 사람들에게, 우리는 **실재론**과 **관념론**이라는 단어를 단지 규약적인 용어로 볼 것을 요구한다. 이 연구 과정에서

---

3) [옮긴이] 『물질과 기억』 1장을 가리킨다.

우리는 이 용어들을 통해 실재에 대한 두 표기방식을 가리킬 것인데, 이 두 표기방식 가운데 하나는 사물이 인간 의식에 제시하는, 공간 속에 나열되고 분절되어 있는 표상과 사물을 동일시하는 것이 가능함을 함축하고, 다른 하나는 그것이 불가능함을 함축한다. 이 두 가정postulats이 서로를 배제하고, 결과적으로 이 두 표기체계를 동일한 대상에 동시에 적용하는 것은 부당하다는 우리의 입장에는 누구나 동의할 것이다. 그런데 현재의 논증을 위해서는 이것으로 충분하다.

우리는 다음의 세 가지 논점을 보이고자 한다. ① 관념론적 표기를 선택한다면, 심리 상태와 뇌의 상태 사이의 (등가성이라는 의미에서) 평행론을 단언하는 것은 모순을 함축한다. ② 실재론적 표기를 선택한다면, 순서만 뒤바뀐 동일한 모순이 재발견된다. ③ 평행론은 동일한 명제 속에서 동시에 두 가지 표기체계를 사용할 때에만 유지될 수 있는 것으로 나타난다. 그것은 무의식적인 지적 마술을 통해서 실재론에서 관념론으로, 그리고 관념론에서 실재론으로 순식간에 이행하여, 어느 하나에서 명백한 모순에 처하게 되는 바로 그 순간에 다른 것으로 옮아 가는 경우에만 이해가능한 것이 된다. 게다가 이 점에서 우리는 이미 천성적인 마술사들이다. 여기서 다뤄지는 문제는 뇌와 사유의 관계에 대한 정신생리학적 문제이고, '뇌'라는 용어가 **사물**을, '사유'라는 용어가 **표상**을 유념케 하기에, 이 문제의 상정 자체가 실재론과 관념론이라는 두 관점을 암시하기 때문이다. 문제의 진술이 이미 그 응답이 가지게 될 애매함을 가능적으로 내포하고 있다고 할 수 있다.

평행관계의 관념론적 표현

우선 관념론의 관점에 자리잡아, 예컨대 주어진 한 순간에 시각장을 점유하는 대상들에 대한 지각을 고찰해 보자. 이 대상들은 망막과 시신경을 매개로 하여 시각 중추에 작용하고, 거기서 원자와 분자의 결합 방식에 변양을 일으킨다. 이러한 뇌의 변화와 외부 대상 간의 관계는 어떤 것인가?

평행론은 일단 뇌의 상태를 소유하고 나면 의식 속에서 일어나는 일을 전혀 변화시키지 않고서도 마술처럼 단번에 지각된 대상 전체를 삭제할 수 있음을 주장하는 입장이다. 의식적 지각을 결정하는 것은 대상 자체가 아니라 대상에 의해 야기된 뇌의 상태이기 때문이다. 그러나 관념론의 가설에서 이런 종류의 명제가 부조리하다는 것을 어떻게 모를 수가 있겠는가? 관념론에서 외적 대상은 이미지들이고 뇌는 그것들 중 하나이다. 사물들 자체에는 사물이 나타내는 이미지 속에 나열되어 있거나 나열될 수 있는 것 이상은 전혀 존재하지 않는다. 따라서 뇌 속 원자들의 교차 속에는 이 원자들의 교차 이상의 것은 전혀 존재하지 않는다. 그것이 뇌 속에 있다고 가정된 전부이기에, 그것이 뇌 속에서 발견되고 뇌로부터 끌어낼 수 있는 전부이다. 주변 세계의 이미지가 이 [뇌라는] 이미지에서 나온다거나 이 이미지에 의해 표현된다고 말하는 것, 혹은 이 이미지가 상정되자마자 세계의 이미지가 솟아난다거나 이 이미지가 주어지는 동시에 세계의 이미지가 주어진다고 말하는 것은 스스로 모순에 빠지는 일이다. 외적 세계와 뇌 속의 운동이라는 이 두 이미지는 동일한 본성에 속한다고 가정되었고, 가정상 후자의 이미지는 표상의 장에서 미미한 부분인 반면 전자는 표상의 장 전체를 가득 채우기 때문이다. 뇌의 진동들이 잠재적으로 외적 세계의 표상을 포함한다는 주장은, 운동을 우리가 그에 대해 갖는 표

197

상의 기저에 있는 무언가로, 즉 우리에게 행사된 효과를 통해서만 지각되는 신비한 힘으로 만드는 학설에서만 이해가능한 것으로 여겨질 수 있다. 그러나 이 주장은 운동 자체를 하나의 표상으로 환원하는 학설에서는 즉시 모순으로 드러난다. 그것은 표상의 한 조각을 표상 전체라고 말하는 것이기 때문이다.

관념론적 가설 속에서 뇌의 변양은 외부 대상들이 행하는 작용의 **효과**이며, 유기체에 의해 수용되어 적절한 반응을 준비할 운동이다. 다른 이미지들과 마찬가지의 이미지이고, 다른 모든 이미지들처럼 운동하는 이미지인 신경 중추는 특정한 외적 운동을 모아들여 그것을 때로는 완수된 반응 운동으로, 때로는 단지 시작된 반응 운동으로 연장시키는 동적인 부분을 나타낸다. 그러나 그때 뇌의 역할은 다른 표상들로부터 몇몇 효과를 받아들이고, 우리가 이미 말한 것처럼, 그 표상들의 운동적 분절을 그리는 것으로 한정된다. 바로 이 점에서 뇌는 표상의 나머지 부분에 필수불가결한 것이기에, 뇌가 상해를 입게 되면 표상이 다소간 일반적으로 교란되는 일이 반드시 뒤따라 일어난다. 그러나 뇌가 표상 자체를 그리는 것은 아니다. 그 자체가 표상인 뇌가 표상의 전체를 그리기 위해서는 표상의 한 부분이기를 그치고 표상 전체가 되어야 할 것이기 때문이다.[4] 따라서 엄밀

---

4) [옮긴이] 앞서 언급했던 것처럼 베르그손은 여기서 관념론과 실재론이라는 용어를 『물질과 기억』 1장과는 완전히 다른 방식으로 사용하고 있다. 『물질과 기억』 1장에서 베르그손은 의식의 1인칭적 관점에서 과학의 3인칭적 관점을 도출하려는 이론을 관념론으로, 3인칭적 관점에서 1인칭적 관점을 도출하려는 이론을 실재론으로 규정하며, 양자를 동시에 비판하고 두 관점을 서로 화해시키기 위해 이미지 이론을 전개한다. 반면 여기서는 『물질과 기억』 1장의 표상과 실재, 이미지가 표상가능성/불가능성이라는 기준을 통해 하나로 묶이면서 표상 외부에 존재하는 표상 불가능한 원인을 설정하지 않는 이론이 '정당한' 관념론으로 규정된다(이러한 '관념론' 이 관념의 실재성 혹은 비실재성을 문제 삼는 존재론적 입장이 아니라는 점에 주의하자). 이에 따라 오히려 물질을 이미지들의 총체로 규정하고 물질에서 지각불가능한 효능을 배제하는(『물질

하게 관념론적인 언어로 공식화된다면, 평행론의 입장은 다음과 같은 모순적인 명제로 요약될 것이다. 부분은 전체와 같다.

실재론으로의 무의식적 이행

그러나 사실을 말하자면, 사람들은 무의식적으로 관념론의 관점에서 유사-실재론의 관점으로 이행한다. 처음에 사람들은 뇌를 다른 표상들과 마찬가지의 표상으로, 다른 표상들 속에 삽입되어 그것들과 분리 불가능한 표상으로 만들었다. 따라서 다른 표상들과 마찬가지로 하나의 표상인 뇌 속의 운동은 다른 표상들을 만들어 낼 필요가 없다. 다른 표상들이 뇌의 운동과 함께, 그 주위에 주어져 있기 때문이다. 그러나 알아채지 못하는 사이에 우리는 뇌와 뇌 속의 운동을 **사물**로, 즉 특정한 표상 뒤에 숨겨져 있는 원인으로 여김으로써, 그 힘이 표상된 것 너머로 무한히 펼쳐져 있다고 생각하기에 이른다. 관념론에서 실재론으로의 이러한 미끄러짐은 왜 일어나는가? 많은 이론적 환상이 이를 조장한다. 그러나 만일 사실이 이를 뒷받침한다고 믿지 않았더라면, 사람들이 그렇게 쉽게 그리로 향하지는 않았을지도 모른다.

199

실제로 지각의 옆에는 기억이 있다. 이미 지각된 대상을 다시 상기할 때, 대상은 더 이상 거기에 존재하는 것일 수 없다. 남아 있는 것은 나의 신체뿐이다. 그러나 [신체가 아닌] 다른 이미지들이 기억의 형태로 다시 가시적인 것이 된다. 따라서 나의 신체 혹은 적어도 내 신체의 어떤 부분이

과 기억』, p.75/125~126쪽) 베르그손 자신의 이미지 이론이 '관념론'이라는 이름을 얻게 된다. 이 절에서 이루어지는 평행론에 대한 비판이 『물질과 기억』 1장과 아주 유사한 방식으로 전개된다는 점에 주목하자.

다른 이미지를 환기하는 힘을 가지고 있어야 하는 것처럼 보인다. 신체가 이미지를 만들어 내는 것은 아님을 인정하더라도, 적어도 신체는 그것을 불러낼 수 있다. 일정한 뇌의 상태에 일정한 기억이 상응하는 것이 아니라면, 그리고 정확히 이러한 의미에서 뇌의 작업과 사유 사이에 평행성이 존재하는 것이 아니라면, 신체는 어떻게 이런 일을 행할 수 있겠는가?

우리의 답변은 다음과 같다. 관념론적 가설에서는 대상 자체가 **완전히** 부재하는 경우에 그 대상을 표상하는 것은 불가능하다. 만일 현전하는 대상 속에 그 대상에 대해 표상된 바 이상의 것이 전혀 존재하지 않는다면, 만일 대상의 현전présence이 그에 대한 표상représentation과 일치한다면, 대상에 대한 표상의 모든 부분은 어떻게 보면 그 현전의 일부일 것이다. 나는 기억이 더 이상 대상 자체가 아니리라는 점에 기꺼이 동의한다. 그러나 그런 이유로 기억에는 많은 것이 결핍되어 있을 것이다. 우선 기억은 파편적이다. 그것은 보통 최초 지각의 몇몇 요소만을 유지하고 있다. 다음으로, 대상은 공통 경험의 일부를 이루는 반면, 기억은 그것을 상기하는 사람에 대해서만 존재한다. 마지막으로, 기억-표상이 나타날 때 거기에 동반되는 뇌-표상의 변양은 더 이상 지각의 경우에서처럼 유기체-표상을 자극해 즉시 반응하게 만들 정도로 충분히 강한 운동이 아니다. 신체는 더 이상 포착된 대상에 의해 **자극되었다고** 느끼지 않는다. 그리고 **현실성**actualité이라는 **감정**은 이와 같은 **활동성**activité에 대한 **암시**로 이루어지기 때문에, 표상된 대상은 더 이상 현실적인 것으로 보이지 않게 된다. 이것이 바로 대상이 더 이상 현전하지 않는다고 말할 때 우리가 표현하는 내용이다. 사실을 말하자면, 관념론의 가설 속에서 기억은 단지 최초의 표상으로부터, 혹은 같은 말이 되겠지만 대상으로부터 떨어져 나온 얇은 막에 불과하다. 기억은 언제나 현전하지만, 의식은 그것을 고려해야 할 어떤 이유를 갖지 않는 한 그것으로부터 자신의 주의를 돌린다. 의식이 기억을 포착하는 데 관심을 갖게 되는 것은 오직 그것을 사용할 수 있다고 느끼는 경우, 즉 현재적인 뇌의 상태가 실재적 대상(즉 완전한 표상)에 의해 야기되었던 시동적인 운동 반응들 가운데 일부를 이미 그리고 있는 경우뿐이다. 이렇게 신체의 활동이 시작되면, 표상은 현실성을 갖기 시작한다. 그러나 그때 기억과 뇌의 상태 사이에 '평행성'이나 '등가성'이 존재하는 것은 전혀 아니다. 시동적인 운동 반응은 표상 자체가 아니라, 다시 나타날 표상의 가능한 효과들 중 일부를 그릴 뿐이기 때문이다. 그리고 상이한 많은 기억에 동일한 운동 반응이 따라 나올 수 있기 때문에, 신체의 일정한 상태가 일정한 기억을 환기한다기보다는 반대로 서로 다른 많은 기억이 동등하게 가능하여 의식이 그 사이에서 선택을 행할 것이다. 이 기억들은 모두 동일한 운동적 틀 속에 들어갈 수 있다는 단 하나의 공통 조건에만 종속될 것이다. 기억의 유사성은 이 조건으로 이루어질 것이다. '유사성'은 오늘날의 관념연합 이론들 속에서 모호한 방식으로 사용되는 용어이지만, 운동적 분절의 동일성이라고 규정될 때 정확한 의미를 획득한다. 그러나 우리는 예전 작업[5]의 대상이었던 이 점에 역점을 두지 않을 것이다. 다음과 같이 말하는 것으로 충분하다. 관념론적 가설에서 지각된 대상은 완전한 표상, 완전하게 작용하는 표상과 일치하고, 상기된 대상은 동일한 표상이지만 불완전한 표상, 불완전하게 작용하는 표상과 일치한다. 전자에서도 후자에서도 뇌의 상태는 표상과 등가적인 것이 아니다. 뇌는 표상의 일부이기 때문이다. 이제 실재론으로 이행하여 거기서는 정신생리학적 평행론의 입장이 더 명료하게 드러날 것인지 살펴보도록 하자.

201

---

5) [옮긴이] 『물질과 기억』 3장을 가리킨다.

평행관계의 실재론적 표현

다시 한번 내 시각장을 가득 채우는 대상들을 떠올려 보자. 그것들 가운데 나의 뇌가 있다. 그리고 나의 감각 중추 속에는 외부 대상의 작용이 야기한 분자와 원자의 이동이 있다. 관념론의 관점에서 볼 때에는 이 운동이 전적으로 이미 표상된 것 속에 머물러 있었기에, 이 운동에 외적 사물의 표상을 이중화하는 어떤 신비한 힘을 할당할 권리가 없었다. 또한 이 운동은 가정상 뇌의 특정한 원자 운동으로 표상되었으므로, 뇌의 원자 운동일 뿐 그 밖에 다른 어떤 것도 아니었다. 그러나 실재론의 본질은 우리의 표상 배후에 그것과는 다른 어떤 원인을 가정하는 것이다. [따라서 실재론에 의하면,] 외적 대상에 대한 표상이 뇌의 변양 속에 함축되어 있다고 간주하지 못할 이유는 전혀 없을 것처럼 보인다. 어떤 이론가들이 보기에는 뇌의 이러한 상태들이 진정으로 표상을 창조하고, 표상은 뇌의 '부대현상'에 불과할 것이다. 다른 이론가들은 데카르트주의적으로 뇌의 운동이 단지 의식적 지각이 출현하는 사태의 기회원인이라고 가정하거나, 이 지각과 운동이 운동도 아니고 지각도 아닌 어떤 실재의 두 측면에 불과하다고 가정할 것이다. 그럼에도 불구하고 이들 전부는 다음과 같이 말하는 데에서 서로 의견이 일치할 것이다. 일정한 뇌의 상태에 일정한 의식 상태가 대응하고, 뇌수질의 내적 운동만을 따로 떼어 내 고찰한다면 이 운동을 해석할 수 있는 사람은 그에 상응하는 의식 속에서 어떤 일이 일어날 것인지 완전히 세부적으로 확인할 수 있을 것이다.

202

그러나 뇌를 따로 떼어 내고 그 원자 운동을 따로 떼어 내서 고찰한다는 주장이 여기서 진정한 모순을 포함한다는 것을 어떻게 모를 수가 있겠는가? 관념론자는 고립된 표상으로 나타나는 대상을 고립가능한 것으로 선언할 권리가 있다. 그에게 대상은 표상과 구분되지 않기 때문이다. 그러나 실재론은 정확히 이 주장을 거부하는 것으로 이루어진다. 실재론은 우리의 표상이 사물들 사이에서 그리는 분할의 선을 인위적이거나 상대적인 것으로 간주하고, 그 선 아래에 상호적인 작용들과 서로 얽혀 있는 잠재성들의 체계를 가정하여, 결국 대상을 더 이상 우리 표상 속으로의 진입이 아니라 그 자체로는 인식 불가능한 실재 전체와의 연대성을 통해서 규정하는 것으로 이루어진다. 과학이 물체의 본성을 그 '실재성'의 방향으로 심화시킬수록, 과학은 이미 물체의 각 속성을, 결과적으로는 그 존재 자체를, 물체에 영향을 미칠 수 있는 물질의 나머지 부분과의 관계로 환원시킨다. 사실을 말하자면, 상호적으로 영향을 주고받는 항들은——그것을 원자, 질점, 힘의 중심 등 어떤 이름으로 부르건—— 그러한 과학의 눈에는 단지 잠정적인 항일 뿐이다. 그러한 과학이 보기에 결정적 실재는 상호적 영향 혹은 **상호작용**이다.[6]

관념론으로의 무의식적 이행

그런데 당신은 처음에 뇌에 외적인 대상들이 뇌를 변양시켜 표상을 불러일으킨다고 가정하였다. 그러고 나서 당신은 뇌에 외적인 이 대상들을 백

---

6) [옮긴이] 앞서 관념론적 표기체계가 『물질과 기억』 1장의 이미지 이론을 나타냈다면, 여기서 드러나는 실재론적 표기체계는 『물질과 기억』 4장에서 전개되는 지속하는 물질에 대한 논의에 접근하는 것처럼 보인다. 『물질과 기억』 4장에서는 1장에서 물질 자체로 여겨졌던 이미지들이 정신의 실천적 태도로부터 기인한 잠정적인 항들로 나타난다. 물론 『물질과 기억』 4장은 '소용돌이', '역선'과 같은 상징들이 물체를 실재성의 방향으로 더 가까이 이끌어갈 수 있게 해주더라도 여전히 상징으로 남는다는 점을 정확히 지적한다. 이 지적에 대해서는 과학과 관념론의 관계에 대한 아래의 설명을 참조하라(p.205/226).

지로 만들고, 뇌의 변양에 대상의 표상을 홀로 그려 낼 수 있는 힘을 부여했다. 그러나 뇌를 둘러싸고 있는 대상들을 제거함으로써, 당신은 좋든 싫든 간에 대상들로부터 그 속성과 실재성을 빌려오는 뇌의 상태도 제거해 버릴 것이다. [그럼에도] 당신이 뇌의 상태를 보존하는 이유는 단지 당신이 표상 속에서 고립된 것을 권리상 고립 가능한 것으로 상정하는 관념론의 표기 체계로 은밀하게 이행했기 때문이다.

당신이 택한 가설에 계속 머물러 보라. 외적 대상과 뇌가 만나는 경우 표상이 생겨난다. 당신은 이 표상이 뇌 상태만의 함수가 아니라, 뇌 상태와 그것을 결정짓는 대상들의 함수라고 말해야 한다. 지금 이 상태와 이 대상들은 함께 불가분의 묶음^{bloc}을 형성하고 있기 때문이다. 따라서 뇌의 상태를 따로 떼어 내 그것이 대상의 표상을 홀로 창조하거나 야기하거나 혹은 적어도 표현할 수 있다고 가정하는 평행론의 입장은 또다시 진술되는 동시에 스스로 붕괴될 수밖에 없다. 엄밀한 실재론적 언어로 말하자면 그것은 다음과 같이 공식화될 것이다. 자기 자신의 모든 것을 전체의 나머지 부분에 빚지고 있는 전체의 한 부분이, 전체의 나머지 부분이 사라질 때에도 존속하는 것으로 간주될 수 있다. 혹은 더 간단히 말하면, 두 항 사이의 관계는 두 항 중 하나와 등가적이다.

뇌 속에서 수행되는 원자 운동은 우리가 그에 대해 갖는 표상 속에서 그 운동이 펼쳐 놓는 것과 동일한 것이거나, 아니면 그와는 다른 것이다. 첫번째 가설에서 그 운동은 우리가 지각하는 그대로일 것이고, 그러면 우리 지각의 나머지 부분은 그와는 다를 것이다. 원자 운동과 나머지 지각들 사이에는 포함된 것과 포함하는 것의 관계가 존재할 것이다. 이러한 것이 관념론의 입장이다. 두번째 가설에서 원자 운동이 가진 내밀한^{intime} 실재성은 다른 지각들의 총체 배후에 있는 모든 것과의 연대성을 통해 이루어진다. 그래서 단지 원자 운동이 가진 내밀한 실재성을 고찰한다는 사실만으로도 그 운동과 함께 불가분적 체계를 형성하고 있는 실재 전체를 고찰하게 될 것이다. 그것은 결국 뇌 속의 운동이 고립된 현상으로 간주되는 경우에는 사라지게 될 것이라는 말이고, 더 이상 표상의 일부이자 표상의 한가운데서 인위적으로 잘려 나온 부분일 뿐인 어떤 현상을 표상 전체의 기체substrat로 제시할 수는 없다는 말이다.

그러나 사실을 말하자면, 실재론은 결코 순수한 상태로 남아 있지 않는다. [물론] 사람들은 표상의 배후에 실재 일반의 존재를 상정할 수 있다. 그러나 어떤 구체적인 실재에 대해 말하기 시작하자마자, 좋든 싫든 간에 그들은 사물을 그에 대한 표상과 다소간 일치하게 만든다. 실재론은 전체가 전체 속에 필연적으로 함축되는impliqué 숨겨진 실재의 바탕 위에, 관념론자가 실재 자체라고 여기는 명시적인explicites 표상들을 펼쳐 놓는다. 실재론은 실재를 상정하는 순간에는 실재론적이었으나, 실재에 대해 무언가를 단언하자마자 관념론적인 것이 된다. 세부적인 설명에서 실재론적 표기체계가 할 수 있는 일은 단지 관념론적 표기체계 속의 각각의 항 아래에 그 항이 잠정적인 성격을 가지고 있음을 표시하는 **첨자**를 기입하는 것에 지나지 않는다. 그렇다고 해보자. 그러나 그 경우 우리가 관념론에 대해 말했던 내용이 관념론을 부담하게 된 실재론에도 적용될 것이다. 그리고 뇌 상태를 지각과 기억의 등가물로 만드는 것은, 그 체계가 어떤 이름으로 불리건 간에, 언제나 부분이 전체와 같다는 주장으로 귀착될 것이다.

정신의 무의식적 진동

이 두 체계를 심화시켜 보면, 관념론의 본질은 공간 속에 배열된 것과 공간적 분할에 몰두하는 데 있는 반면, 실재론은 이 배열을 표면적인 것으로, 이 분할을 인위적인 것으로 여긴다는 점이 드러나게 될 것이다. 실재론은 병렬된 표상들의 배후에서 상호적인 작용의 체계를, 결과적으로 표상들의 상호적인 **함축**implication을 생각한다. 물론 물질에 대한 우리의 인식이 공간을 전적으로 떠날 수는 없을 것이며, 여기서 문제가 되는 상호적 함축이 아무리 심층적이라도 그것은 과학 외적인 것이 되지 않고서는 공간 외적인 것이 될 수 없기에, 실재론은 설명explications에 있어서 관념론을 넘어설 수 없다. 사람들은 과학을 할 때 언제나 다소간 (우리가 규정했던 의미에서의) 관념론 속에 있다. 그렇지 않으면 실재의 고립된 부분들을 고찰하여 그것들을 서로와의 관련 속에서 조건지을 생각은 하지도 못할 것이다. 그런데 이 조건지음이 바로 과학 자체이다. 따라서 실재론자의 가설은 그가 결코 실재에 대한 설명을 충분히 심화시키는 데 이를 수는 없으며, 우리의 눈에는 공간 속에 병렬되어 있는 실재의 부분들 사이에 점점 더 내밀한 관계를 수립해야 하리라는 점을 상기시키기 위한 이상일 뿐이다. 그러나 실재론자는 이러한 이상을 실체화하지 않을 수 없다. 그는 그것을 관념론자가 실재 자체라고 여겼던 나열된 표상들로 실체화한다. 그러면 이 표상들은 그에게 그만큼의 **사물들**, 즉 숨겨진 잠재성을 담고 있는 저장소가 된다. 이로 인해 그는 (이번에는 단순한 표상이 아니라 사물로 승격된) 뇌 속의 운동이 표상 전체를 가능적으로 포함하고 있다고 여길 수 있게 된다. 정신생리학적 평행론에 대한 그의 주장은 이렇게 생겨날 것이다. 그는 자신이 [처음에는] 그 저장고를 표상 안이 아니라 표상 밖에, 공간 안이 아니라 공간 밖에 위치시켰다는 점을, 그리고 어쨌든 그의 가설은 실재를 분할되지 않은 것으로, 또는 표상과는 다른 방식으로 분절된 것으로 가정하는 것이었음을 잊고 있다. 표상의 각 부분에 실재의 각 부분을 대응시킴으로써, 그는 실재를 표상처럼 분절하고, 실재를 공간 속에 전개시키며, 자신의 실재론을 포기하고 뇌와 나머지 표상들 간의 관계를 명백히 부분과 전체 사이의 관계로 여기는 관념론 속으로 들어간다.

처음에 당신이 이야기했던 뇌는 우리가 보는 그대로의 뇌, 표상들의 총체 속에서 잘라 낸 것과 같은 뇌였다. 따라서 그것은 표상일 뿐이었고, 우리는 관념론 속에 위치해 있었다. 반복하건대 뇌와 나머지 표상들 간의 관계는 부분과 전체의 관계였다. 거기서부터 당신은 갑자기 그 표상의 **토대를 이루는** 실재로 이행했다. 그렇다고 해보자. 그러나 그러면 그 실재는 공간 이하의 것^subspatiale이고, 이것은 뇌가 독립적인 실체가 아니라고 말하는 것이 된다. 이제 존재하는 것은 단지 우리의 표상 전체가 그 위에 펼쳐지는^s'étend, 그 자체로는 인식 불가능한 실재 전체뿐이다. 이제 우리는 실재론 속에 있다. 그리고 조금 전에 관념론에서처럼 이 실재론에서도 뇌 상태는 표상의 등가물이 아니다. 반복하건대, 여전히 지각 전체에는 지각된 대상들 전체가 (이번에는 감춰진 채로) 포함될 것이다. 그러나 실재의 세부로 내려오면서도 사람들은 계속해서 표상과 동일한 방식으로, 동일한 법칙에 따라 실재를 구성하는데, 이는 표상과 실재를 더 이상 구분하지 않는 것과 같다. 따라서 사람들은 관념론으로 되돌아가며, 거기에 머물러야 했을 것이다. 하지만 그들은 그렇게 하지 않는다. 사람들은 표상된 그대로의 뇌를 보존하지만, 만일 실재가 표상 속에 펼쳐져서 더 이상 자신 안으로 **긴장된 것**^tendu이 아니라 표상으로 **연장된 것**^étendu이라면 실재는 더 이상 실재론이 말했던 힘과 잠재성을 지니지 못하리라는 사실을 잊는다. 그때 사람들은 뇌의 운동을 표상 전체의 등가물로 여기게 된다. 그러니까 사람들은 관념론에서 실재론으로, 그리고 실재론에서 관념론으로 진동하였으나, 그 진동이 너무 빨라 자신들이 부동적이라고, 말하자면 하나로 통합된 두 체계 위에 걸터앉아 있다고 믿었던 것이다. 이렇게 화해 불가능한 두 주장 사이에서 이루어진 외관상의 타협이 평행론의 본질 자체이다.

보충적 환상들

우리는 이 환상을 일소하려고 노력했다. [그러나] 평행론에 호의적인 관념들이 모여들어 그 주위를 수호하고 있는 이상, 그 작업에 완전히 성공했다고 자만하지 않을 것이다. 이러한 관념 가운데 어떤 것들은 평행론 자체에 의해 생겨났다. 반대로 또 어떤 것들은 평행론보다 앞서 생겨나, 우리가 살펴본 바에 따르면, 평행론을 낳은 부당한 결합을 향해 나아갔다. 마지막으로 또 어떤 것들은 평행론과 친족관계는 없는 것이지만, 그 곁에서 살아간 덕에 그것을 표본으로 삼게 되었다. 오늘날 이 모든 것은 평행론 주위에 웅장한 방어선을 형성하고 있어서, 어느 한 지점을 뚫고 나가려고 하면 다른 지점에서 저항이 일어나게 된다. 구체적으로 언급해 보자.

1. **뇌 속의 영혼**, 즉 뇌피질 속에 표상들이 모여 있다는 암묵적인(심지어 무의식적이라고 할 수도 있을 것이다) 생각. 표상이 신체와 함께 이동하는 것처럼 보이기 때문에, 사람들은 마치 신체 속에 표상의 등가물이 존재하는 것처럼 추론한다. 뇌의 운동이 이 등가물일 것이다. 그러면 이제 의식은 움직이지 않은 채로 우주를 지각하기 위해 단지 대뇌피질이라는 제한된 공간만큼, 즉 주위 세계가 축소된 형태로 재생산되는 진정한 '암실'만큼만 뻗어 가면 된다.

2. 모든 인과성이 기계적이며, 우주 속에는 수학적으로 계산불가능한 것이 아무것도 없다는 생각. 우리의 행동은 우리의 (과거와 현재 둘 다의) 표상들로부터 유래하기 때문에, 기계적 인과성의 예외를 피하기 위해

서는 행동이 시작되는 뇌가 지각과 기억, 그리고 사유 자체의 등가물을 포함하고 있었다고 가정해야 한다. 그러나 생명체를 포함하고 있는 세계 전체가 순수한 수학의 영역에 속한다는 생각은 단지 데카르트주의자들로부터 유래하는 정신의 **선험적** 관점에 불과하다. 사람들은 원하는 대로 그것을 현대적인 방식으로 표현할 수도 있고, 오늘날의 과학의 언어로 번역할 수도 있으며, 거기에 (그 관점을 통해 도달하게 된) 언제나 더 많은 수의 관찰된 사실들을 덧붙일 수도 있고, 그렇게 해서 그 관점에 실험적인 기원을 부여할 수도 있다. 그렇다 하더라도 실제로 측정 가능한 실재의 부분이 제한되어 있다는 사실에는 변함이 없으며, 절대적인 것으로 간주된 법칙은 그것이 이미 데카르트의 시대에도 가지고 있었던 형이상학적 가설의 성격을 여전히 유지하고 있다.

3. **표상**의 (관념론적) 관점에서 **사물 자체**의 (실재론적) 관점으로 이행하기 위해서는 단지 우리의 이미지화되고 그림 같은[pittoresque] 표상을 색깔 없는 윤곽과, 부분들 간의 수학적 관계로 환원된 이 동일한 표상으로 대체하기만 하면 충분하다는 생각. 우리는 추상이 만들어 낸 공백에 의해 최면에 걸려, 공간 속의 질점들이 행하는 단순한 이동, 즉 감소된 지각에 내가 알지 못하는 엄청난 의미가 내재한다는 암시를 받아들이는 반면, 우리의 직접적인 지각 속에서 발견되는 훨씬 더 풍부한 구체적 이미지에는 그러한 효력을 부여하는 것을 꿈도 꾸지 못한다. 사실을 말하자면 [두 관념론 사이에서 논쟁하는 대신,] 실재를 완전히 현실적인 것이나 현실화시킬 수 있는 것으로 생각함으로써 실재를 공간 속에, 따라서 표상 속에 분산시키는 개념화[진정한 관념론]와, 실재가 스스로 압축되어 공간 외적인 힘들의 저장고가 되는 체계[진정한 실재론] 중에서 선택을 내려야 할 것이다. 전자의 개념화에 대해 행해진 어떠한 추상, 제거, 감소 작업도 우리를 후

자에 접근시켜 주지는 않을 것이다. 여전히 색이 있고 생생한 직접적 표상에 몰두하는 그림 같은 관념론 속에서 뇌와 표상의 관계에 대해 논의될 모든 것은, **말할 필요도 없이** 과학적인 관념론에도 적용될 것이다. 거기서 표상은 그 수학적 골격으로 환원되었으나, 표상들 중 하나가 다른 모든 표상을 자신 안에 포함하는 것이 불가능하다는 사실은 표상의 공간적 성격과 상호 외재성으로 인해 더 분명하게 드러날 뿐이다. 사람들은 연장적인 표상들을 문질러 비벼서 지각 속에서 그것들을 구별해 주던 질을 제거했기 때문에, 긴장되어en tension 있다고 가정되었던, 따라서 비연장적인 inextensive 만큼 더 실재적이라고 가정되었던 실재를 향해서는 한걸음도 전진하지 않았을 것이다. [이것은] 마모된 동전 하나가 그 가치의 정확한 표식을 상실함으로써 무한한 구매력을 획득하게 되리라고 상상하는 것과 마찬가지이다.

4. 만일 두 전체가 연대적이라면, 한 전체의 각 부분은 다른 전체의 일정한 부분과 연대적일 것이라는 생각. 그러면 뇌의 상태를 동반하지 않는 의식 상태는 존재하지 않기 때문에(그 역이 모든 경우에서 필연적으로 참인 것은 아니지만), 그리고 뇌 상태의 변화는 반드시 의식 상태의 변화를 수반하기 때문에, 마지막으로 뇌 활동의 손상은 의식 활동의 손상을 초래하기 때문에, 사람들은 의식 상태의 임의의 부분이 뇌 상태의 일정한 부분에 상응하며 결과적으로 두 항 가운데 하나가 다른 하나를 대체할 수 있다고 결론짓는다. 마치 오로지 두 전체에 대해서만 관찰되었거나 추론된 것을 따로따로 연결되어 있는 세부적 부분들로 확장시키고, 이렇게 해서 연대성의 관계를 등가물 대 등가물의 관계로 전환시킬 권리가 있기라도 한 것처럼 말이다! 어떤 나사의 존재 혹은 부재는 기계를 작동하거나 작동하지 않도록 만들 수 있다. 이로부터 나사의 각각의 부분이 기계의 각각의 부분

에 상응한다거나, 기계가 나사 속에서 자신의 등가물을 갖는다는 결론이 따라나오는가? 그런데 뇌의 상태와 표상 간의 관계는 나사와 기계 간의 관계, 즉 부분과 전체의 관계일 수 있다.

이 네 가지 관념은 그 자체로 많은 수의 다른 관념을 함축하고 있다. 이 다른 관념들에서도 평행론을 근음根音으로 삼는 그만큼의 배음倍音을 발견할 수 있을 것이기에, 이것들을 차례로 분석하는 것은 흥미로운 일일 것이다. 우리는 본 연구에서 단지 평행론 자체에 내재하는 모순을 끌어냈을 뿐이다. 평행론이 이끌어 내는 귀결들과 그것이 감추고 있는 전제들은 말하자면 철학의 전 영역을 뒤덮고 있다. 따라서 우리가 보기에 이러한 비판적인 검토는 필수불가결한 것이었고, 자연의 결정론과 관련하여 고찰된 정신 이론에 출발점 구실을 할 수 있었다.

옮긴이의 말

『정신적 에너지』(1919)는 1901년부터 1913년 사이에 이루어진 베르그손의 논문/강연 가운데 일부를 선별하여 수록한 논문 모음집이다. 논문 모음집이라는 형식은, 더 나아가 베르그손이 서문에서 고백하는 이 책의 소박한 출간 목적은 베르그손의 사유 속에서 이 저작이 갖는 중요성을 은폐할 수 있다. 일견 『정신적 에너지』는 1896년 『물질과 기억』에서 이미 논의된 내용을 조금 더 대중적인 방식으로 반복하거나 구체적인 개별 사례에 적용하는 여러 논문을 재수록한 저작에 불과해 보이기 때문이다. 게다가 당대 심리학의 최신 연구에 기초한 이 저작의 구체적 내용은, 한 세기라는 적지 않은 시간을 거슬러야 하는 오늘날의 독자의 눈에는 충분히 추상되지 않은 사유, 시간의 흐름으로 인해 그 색이 바래 버린 사유로 보일 수도 있다. 이 책의 서문에서 예고되어 있는 두번째 논문집(『사유와 운동』)이 베르그손의 네 권의 주저와 함께 진즉에 번역된 것과는 대조적으로, 첫번째 논문집인 『정신적 에너지』가 여태껏 한국어로 번역되지 않았던 이유가 어쩌면 바로 여기에 있을지도 모른다. 이런 이유로 이 책이 베르그손의 사유 속에서 어떤 지위를 점하는지에 대한 간략한 설명을 덧붙이는 것이 필요할 것 같다.

하나의 이행

『정신적 에너지』를 곧장 베르그손주의의 운동 속에 정위시키도록 하자.
이 책은 어떤 지점에 놓여 있는가? 우선 이 저작이 하나의 결정적인 이행
을 나타내고 있다는 점을 강조해야 할 것이다. 그것은 베르그손의 가장 뛰
어난 두 저서, 『물질과 기억』에서 『창조적 진화』로의 이행이다. 이 저작에
수록된 「꿈」(1901), 「지성적 노력」(1902), 「뇌와 사유 : 철학적 환상」(1904)
은 『물질과 기억』(1896)과 『창조적 진화』(1907) 사이에 작성되었고, 「현재
의 기억과 잘못된 재인」(1908)은 『창조적 진화』 직후에 발표된 글이다. 이
글들은 모두 『물질과 기억』의 연장선상에서 그 중심적 주제였던 의식과
기억, 주의와 재인의 문제를 다루고 있다. 하지만 이 글들은 『물질과 기억』
의 내용을 단순히 반복하지 않는다. 그것들은 『물질과 기억』을 특정한 방
식으로 **연장한다**. 동일한 문제가 다루어지고 있다 하더라도 문제의 무게
중심이 완전히 변경되었기 때문이다.

　『물질과 기억』의 부제, "심신 관계에 대한 시론"이 이미 보여 주고 있
듯, 『물질과 기억』은 심신 이원론이라는 고전적 문제의 해결을 겨냥하는
저작이었다. 『물질과 기억』이 제시하는 해결책의 요점은 신체와 정신 사
이의 상호 배제적인, 따라서 공간적인 대립을 지각과 기억, 현재와 과거라
는 정신의 두 층위 사이의 시간적 대립으로 대체하는 것이다.[1] 한편으로
신체는 정신과 완전히 무관한 타성적 물체가 아니다. 신체는 여타의 물체

---

1) 『물질과 기억』, p.249/368쪽.

와는 달리 즉각적인 작용-반작용 체계 속으로 함몰되는 대신 자극에 대한 반응을 지연시킬 수 있기 때문이다. 신체는 받아들인 자극에 곧바로 반응하지 않기를, 심지어는 전혀 반응하지 않기를 선택할 수도 있다. 반응의 지연은 물질적 필연성의 연쇄 속에 이미 선택의 가능성을 삽입하고 비결정성의 영역을 개시한다. 반응의 지연을 통해 생겨난 간극 속에서 주저 hésitation가 가능해지며, 과거의 기억과 미래의 예측을 위한 여지가 생겨난다. 따라서 감각과 운동을 분리시키고 그 사이에 뇌를 개입시켜 우회로를 만들어 내는 감각-운동 도식으로서의 신체는 물질적 평면 위에서 이미 정신의 조짐을 보여 준다. 신체는 육화된 정신이다.

하지만 다른 한편으로, 신체와 정신 사이의 구분은 시간적인 형태로 존속한다. 신체는 현재적 작용에서 떨어져 과거의 참조를 가능케 하지만, 신체 자체는 상황에 대해 이미 준비된 반응들이 축적된 메커니즘, 즉 습관-기억으로 이루어져 있다. 정신이 과거를 보존하여 현재로 연장하는 기억 능력을 소지하고 있다는 점에서 물질과 구분된다면, 신체는 과거의 운동을 준비된 반응의 형태로 축적한다는 의미에서 이미 정신이다. 하지만 이때 신체가 보존하는 과거는 습관-기억으로서의 현재적 운동 메커니즘이며, 따라서 신체는 어디까지나 가장 물질적인, 즉 가장 현재적인[2] 정신인 것이다. 물질적 평면 위에서 기억이 삽입될 여지를 만들어 내는 신체는, 정신적 평면에서는 기억의 무작위적 실현을 막고 기억을 선별하는 역할을 수행한다. 기억이 신체를 통해서 실현되기 때문에, 과거의 총체적 실현은 방해받고 현재적 상황에 유용한 기억만이 호출되어 현재화된다. 그 외의 기억들, 마치 유령처럼 무용한 기억들은 신체의 이완이나 손상을 틈

---

2) 『물질과 기억』, p. 168/259쪽.

타 꿈의 기억이나 착란적 기억으로만 나타날 뿐이다.

물론 현재적 상황에 유용한 기억의 호출은 단일한 층위에서 평면적으로 이루어지지 않는다. 작용에 대한 반응을 더 지연시키고 더 강렬한 주의의 노력을 기울일수록 더 풍부한 기억이 지각을 해석하는 데 호출될 수 있다. 이런 의미에서 우리의 정신 속에는 주의의 노력과 풍부함의 정도에 상응하는 무수한 의식의 평면들이 존재한다. 또한 하나의 평면 위에서 관념연합을 주재하는 유사성과 근접성의 원리 외에도, 평면의 선택을 좌우하는 의식적 삶의 기조가 있다. 베르그손의 역원뿔 도식은 이상의 논의를 훌륭하게 요약한다. 우리의 정신 전체는 단일한 평면이 아니라 무수한 평면들로 이루어진 하나의 입체다. 신체는 이 평면들 가운데 가장 협소한 지점, 기억의 풍부함이 가장 희박해져 물질적 운동과 유사한 반복운동의 형태를 띠는 원뿔의 꼭짓점에 놓여 있으나, 꼭짓점에 위치한 신체의 이 협소함은 정신을 물질적 층위에 삽입하는 첨점의 날카로움이기도 하다. 그리하여 정신의 원뿔 전체는 물질적 평면 위에 거꾸로 서서 가장 빈약한 정신인 신체에 정신 전체의 현실화를 의존하는 것이다.

이렇게 『물질과 기억』은 정신의 삶 속에서 신체의 역할을 정확하게 한정하고 정신의 무수한 평면들을 발견함으로써 정신과 신체 사이의 심연을 연속적으로 이행 가능한 시간적 단계들로 전환시킨다. "무기 물질과 가장 뛰어난 반성 능력을 지닌 정신 사이에는 기억의 모든 가능한 강도들, 혹은 같은 말이 되겠지만 자유의 모든 단계들이 존재한다."[3] 이렇게 구분된 정신의 단계들을 호출하고 실현하는 데 동원되는 기준은 현재적 행동의 유용성이고, 이런 의미에서 정신 전체는 원뿔의 꼭짓점인 신체, 즉 현

---

3) 『물질과 기억』, p. 250/370쪽.

재의 필요에 의존한다. 우리는 현재에 더 큰 영향력을 미치기 위해, 그러니까 현재 속에서 더 효과적인 행동을 수행하기 위해 과거를 기억하고 미래를 예측한다. 신체와 정신은 공간적으로 구분되는 상호 외재적인 두 항이 아니라, 더 효과적인 삶을 위해 서로 결합되어야만 하는 두 가지 시간적 존재 방식이 된다. "행동이야말로 정신이 신체와 통일되어야 하는 이유인 것이다."[4]

요컨대 심신의 결합, 과거와 현재의 결합은 우리 앞에 놓인 삶을 살아가기 위한 것이다. 그러나 왜 정신은 살아야 하는가? 왜 정신은 현재의 필요를 방기하고 관조 속에 틀어박히지 않는 것인가? 신체보다는 정신을, 행동보다는 관조를 우위에 두었던 철학사적 경향을 염두에 둔다면, 정신의 편에서 생의 필요를 묻는 이러한 질문이 결정적인 방식으로 제기되어야 할 것이다. 생이 정신의 본성에는 이질적인 것이라면, 그래서 본디 무용하고 무력한 정신이 신체가 제기하는 삶과 행동의 현재적 필요를 따라 제한되는 것이라면, 생을 통한 심신의 결합은 정신의 자기소외에 그치고 말 것이고 현재에 밀착하는 신체의 삶은 여전히 생을 넘어선 정신의 관조와 대립하게 될 것이기 때문이다. 그리하여 신체와 정신의 이원론은, 이번에는 정신 속에서 행동과 관조의 이원론으로 반복된다. 이런 이유로 베르그손은 『창조적 진화』이후에 쓰인 『물질과 기억』의 7판 서문에서 『물질과 기억』이 이원론의 난점을 제거한다기보다는 완화시키는 데 그친다는 점을 고백하는 것일지도 모른다.[5]

『물질과 기억』이후에도 정신과 생의 대립을 완화하려는 시도는 계

---

4) 『물질과 기억』, p.248/367쪽.
5) 『물질과 기억』, p.1/21쪽.

속된다. 이러한 시도는 무엇보다도 '삶을 향한 주의'라는 개념의 의미를 변주하는 작업을 통해 이루어진다. 베르그손은 신체가 정신에 생을 부과하는 것이 아니라, 정신이 이미 스스로 삶으로의 경향을 갖추고 있음을 보여 주려 한다. 당대 정신병리학의 성과가 베르그손의 작업에 끼친 영향은 아주 분명하다. 『물질과 기억』에서 분석된 실어증의 사례들은 뇌 손상, 즉 신체적 생의 교란이 일으키는 기억의 장애들을 통해서 현행적 의식의 구성에서 신체가 수행하는 역할을 보여 주었고, 따라서 『물질과 기억』에서 '삶을 향한 주의'는 그 자체로 내버려 두면 꿈의 기억들로 흩어져 버릴 정신에 삶의 추를 제공하는 감각과 운동, 즉 감각-운동 도식으로서의 신체를 의미하는 것이었다. 반면 『정신적 에너지』는 신체적 손상이 아니라 심적 요인의 교란으로 야기되는 병리적 상태들을 검토한다. 베르그손이 특히 강조하는 피에르 자네^{Pierre Janet}의 정신쇠약^{psychasthénie} 개념은, 의식 상태를 유지하기 위한 특정한 활동 없이는 의식이 그 견고함을 상실하리라는 점을, 그래서 정상적인 심리 상태란 능동적 노력을 기울일 때에만 보장되는 균형 상태라는 점을 보여 준다. 정신적 영역에서 생의 노력이 약화되는 병리적 현상들에 대한 검토는 정상적 의식 상태의 이면에 자리한 정신성의 근본 구조를 노출시킴과 동시에 그러한 근본 구조를 가로질러 의식을 유지하는 생의 노력을 점점 더 명확하게 붙잡는다. 이는 정신이 단지 신체적 생에 의해 수동적으로 쳐내지고 선별되는 무력한 실체가 아니라, 다른 종류의 힘을 갖춘 생의 운동성으로 규정되어야 함을 보여 주는 것이다.

그런데 신체와 마찬가지로 정신 역시 생의 운동성으로 규정될 수 있다면, 정신에게 있어서 산다는 것은 무엇을 의미하는 것인가? 생을 통해 설명되어야 할 것은 심신의 결합이 아니라 오히려 심신의 구분이 아닐까? 또한 삶의 운동성이 감소하는 경우에는 의식이 병리적 의식으로 전환되거나 더 나아가 무의식 속으로 잠겨들어 버릴 수 있다면, 깨어 있는 의식을 유지하는 정신적 생^vie의 운동성은 물질의 무의식 속에서 의식을 깨어나게 했던 생명^Vie의 에너지와 다르지 않은 것은 아닐까? 정신적 영역에서 생적 활동성의 존재를 규명함으로써 베르그손은 한편으로는 정신의 존재와 유지 자체를 정신을 발생시킨 생의 진화 운동에 결부시키고, 다른 한편으로는 생의 의미를 단순히 신체적 생에 한정하지 않고 정신의 모든 층위를 포괄하고 또 넘어서는 것으로 복잡화하기에 이른다. 이렇게 『정신적 에너지』의 저술들은 『물질과 기억』과 동일한 문제, 심신 결합의 문제를 다루면서도, 점차 이 문제를 생의 문제로, 신체적 생과 정신적 생의 문제로 이끌어 간다. 이러한 무게중심의 이동은 『물질과 기억』과 『창조적 진화』 사이에서 이루어지는 이행이 갖는 이중적 관계를 드러낸다. 한편으로 그것은 『정신적 에너지』가 『물질과 기억』과 맺고 있는 관계이다. 『정신적 에너지』는 『물질과 기억』의 단순한 반복에 그치지 않는다. 동일한 주제의 이면에는 중대한 논점의 변화가 있다. 하지만 다른 한편으로, 그것은 의식의 문제와 생의 문제, 『물질과 기억』과 『창조적 진화』 사이의 관계가 근본적인 단절로 여겨질 수 없다는 것을, 베르그손은 의식의 문제를 심화함으로써 생의 문제에 다다랐다는 것을 보여 준다. 병리적 의식상태들에 대한 검토를 통해 정신적 생의 규정으로 나아가는 『정신적 에너지』의 탐구들은 이렇게 생의 진화 속에서 의식의 발생 문제를 다루는 『창조적 진화』의 논의에 가닿는다. 따라서 『정신적 에너지』는 우선 의식에서 생으로 향하는 베르그손주의의 초점 변화를 단계적으로 보여 준다고 말할 수 있을 것이다.

하나의 저작

그러나 그것은 이행일 뿐인가?『정신적 에너지』는 베르그손이 한 저작에서 다른 저작으로 가기 위해 흩뿌려 둔 스케치의 총체에 불과한 것인가? 그리하여『정신적 에너지』를 어떤 미숙한 저작으로,『창조적 진화』에 이르러서야 정점에 이르는 문제의식의 전개 과정으로 여기는 데 만족해야 할 것인가?『정신적 에너지』라는 저작의 근본적 통일성을 문제 삼는 이러한 질문은, 이 책에 실린 논문들이 시간순으로 배치되지 않았다는 사실에 의해 곧장 논박된다. 베르그손은 자신의 이행과정을 있는 그대로, 선형적으로 재현하는 데 그치지 않았다. 그는 기존의 논문들을 재수록하면서 이 논문들을 상당 부분 수정하고 발표된 순서와는 무관한 방식으로 재배치했다.『정신적 에너지』의 첫머리에 자리한「의식과 생」은 1911년의 강연이다. 시기 순으로 가장 먼저 이루어진 1901년의 강연「꿈」은 저작의 정중앙에 자리해 있고, 이 강연을 기준으로 책의 전반부에는 1910년 이후에 이루어진 세 편의 강연이, 후반부에는 1910년 이전에 쓰인 세 편의 논문이 수록되어 있다. 베르그손의 말처럼 그의 각 저작이 새로운 문제가 제기하는 새로운 요구에 새로운 방식으로 응답하는 것이었다면, 이러한 의도적인 재배열은 저작 전체에 부여된 새로운 논리와 사유 구조를 보여 주는 것임이 틀림없다. 따라서『정신적 에너지』를 단순한 이행이 아니라 하나의 독립적인 저작으로 이해하기 위해서는 텍스트의 재배치가 드러내는 이 저작의 고유한 문제를 발견해야 할 것이다.

　왜 베르그손은 텍스트를 재배열한 것인가? 더 구체적으로는, 왜 베르그손은 후기의 텍스트를 저작의 전반부에 놓고, 전기의 텍스트를 뒤쪽에 두는 것인가? 그것은『정신적 에너지』(1919)가『창조적 진화』(1907) 이후에 쓰인 저작이기 때문이다.『창조적 진화』이후에 이루어진 세 강연이 저작의 가장 앞쪽에 놓이면서,『정신적 에너지』는 의식의 문제에서 출발하여 적절한 생 개념을 모색하는 이행기의 작업으로 머물지 않는다. 이제 이 저작은『창조적 진화』에서 이루어진 생에 대한 논의를 인수하여,『창조적 진화』에서 획득된 귀결을 가지고 의식의 문제를 다시 돌아보게 된다.『정신적 에너지』를 여는 첫번째 글인 「의식과 생」이 이미 이 저작의 문제를 정확히 한정하고 있지 않은가? 그것은 "의식, 생, 그리고 양자 간의 관계라는 삼중의 문제"[6]이다.

앞서 살펴본 바와 같이,『물질과 기억』에서『창조적 진화』로의 이행은 의식과 생 사이의 근본적인 연관을 드러내는 과정이었다. 정신은 이미 생의 운동성을 내포하고 있으며, 의식을 유지시키는 이러한 생의 운동성은 생의 진화를 이끌어 온 생명의 운동성과 동일 선상에서 파악되어야 했다.『창조적 진화』는 인간 지성에 이르기까지 생의 진화를 이끌어 온 생명의 운동성을 탐구한다.『창조적 진화』에 따르면 생의 진화는 진화의 조건으로도, 진화의 결과물로도 환원되지 않는 비기계론적이고 비목적론적인 운동성을 요구한다. 인간 지성에 이르는 진화의 선은 오직 사후적으로만 기계론적 조건이나 목적론적 결과와 같은 지성적인 요소로 분석될 수 있다. 하지만 진화의 운동 자체는 이러한 요소를 조합함으로써 재구성될 수 있는 것이 아니다. 그것은 세계 속에 없던 무언가를, 예측 불가능한 새로움을 창조하는 시간적 운동이기 때문이다. 베르그손의 말을 빌리자면, 진화의 운동은 창조적인 **생의 약동**을 통해 이루어진다. 생의 진화를 이끄는 동력은 맹목적인 추동력도 아니고 수렴 가능한 목적도 아니다. 생의 약동

---

6)『정신적 에너지』, p.1/9~10쪽.

은 일종의 추동력이지만 끊임없이 자기분화하는 추동력이고, 목적이지만 총체화 불가능한 개방성으로서의 목적이다. 진화 운동을 이끄는 생의 약동에 대한 탐구는 생이 단순히 현재의 필요에 대한 효율적 행동의 추구로 환원될 수 없음을, 생의 시간성에서 주도적인 역할을 하는 것은 미래의 차원임을 드러낸다. 그런데 정신의 자기 유지를 위해 매 순간 요구되는 힘이 진화 속에서 의식을 처음 각성시켰던 이 힘과 근본적으로 다른 것이 아니라면, 생의 진화의 한 도달점으로서의 인간의 의식 또한 운동의 조건으로서의 신체나 운동의 결과물인 현행적 의식으로 환원되지 않는 정신의 약동을 잠재적으로 보유하고 있는 것은 아닐까? 그리하여 정신의 시간적 구조 역시 정신의 자기보존이라는 실천적 필요가 아니라 예측 불가능한 새로움을 낳는 "자기에 의한 자기의 창조"[7]를 통해 재해석되어야 하는 것이 아닐까?

『정신적 에너지』는 이렇게 『창조적 진화』의 귀결을 가지고 『물질과 기억』으로 돌아온다. 생의 진화를 바탕으로 다시 던져진 의식의 문제는 앞서의 어떤 저작으로도 환원되지 않는 독특한 문제, 창조적 정신의 존재라는 문제를 제기한다. 어떻게 정신은 매 순간 자기 자신을 창조하며 생의 운동을 지속하고 있는가? 또 어떻게 정신은 자기 자신을 예측 불가능하게 창조함으로써 생의 운동을 이어갈 수 있는가? 이 문제에 의해 『정신적 에너지』는 이행기의 저작도, 독립적인 여러 글의 묶음도 아닌 하나의 통일성을 지닌 온전한 저작이 된다. 1919년 『정신적 에너지』의 출간에 부쳐, 베르그손은 이 저작의 통일성이 하나의 공통 문제에 걸려 있음을 강조한다. "이 모든 문제들은 정신적 에너지의 문제로 환원된다. 우리는 이를 이

---

7) 『정신적 에너지』, p.24/34쪽.

책의 제목으로 달았다."[8] '정신적 에너지'란 무엇인가? 그것은 창조를 행하는 힘, "자신이 가진 것 이상을 줄 수 있는 힘"[9]이다. 베르그손은 19세기 열역학을 중심으로 점차적으로 그 사용 범위를 넓혀가고 있던 '에너지'라는 용어를 '정신'이라는 고전적인 철학적 문제와 결합시킨다. 이는 정신이 지닌 창조의 힘이 물질과 무관한 실체가 아니라, 물질적 에너지를 이용하고 그와 경합하며 물질에 작용하는 힘이라는 점을 강조하기 위한 것이다. 하지만 이 '정신적'인 에너지는 물질의 질서를 따라가면서도 그것을 우회하고 굴절시켜 예측불가능한 창조의 방향으로 정향짓는다. 현재의 필요를 위한 예측으로 규정되었던 의식의 미래는 이제 예측 불가능한 행위의 창조로 전환된다. 물론 신체적 생을 사는 의식은 여전히 현재의 필요를 위해 과거를 기억하고 미래를 예측하지만[10], 정신적 생 속에서 의식은 미래를 창조하기 위해 현재 속에서 과거를 굴절시키기도 한다.[11] 이러한 이중적 시간성의 중첩이, 혹은 더 정확히 말하면 이러한 이중적 시간성으로의 분할이 우리의 구체적 생, 심신 결합체로서의 인간의 생을 형성하는 것이며, 생적 에너지의 감소가 야기하는 어느 한 시간성의 결핍 혹은 과잉은 병리적 시간경험으로 이어지는 것이다. 의식과 기억, 주의와 재인의 문제는 생의 창조성을 이어 가는 의식의 약동을 경유하여 다시 검토된다. 이런 의미에서 『정신적 에너지』를 『창조적 진화』 이후 다시 쓴 『물질과 기억』이라고 말할 수도 있을 것이다.

정신적 에너지의 창조적 역량을 규명하려는 작업이 뇌와 의식 사이

---

8) 『정신적 에너지』, pp.v~vi/5쪽.
9) 『정신적 에너지』, p.31/42쪽.
10) 『정신적 에너지』, p.5/14~15쪽.
11) 『정신적 에너지』, p.13/22~23쪽.

의 엄밀한 평행론을 그 주된 공격대상으로 삼는다는 점은 전혀 놀라운 일이 아니다. 물리적 대상으로서의 뇌가 정신과 완벽히 동일한 것이라면, 정신 역시도 물리적 필연성에 종속되어야 할 것이고 자유와 창조를 위한 자리는 존재하지 않을 것이기 때문이다. 그렇기에 「영혼과 신체」는 인간의 정신적 활동이 뇌의 활동을 통해 온전히 설명된다는 당대의 부대현상론을 비판한다. 그러나 베르그손 당대에도 이미 빈번했던 오해를 피하기 위해 미리 언급하자면, 이러한 평행론의 거부가 뇌와 의식 사이의 인과적 효력의 존재를 부정하는 것으로 여겨져서는 안 될 것이다. 베르그손이 스스로 여러 번 언급하는 것처럼, 뇌와 의식 사이에 어떤 상응 관계가 존재한다는 것은 이론의 여지가 없다. 게다가 그는 이 관계를 기꺼이 인과라고 부르기도 한다.[12] 하지만 중요한 문제는 뇌와 의식 사이에 유지되는 이러한 상응 혹은 인과 관계가 과연 다른 현상들에서 관찰되는 관계와 동일한 유형의 것인지, 아니면 다른 관계들로 환원 불가능한 특유한 $^{sui\ generis}$ 관계인지를 확인하는 일이다.[13] 이런 맥락에서, 베르그손은 과학을 비판하기는커녕 어떠한 선입견도 없이 사실영역에 밀착한다는 과학적 정확성의 이념을 형이상학에까지 확장하려 한다. 뇌와 의식 사이에 선험적 평행론을 가정하지 말고, 양자가 맺는 관계를 정확하게 가늠해야 한다. 사실상 평행론은 사실에 대한 관찰로부터 도출된 과학이라기보다는 선험적으로 구성되어 형이상학적 기원을 갖는 교설이기 때문이다. 베르그손이 비판하는 것은 과학 자체가 아니라, 과학이 철학으로부터 받아들인 뒤 과학의 이름으로 모든 사실영역으로 확장시키는 인간 지성의 자연적 형이상학이

---

12) 『정신적 에너지』, p.15/25쪽.
13) 『철학적 저술들』, p.279.

다. 인간 지성은 무엇보다도 언어와 행동을 위해 만들어진 고체적인 대상들 간의 관계를 사변의 영역으로 옮겨 놓는 습관을 통해 정신의 관념을 마치 원자처럼, 사유를 마치 원자의 충돌처럼 다루게 된다. 이 습관은 처음 만들어진 영역 속에서는 정확한 것이고, 따라서 정당한 것이었으나, 그 정당한 한계를 넘어 사변의 영역으로 전이되는 즉시 실재를 왜곡시키는 부당한 형이상학이 되어 버린다. 그러나 이 습관은 여전히 그것이 만들어진 물질적 대상의 영역에서는 정확한 것이며, 더 나아가 인간 지성이 처음으로 들인 정확성의 습관이기도 하다. 「'생령'과 '정신 연구'」가 초자연적 현상의 가능성을 타진하면서도 여전히 물질에 대한 과학이 정신 연구에 선행되어야 한다는 점을 역설한다면, 그 이유는 베르그손이 실재를 이루고 있는 환원 불가능한 복수의 사실 영역들 각각에 대해 그에 걸맞은 특유한 방식의 관찰이 이루어져야 한다는 정확성의 이념을 철두철미하게 유지하기 때문이다.

하지만 정신의 활동성을 고정된 항과 물질적 지지물로 대체하려는 것이 인간 지성에 자연스러운 경향이라면, 정신 활동의 특유한 성격에 대한 탐구는 어떻게 이루어질 수 있을 것인가? 베르그손은 인간 지성에 자연스러운 이러한 왜곡의 경향이 존재하지 않는다는 양 순수한 사실을 확인할 수 있다는 소박한 믿음을 유지하지도 않고, 이러한 왜곡이 자연스러운 경향이라는 이유로 그것을 극복 불가능한 경험의 조건으로 삼아야 한다는 독단적 믿음을 견지하지도 않는다. 이 두 입장은 모두 인간 지성에 주어진 경험을 유일하게 가능한 경험으로 여긴다는 공통 전제 위에 세워져 있다. 단지 전자는 이 인간적 경험을 실재의 구조로 여기는 반면 후자는 우리의 한계로 두고 있을 뿐이다.[14] 이와 달리 베르그손은 우리가 경험하는 사실 영역이 하나의 질서로 환원되지 않는다는 것을, 반대로 엄밀한 정확성을 견지할 경우 실재 자체는 서로 환원 불가능한 다양한 경험의 질서를 내보인다는 사실을 보여 준다. 이전 저작들에서 그것은 지속의 사태, 기억의 사태, 생명의 사태였다. 이 저작에서 베르그손이 택한 것은 생의 약동의 감소가 야기하는 병리적 의식 경험이다. 이런 관점에서 보자면 「꿈」과 「현재의 기억과 잘못된 재인」이 『정신적 에너지』의 중핵을 이룬다. 병리적 의식 경험은 인간 지성의 자연적 왜곡을 낳는 정상적 의식의 선험적 형식이 균열되는 사태를 경험가능하게 만들어 왜곡 이면의 사태를 드러낸다. 한편으로 이 사태는 정상적인 삶의 작동이 감추고 있던 하부의 정신구조를 노출시켜 정상적 의식 상태 속에서 수행되던 항상적인 노력을 암시한다. 꿈의 경험, 혹은 데자뷔의 경험은 정상적 삶으로 쏟아져 나오려 하는 과거의 존재 양태를 드러내는 동시에 이러한 과거의 밀려듦을 막고 미래를 향해 의식적 간극을 벌려 냄으로써 정상적 삶을 유지하기 위해 요구되는 정신적 피로, 즉 정신의 노력과 긴장을 보여 준다. 그러나 다른 한편으로 그것은 또한 이러한 이상상태에 대해서도 여전히 경험이 이루어지고 있으며, 그것들이 여전히 하나의 생이라는 점을 보여 주기도 한다. 꿈과 데자뷔에도 제멋대로의 방식이기는 하지만 솟아난 이미지를 해석하는 작업이 이루어지고 있으며, 또한 더 중요하게는 정신을 전복시킬 수도 있는 동요를 어느 한 시점, 혹은 한 지점에 국한하기 위한 운동이 이루어지고 있다.

정상적인 삶 속에서 항상적으로 작동하고 이상 상태에서도 활동하는 이 운동성의 메커니즘과 그 강화 가능성에 대한 논의가 이 책의 실질적인 결론을 이룬다. 그것은 「지성적 노력」의 문제이다. 이 장은 명확히 『물질과 기억』이 남겨 둔 주의의 문제를 이어받는다. 하지만 『물질과 기억』

---

14) 『창조적 진화』, p.367/538~539쪽.

이 일차적으로 감각적 주의, 즉 단순한 지각에 기울여진 주의[15]를 다루었다면, 여기서 관건은 무엇보다도 고유한 의미에서 정신적인 작업 속에 개입하는 의지적 주의의 노력이다. 정신적 작업이 요소적 인상들을 관념으로 종합, 통일하여 "구체에서 추상으로"[16] 나아간다고 생각하던 당대 심리학과는 달리, 베르그손은 고유하게 정신적인 작업이란 "추상에서 구체로"[17], 즉 도식에서 이미지로 전개될 때 비로소 이루어진다는 점을 명확히 보여 준다. 『물질과 기억』에서 '순수 기억'이라고 불렸던 정신의 존재 방식은 '역동적 도식'이라는 이름을 얻으며[18] 의식의 여러 층위를 오가며 미래를 향하는 정신의 운동성을 한층 더 명시적으로 드러내게 된다. 이미지를 통해 실현되지만 이미지들의 작용으로는 환원되지 않는 도식의 작용을 통해 베르그손은 이미지들의 평면을 수직적으로 가로지르며 "강도적인 것에서 연장적인 것으로"[19] 나아가는 정신적 활동성의 영역을 포착한다. 요소들의 종합이 아니라 약동의 분화를 통해 작동하는 이러한 정신적 활동성은 『창조적 진화』에서 고찰되었던 생의 약동이 보이는 하나의 현시일 것이다.

하나의 약동

노력감이 드러내는 정신적 활동성은 '정신적 에너지'의 메커니즘에 대한

---

15) 『정신적 에너지』, p.154/172쪽.
16) 『정신적 에너지』, p.169/188쪽.
17) 『정신적 에너지』, p.175/195쪽.
18) 『기억 이론들의 역사 : 콜레주 드 프랑스 강의록 1903~1904』, p.56.
19) 『정신적 에너지』, p.190/210쪽.

설명을 제시한다. 정신의 층위를 오가며 스스로를 변형시키고 구체화하고 실현하는 역동적 도식의 작용이, 소유한 것보다 더 많은 것을 끌어내는 정신의 활동 기작을 해명한다. 하지만『정신적 에너지』는 여기에서 '정신적 에너지'의 해명과 함께 끝을 맺지 않는다.『정신적 에너지』의 마지막 장인「뇌와 사유 : 철학적 환상」은 종결되려던 논의를 다시 열어 놓는 것으로 보인다. 저작의 마지막에 위치한 이 장은 이미「영혼과 신체」에서 다루어진 평행론의 문제를 다시 전면으로 가져온다. 베르그손은 왜 저작의 막바지에서 이미 앞에서 다뤄진 문제를 되가져오는 것인가?『정신적 에너지』의 끝에 놓인「뇌와 사유」는 어떤 역할을 맡고 있는 것인가?

우선「뇌와 사유」가 문제를 제기하는 방식에 주목해야 할 것이다.「뇌와 사유」는「영혼과 신체」와 달리 평행론의 내용에 초점을 맞추지 않는다. 오히려 여기서는 평행론이라는 철학적 주장이 구성되고 옹호되는 방식이 중점적으로 탐구된다. 요컨대 여기서 제기되는 문제는 다음과 같다. 평행론이라는 주장을 가능케 하는 철학적 방법, 더 정확히 말하면 우리를 평행론으로 이끌어 가는 철학적 환상은 어떤 것인가? 이 장의 제목을 이루는「뇌와 사유」는 이 '철학적 환상'이 드러나는 특징적 사례로서 제시된다. 뇌와 사유 사이의 평행론은 어떻게 가능해지는가? 관념론적 표기체계를 엄밀하게 유지한다면 우리는 뇌에 표상의 생산이라는 신비로운 능력을 부여하지 않을 것이고, 실재론적 표기체계를 엄밀히 고수한다면 이 신비로운 능력을 뇌라는 표상에 부여하지 않을 것이다. 뇌는 관념론적 표기체계와 실재론적 표기체계를 뒤섞을 때에만 사유 전체와 상응하는 표상이 된다. 실재의 층위들을 혼동함으로써 발생하는 인간 지성의 자연적 환상에 대한 비판은 서로 다른 층위의 질서를 뒤섞으면 안 된다는 정확성의 이념을 다시 한 번 강조한다. 이렇게 하여「뇌와 사유」는『정신적 에너지』

의 서문에 언급된 두번째 논문집, 『사유와 운동』의 방법론적 논의를 예비하는 것이다. 『정신적 에너지』는 완결되어 닫히는 대신 『사유와 운동』으로 이어진다. 『정신적 에너지』의 귀결을 『사유와 운동』의 첫 문장과 연결시켜야 할 것이다. "철학에서 가장 결여되었던 것은 정확성이다."[20]

그러나 「뇌와 사유」가 제시하는 관념론과 실재론에 대한 급진적인 해석은 한층 더 근본적인 개방성을 향해 나아간다. 실재를 표상, 혹은 표상 가능의 체계로 이해하는 것이 관념론적 표기체계의 고유한 특성이라면, 실재론적 표기체계에서 실재는 정의상 표상 불가능한 것, 규정 불가능한 것으로 여겨져야 할 것이다. 베르그손은 놀랍게도 모든 학문을 관념론적인 것으로 규정한다. 학문이란 우리가 실재에 대해 갖는 표상 간의 관계를 수립하는 작업으로, 이 작업은 필연적으로 실재로부터 몇몇 표상을 고립시키는 과정을 전제하기 때문이다. 여기서 실재론은 이러한 학문적 담론 전체의 구조적 불완전성을 상기시킴으로써, 언제나 표상의 구획을 새로 그려 내고 다시 출발하기를 요청하는 이상일 뿐이다.[21] 그렇기 때문에 실재 전체를 어떤 궁극적인 대상, 표상 가능한 대상에 정초하려는 모든 시도는 사전에 철학적 환상으로 비판된다. 실재는 어느 하나의 표상이 아니라 표상 가능성 전체에 결부되거나, 표상 가능성을 벗어나는 어떤 개방성에 결부되어야 한다. 과학과 철학에 각기 절대의 반쪽을, 공간과 시간을 각각 할당하는 베르그손의 규정을 따른다면, 표상적 공간으로 환원되지 않는 이러한 실재론적 개방성이야말로 철학적 직관의 대상이 될 것이다. 표상 가능성에서 벗어나는 실재론의 이상은 어떤 가능한 수렴이나 접근법

---

20) 『사유와 운동』, p.1/9쪽.
21) 『정신적 에너지』, p.205/226쪽.

적 접근을 보장하기 위해서 요청된다기보다는, 반대로 모든 궁극적 수렴과 총체화의 가능성을 배제하기 위해 요청된다.

시간적 실재에 부여된 개방성은 이러한 실재 속에서 살아가는 우리 시간적 실존의 개방성과도 연관된다. 이런 의미에서 훗날『도덕과 종교의 두 원천』은 타자를 향한 열림을 도덕적 태도로 규정하게 될 것이다. 1919년, 1차 세계대전의 참상을 목격한 베르그손은 이미 도덕적 실존에 대한 탐구를 시작하였으며,『정신적 에너지』의 첫머리에 놓인「의식과 생」은 이러한 이행을 암시하고 있다. 형태의 창조, 자기에 의한 자기의 창조는 생의 창조성이 전진했음을 나타냄과 동시에 이 창조성이 완결되었음을 나타낸다. "따라서 예술가의 관점은 중요하지만, 결정적이지는 않다 … 도덕가의 관점은 이보다 더 우월하다."[22] 물론 창조적 약동을 전파하는 도덕가의 관점을 취하려는 베르그손의 시도는 아직 불완전하다. 그는 여전히『도덕과 종교의 두 원천』으로 향하는 길을 모색하고 있다. 모색이 완료되려면 시간이 필요할 것이다. 그러나 결국『도덕과 종교의 두 원천』이 충분한 시간을 들여 자기에 의한 자기의 창조를 타자를 향한 사랑으로 대체한다 하더라도, 결코 논의를 닫을 수는 없을 것이다. 시간, 기억, 창조, 타자라는 문제의 형태로 베르그손이 던져 놓은 약동은 이 문제를 계승한 사상가들의 굴절을 통해 계속될 것이다. 완결은 없다. 시간적 실재는 하나의 체계 속에서 소진될 수 없기 때문이다.

『정신적 에너지』를 읽는 해석의 층들은 베르그손 저작들 간의 교차를 통해 규정된다. 우선은『물질과 기억』에서『창조적 진화』로 향하는 이행,

---

22)『정신적 에너지』, p.25/35쪽.

의식의 문제를 이어받아 그것을 심화함으로써 생에 다다르는 진전이 존재한다. 다음으로는 『창조적 진화』에 이르러 『물질과 기억』의 논의를 재개하는 하나의 저작이, 삶의 문제를 통해 의식의 문제를 굴절시키는 작업이 존재한다. 마지막으로, 의식에 도달한 생의 운동을 재활성하여 의식 너머로, 실재의 개방성 자체로 나아가려는, 『사유와 운동』과 『도덕과 종교의 두 원천』을 향한 도약이 존재한다. 그러나 이 저작이 이러한 교차들을 통해 타성적으로 규정된다고 생각해서는 안 될 것이다. '정신적 에너지'가 과거와 현재의 관계 맺음으로 환원되지 않고 오히려 그 관계 맺음의 능동적 조건으로 기능하듯, 과거의 작업을 이어받아 현재 속에서 굴절시킴으로써 미래의 새로운 문제를 개방하려는 『정신적 에너지』의 논의를 통해 비로소 이 저작들이 한데 묶여 서로 관계 맺게 된다고 말해야 할 것이다. "우리는 어디서 왔는가? 우리는 무엇인가? 우리는 어디로 가는가?"[23] 베르그손이 제기하는 생의 문제들은 의식적 존재자의 기원과 본성, 운명을 영원의 상^相 아래서^{sub specie æternitatis} 정위하기를 요구하지 않는다. 오히려 이 질문은 지속 속에서, 지속의 상^相 아래서^{sub specie durationis} 과거의 상속과 현재의 굴절, 그리고 미래의 개방을 통해 답해져야 한다.

* * *

1919년 『정신적 에너지』가 출간된 지 꼭 100년이 되었다. 이런 뜻깊은 해에 처음으로 한국에 이 책을 번역, 소개하게 되었다는 사실에 기쁘면서도 걱정이 앞선다. 어느 한 시점에 글을 탈고하여 세상으로 내보낸다는 것은 얼마나 두려운 일인가를 새삼 느낀다. 여전히 부족한 원고이지만 많

23) 『정신적 에너지』, p.2/10쪽.

은 분들의 질책과 성원 덕에 서투름과 미숙함을 그나마 조금은 덮을 수 있었던 것 같다. 원고를 처음 번역했을 때 출판을 제안해 주셨던 김상환 선생님, 흔쾌히 출판을 승낙해 주신 진태원 선생님과 그린비 출판사에 감사를 드린다. 부족하고 거친 초벌 번역을 읽어 주셨던 황수영 선생님, 베르그손 해석과 관련하여 늘 친절한 의견 교환 상대가 되어 주시는 엘리 뒤링 Elie During 선생님과 주재형 선생님의 조언은 초고를 수정하는 데 큰 도움이 되었다. 변예은을 비롯하여 서울대학교 철학과에서 4년간 진행되었던 베르그손 독회에 참여했던 동료들에게도 고마움을 전하고 싶다. 이 독회가 없었다면 『정신적 에너지』의 번역은 시작되지도 않았을 것이다. 김민호 형과 안준상은 세심하고 값진 의견을 제시해 주는 논의 상대들이었다. 이 글을 읽고 옮기던 짧지 않은 시간 동안 늘 나의 공부를 지탱하고 지지해 준 가족들, 타지에서 언제나 힘이 되어 준 예정에게도 고마움을 전한다. 하지만 무엇보다도 이 책을, 옮긴이의 말까지도 꼼꼼히 읽어 주신 독자 분들께 감사를 드리고 싶다.

2019년 빌쥐프에서
엄태연

찾아보기